Uni-Taschenbücher 1034

UTB

Eine Arbeitsgemeinschaft der Verlage

Birkhäuser Verlag Basel und Stuttgart
Wilhelm Fink Verlag München
Gustav Fischer Verlag Stuttgart
Francke Verlag München
Paul Haupt Verlag Bern und Stuttgart
Dr. Alfred Hüthig Verlag Heidelberg
Leske Verlag + Budrich GmbH Opladen
J. C. B. Mohr (Paul Siebeck) Tübingen
C. F. Müller Juristischer Verlag – R. v. Decker's Verlag Heidelberg
Quelle & Meyer Heidelberg
Ernst Reinhardt Verlag München und Basel
K. G. Saur München · New York · London · Paris
F. K. Schattauer Verlag Stuttgart · New York
Ferdinand Schöningh Verlag Paderborn
Dr. Dietrich Steinkopff Verlag Darmstadt
Eugen Ulmer Verlag Stuttgart
Vandenhoeck & Ruprecht in Göttingen und Zürich

Klaus Weimar

Enzyklopädie der
Literaturwissenschaft

Francke Verlag München

Druckvorbereitung mit Unterstützung der
Jubiläumsspende für die Universität Zürich

ISBN 3–7720–1297–3
Einbandgestaltung: A. Krugmann, Stuttgart
Gesamtherstellung: Friedrich Pustet, Regensburg

INHALT

WAS IST ENZYKLOPÄDIE?

Die Tradition der Enzyklopädie

§ 1. Wort und Begriff *Enzyklopädie* haben eine wunderliche Geschichte. Am Anfang steht eine textkritische Fehlentscheidung italienischer Renaissancephilologen: Geburtsurkunde eines «griechischen» Wortes, das nach griechischen Wortbildungsgesetzen unmöglich ist.

Jürgen Henningsen, «Enzyklopädie». Zur Sprach- und Bedeutungsgeschichte eines pädagogischen Begriffs. In: Archiv für Begriffsgeschichte 10 (1966) 271–362.

§ 2. Der unordentlichen Geburt des Wortes entsprechend ist denn auch die Bedeutungsgeschichte verworren. Immerhin lassen sich nachträglich mit nur geringer Vereinfachung vier Typen von Enzyklopädien herauslösen, die entweder nebeneinander aufgetreten sind oder einander abgelöst haben.

Ulrich Dierse, Enzyklopädie. Zur Geschichte eines philosophischen und wissenschaftstheoretischen Begriffs. (Archiv für Begriffsgeschichte. Supplementheft 2) Bonn 1977.

§ 3. Ein kurzer Überblick über die vier Typen von Enzyklopädien mit ungefähren Angaben über die Zeit ihres Vorkommens:
a. die systematisierende Gesamtdarstellung *aller* Wissenschaften und ihres Zusammenhangs untereinander, vorzugsweise in praktisch-organisatorischer Absicht (16. Jahrhundert bis zum Ende des 18. Jahrhundert);
b. die systematisierende Gesamtdarstellung *einer* Wissenschaft in didaktischer Absicht (seit der Mitte des 18. Jahrhunderts bis zum Ende des 19., mit einzelnen Nachzüglern bis nahe an die Gegenwart heran);
c. die Sammlung alles Wissens überhaupt, vorzugsweise in vielbändigen, alphabetisch geordneten Lexika (seit der Mitte des 18. Jahrhunderts);
d. die Sammlung alles Wissens auf einem Spezialgebiet, ebenfalls in Handbüchern oder Reallexika (seit dem Ende des 18. Jahrhunderts, mit einigen Vorläufern vor 1700).

§ 4. Ganz unabhängig von der Ausdehnung des jeweiligen Gebietes, das sie erfassen wollen, verfolgen die beiden älteren Typen (a und b) ein ganz anderes Ziel als die beiden jüngeren (c und d): qualitative Vollständigkeit durch Systematisierung im Gegensatz zur später angestrebten quantitativen Vollständigkeit durch Sammeln und Ordnen.

Für diesen Unterschied haben sich im 19. Jahrhundert die Bezeichnungen *formale* und *materiale* Enzyklopädie eingebürgert, die zur abgekürzten Verständigung gar nicht so ungeschickt sind. *Materiale* Enzyklopädie ist demnach das Nachschlagewerk, das Lexikon, das Repertorium; *formale* Enzyklopädie ein systematischer Gesamtüberblick über alle oder einzelne Wissenschaften.

§ 5. Der aufmerksame Leser wird sich bereits seine Gedanken über das Verhältnis zwischen Titel und Umfang dieses Buches gemacht haben und nunmehr kaum noch der Mitteilung bedürfen, daß er keine materiale, sondern eine formale Enzyklopädie vom Typ b (§ 3) in Händen hat: ein System der Literaturwissenschaft.

Ich habe also ausdrücklich *nicht* vor, die Gesamtheit der Literaturwissenschaftler mit ihren jeweiligen Lehrmeinungen vorzustellen, sondern die Literaturwissenschaft selbst, wie ich sie sehe, und zwar nicht einfach nur in Form einer Nachricht über sie, sondern als Unterricht in ihr.

§ 6. Diese Enzyklopädie der Literaturwissenschaft wird demnach eine systematische Gesamtdarstellung der Literaturwissenschaft in didaktischer Absicht sein.

Eine Vorfassung habe ich im Winter 1978/79 an der Universität Zürich vorgetragen bzw. redend entwickelt. Dabei habe ich mancherlei wertvolle Anregungen von den Teilnehmern der Veranstaltung erfahren. Namentlich und dankend erwähnen will ich (einen für alle) Kaspar Bandi, der mich mit hartnäckigem Nichteinverständnis zu immer neuen und, wie ich meine, besseren Lösungen gezwungen hat, insbesondere im zweiten Teil. Das letzte Arbeitsmanuskript hat, wie üblich, Heinrich Mettler gelesen. Das Gespräch mit ihm hat mir in gewohnter Weise in vielen Punkten erst klar gemacht, was ich eigentlich hätte sagen wollen. Ich hoffe, es im Buch herausgebracht zu haben.

§ 7. Das didaktische Interesse veranlaßt mich, nach der Behandlung unumgänglicher Vorfragen mit dem Allereinfachsten anzufangen, um von dort aus langsam und sorgfältig eine in sich geschlossene Konzeption der Literaturwissenschaft zu entwickeln.

Sobald man sich entschlossen hat, sich zum Denken des eigenen Kopfes zu bedienen, wird man schnell dessen gewahr, daß es ein Entschluß mit Folgen war. Zwar hatte ich ohnehin nicht vor, eine Gemischtwarenhandlung zu eröffnen, aber ich hatte doch angenommen, allenthalben zu Auseinandersetzungen mit vorhandenen Theorien und zu Bezugnahmen auf sie genötigt zu sein. Dergleichen hat sich indessen recht bald teils als unnötig, teils als unmöglich erwiesen.

Unnötig, weil ich nicht selten, und gerade beim Allereinfachsten, in Gegenden gekommen bin, über die nach meiner Kenntnis bisher noch gar keine Meinung besteht, geschweige denn eine Kontroverse im Gang ist.

Unmöglich ist mir die Auseinandersetzung im Fall von direkten Divergenzen geworden, weil meine Vorstellungen von wissenschaftlicher Diskussion es mir nicht erlauben, eine ernst zu nehmende Gegenposition (und welche wäre das nicht irgendwie?) mit ein paar Nebensätzen und Anmerkungen abzutun, außer wenn ich simple Evidenz auf meiner Seite zu haben meine. Und schließlich müßte ja einer, der die ganze Literaturwissenschaft in einem Buch als System darzustellen gesonnen ist, sich gefälligst auch mit der Literaturwissenschaft seit ihren Anfängen und nicht nur mit der von heute auseinandersetzen, und das vermöchte vollends kein Buch der Welt zu fassen.

Einen Teil der Auseinandersetzung hoffe ich in nicht allzu ferner Zeit mit einem alten Lieblingsprojekt leisten zu können, mit einer Geschichte der deutschen Literaturwissenschaft. Ein anderer Teil ist in verallgemeinernde Bemerkungen eingegangen, von denen sich jedermann unbetroffen fühlen mag, wenn ihm dann wohler ist. Wer trockene Informationen darüber haben möchte, was heute so im Schwange ist, der kann sie z. B. bei Joseph Strelka beziehen.

Was mir bleibt, ist nicht viel mehr als redliche Auskunft, wo ich auf eine Einsicht nicht von selbst gekommen wäre, und ansonsten der Verzicht auf den üblichen strategischen Vorteil, durch das Demonstrieren von Belesenheit zu imponieren. Und *das* wenigstens ist mir überaus recht, aus didaktischen Gründen und überhaupt.

Joseph Strelka, Methodologie der Literaturwissenschaft. Tübingen 1978.

§ 8. Ich stelle mich in eine Tradition, die unter all den Spezialisierungen und Karrierezwängen nicht nur abgebrochen, sondern erheblich in Vergessenheit geraten ist: in die Tradition einzelwissenschaftlicher Enzyklopädie.

§ 9. Ein Haken ist nur dabei: eine literaturwissenschaftliche Enzyklopädie hat es noch nicht gegeben. Das hat, unter anderem, seine ganz einfachen wissenschafts- und universitätsgeschichtlichen Gründe: die institutionelle Verselbständigung der Literaturwissenschaft, ihre Trennung von der Sprachwissenschaft, hat erst um 1880 begonnen, zu einer Zeit also, da die Tage der Enzyklopädien ohnehin gezählt oder bereits vorbei waren.

§ 10. Immerhin kam einiges vom heutigen Aufgabenbereich der Literaturwissenschaft schon vor 1880 im großen Sammelbecken «Philologie» vor, und Enzyklopädien der Philologie hat es in der Tat gegeben, nicht in allzu großer Zahl, aber immerhin.

Friedrich August Wolf, Vorlesung über die Encyklopädie der Alterthumswissenschaft. Hrsg. von J. D. Gürtler. (Vorlesungen über die Alterthumswissenschaft. 1) Leipzig 1831.

Georg Gustav Fülleborn, Encyclopaedia philologica seu primae lineae isagoges in antiquarum litterarum studia. Breslau 1798.

Johann Heinrich Christian Barby, Encyklopädie und Methodologie des humanistischen Studiums oder der Philologie der Griechen und Römer. Erster Theil. Berlin 1805.

Johann Christian Ludwig Schaaff, Encyklopädie der klassischen Alterthumskunde. 2 Bde. Magdeburg 1806/08.

Gottfried Bernhardy, Grundlinien zur Encyklopädie der Philologie. Halle 1832.

August Matthiae, Encyklopädie und Methodologie der Philologie. Leipzig 1835.

Bernhard Schmitz, Encyklopädie des philologischen Studiums der neueren Sprachen, hauptsächlich der französischen und englischen. Leipzig 1859.

August Boeckh, Encyklopädie und Methodologie der philologischen Wissenschaften. Hrsg. von Ernst Bratuscheck. Leipzig 1877.

Gustav Körting, Encyklopädie und Methodologie der romanischen Philologie mit besonderer Berücksichtigung des Französischen und Italienischen. 3 Bde. Heilbronn 1884–86.

Gustav Körting, Encyklopädie und Methodologie der englischen Philologie. Heilbronn 1888.

§ 11. Eines steht allerdings einer direkten Wiederaufnahme der Tradition philologischer Enzyklopädie im Wege: der Umstand, daß sie durchwegs bestenfalls halbherzige Kompromisse zwischen materialer und formaler Enzyklopädie darstellen, – Kompromisse, die nötig wurden, weil das gegebene Konglomerat «Philologie» in all seiner Zufälligkeit doch als verbindlicher Rahmen vorausgesetzt wurde.

§ 12. Sollte ich angesichts dieser Lage Vorbilder nennen, an denen ich meine Enzyklopädie gern gemessen sähe, wenn das nicht zu viel verlangt ist, so wüßte ich nur die Werke eines Philosophen und eines Theologen zu nennen, Hegels *Enzyklopädie der philosophischen Wissenschaften* und Schleiermachers *Kurze Darstellung des theologischen Studiums zum Behuf einleitender Vorlesungen.* Vorbildlich hat für meinen Zweck natürlich nicht Inhalt oder Denkweise dieser Enzyklopädien sein können, sondern nur die Klarheit des Denkens, die es sich leisten kann, als Einleitung in eine Wissenschaft nicht ein Surrogat für Anfänger, sondern die Wissenschaft selbst zu präsentieren.

Die Einteilung dieses Buches in Paragraphen ist übrigens nicht nur eine antiquarische Marotte (das mag sie auch sein), sondern eine Veranstaltung zur Unterstützung genauen Denkens und Lesens.

§ 13. Darüber hinaus zeichnet jene beiden Enzyklopädien *die* Freiheit des Denkens aus, die einen kritischen Abstand zum gegebenen Zustand der Wissenschaft anzeigt und eine alte Wissenschaft durch eine Gesamtdarstellung neu schafft. Das ist enzyklopädischer Geist, wie ich ihn meine.

Ich kann es mir einfach nicht denken, daß diese produktive Distanz und Skepsis dem laufenden Wissenschaftsbetrieb gegenüber ausgestorben sein sollte. Und deshalb bin ich sozusagen deduktiv sicher, mit meinem Enzyklopädievorhaben nicht allein zu stehen. Ich grüße im Geiste die unbekannten Kollegen.

§ 14. Indessen ist auch aus den unbefriedigenden Bemühungen der philologischen Enzyklopädisten via negationis mancherlei an Belehrung zu ziehen, das ich der Einfachheit halber in fünf wissenschaftstheoretische Leitsätze über die Selbständigkeit einer Wissenschaft fasse.

Wissenschaftstheoretische Leitsätze

§ 15. Die Berechtigung zu einer Enzyklopädie einer Einzelwissenschaft hängt daran, daß diese Wissenschaft eine selbständige ist.

Anders gesagt: eine Enzyklopädie als Gründungsurkunde einer vorher nicht vorhandenen Wissenschaft wäre wahrscheinlich wohl doch ein Unding.

§ 16. Erstes Erfordernis der Selbständigkeit ist, daß die Wissenschaft als institutionell separate Disziplin gegeben ist.

Natürlich, Literaturwissenschaft gibt es, sogar im Plural, deutsche, englische, französische, italienische usw., es gibt sie in wohlabgesicherter Institutionalisierung an den Universitäten. Die Frage ist nur, ob der institutionellen auch eine sachlich begründbare Selbständigkeit korrespondiert oder ob die Literaturwissenschaft vielleicht nur eines der historisch gewachsenen Überbeine ist, an denen Institutionen vom Alter der Universität ja in der Regel keinen Mangel leiden.

§ 17. Die Selbständigkeit einer Wissenschaft ist noch lange nicht durch ihr bloßes institutionell selbständiges Vorhandensein garantiert.

Für die Richtigkeit dieses Satzes spricht schon die Beobachtung, daß die Institutionalisierung der Literaturwissenschaft sehr unterschiedlich stattgefunden hat, sogar schon innerhalb einer einzigen Universität. Nehmen Sie Zürich zum Beispiel: die Germanistik («Geschichte der deutschen Sprache und Literatur») ist dreigeteilt wie einstmals Gallien – «Geschichte der deutschen Sprache», «Deutsche Literatur bis 1700», «Deutsche Literatur seit 1700»; die Anglistik dagegen, obwohl die Verhältnisse bei ihr von der Sache her nicht anders liegen, ist zweigeteilt – «Geschichte der englischen Sprache» und «Englische Literatur», wobei sinnigerweise nach den Formulierungen der Reglemente die alt- und mittelenglische Literatur nicht etwa zur englischen Literatur, sondern zur Geschichte der englischen Sprache gehört; Latein schließlich gibt es reglementarisch nur als einheitliche «Lateinische Philologie» ohne Unterabteilungen. Ein, zwei, drei Teilfächer: so eindeutig ist also nicht einmal institutionell die Abgrenzung der Literaturwissenschaft auch nur von der Sprachwissenschaft.

§ 18. Damit eine Wissenschaft als selbständig anerkannt werden kann, hat sie die notwendige Bedingung zu erfüllen, daß sie einen klar abgegrenzten Gegenstandsbereich behandelt.

Daran wird nichts auszusetzen sein, sofern man nicht gerade eine allumfassende Einheitswissenschaft befürwortet. Trotzdem, ohne unmißverständliche Abgrenzung des Gegenstandsbereichs geht es zwar nicht, aber sie allein reicht auch noch nicht aus. Beispiel: ein Mediziner, der sich ausschließlich mit einem genauestens abgrenzbaren Körperteil wie etwa dem Auge befaßt, gründet dadurch noch keine neue Wissenschaft, sondern betätigt sich in einer Spezialabteilung der Humanmedizin. Er bleibt Mediziner, nur eben ein spezialisierter, ein Ophthalmologe.

Spezialisierung und Arbeitsteilung sind aber keine wissenschaftstheoretischen Argumente für die Selbständigkeit einer Wissenschaft. Übertragen auf die Literaturwissenschaft: auch gesetzt den Fall, daß *die* Literatur, der sich die Literaturwissenschaft widmet, ein klar abgegrenzter Gegenstandsbereich ist, so wäre doch die Literaturwissenschaft nicht schon ipso facto mehr als eine Spezialabteilung z. B. der Sprachwissenschaft.

§ 19. Das Vorhandensein einer klaren Abgrenzung des Gegenstandsbereichs ist zwar eine notwendige, aber noch keine hinreichende Bedingung dafür, daß man einer Wissenschaft Selbständigkeit zusprechen kann.

Denn außerdem können sich ja sehr verschiedene Wissenschaften einem und demselben klar abgegrenzten Gegenstandsbereich zuwenden, Büchern z. B. die Literaturwissenschaft und die Papierchemie, beide allerdings unter recht verschiedenen Hinsichtnahmen.

§ 20. Damit eine Wissenschaft als selbständige anerkannt werden kann, muß sie sich in ihrer Ansicht des klar abgegrenzten Gegenstandsbereichs ebenso klar von allen anderen Wissenschaften unterscheiden, die sich irgendwann auch einmal am selben Gegenstand zu schaffen machen.

Mit *Ansicht* ist nicht gemeint, *wie* man einen Gegenstand ansieht, sondern *als was* man ihn ansieht. Beispiele werden die möglichen Variationen der Ansicht verdeutlichen.

Ein Bündel bedrucktes Papiers kann man entweder als eine komplizierte chemische Verbindung ansehen oder als einen Text. Das wäre die grundlegende Unterscheidung, einen Gegenstand entweder als natürliches oder als künstliches Ding anzusehen (das ist eine provisorische Terminologie).

Hat man sich dafür entschieden, einen Gegenstand als künstliches Ding anzusehen, so besteht wiederum die Wahl zwischen zwei Ansichten. Eine figurativ verzierte Vase aus der Antike kann man benutzen, um etwas über die damalige Kleidung, über den Stand der Brenntechnik oder über den Zweck zu erfahren, für den sie bestimmt war; man kann aber ebenso gut die Raumaufteilung und die Bedeutung der Figuren studieren. Genau so bei Texten. Die *Odyssee* kann man lesen, um etwas über die Tischsitten oder die geographischen Kenntnisse oder den Sprachzustand zu Homers Zeiten zu erfahren; man kann an ihr aber auch die Struktur von Vergleichen studieren oder die Verse metrisch beschreiben.

Jeden künstlichen Gegenstand kann man auf diese Weise entweder als *Dokument für etwas anderes* oder als *ihn selbst* ansehen.

§ 21. Die Selbständigkeit einer Wissenschaft ist demnach umschrieben durch Institutionalisierung, klare Abgrenzung des Gegenstandsbereichs und eindeutige Ansicht des Gegenstandes.

§ 22. Die Enzyklopädie der Literaturwissenschaft hat die Aufgabe, zu überprüfen, ob die Literaturwissenschaft eine selbständige Wissenschaft ist (§ 21), und das Ziel, die Literaturwissenschaft als selbständige Wissenschaft zu begründen und zu rechtfertigen.

§ 23. Die Überprüfung und Begründung der Selbständigkeit einer Wissenschaft kann nicht empirisch-deskriptiv, durch Beobachtung der Wissenschaftler geschehen; denn nicht alles, was die Vertreter einer Wissenschaft in ihrem Beruf treiben, gehört schon deswegen, weil *sie* es treiben, auch notwendig zu dieser Wissenschaft.

Wieder ein Beispiel, ein übertriebenes, zum Nutzen der Deutlichkeit: wenn sich ein Botaniker von der spezialisierten Erforschung einer genau bestimmten Grassorte zuerst dem Innenleben der Kaninchenrasse zuwendet, die gerade dieses Gras so gern frißt, und wenn er sich dann noch an die Heilung der Krankheiten macht, die der übermäßige Verzehr gerade dieses Grases verursacht, – dann kann er natürlich behaupten, er beschäftige sich durchgehend mit seinem Spezialgras und betreibe daher von Anfang bis Ende nichts als Botanik. Wer ihm das glauben wollte, bekäme vielleicht einen originellen Begriff von Botanik, aber keinen, der ihre Selbständigkeit begründen könnte.

Anwendung auf die Literaturwissenschaft: es wäre ja zumindest denkbar, daß jemand den Gegenstand «Literatur» so definiert hat, daß er im Schutze der Definition und im Sinne jenes Botanikers seinen theologischen, psychologischen, soziologischen oder sonstigen Interessen frei nachgehen und sich trotzdem als Literaturwissenschaftler bezeichnen, anstellen und bezahlen lassen könnte.

Wer sich also unter Einbeziehung aller, die behaupten, Literaturwissenschaft zu betreiben, eine Vorstellung vom Gegenstand der Literaturwissenschaft und von ihrer Ansicht des Gegenstandes bilden wollte, der könnte durchaus einmal sein blaues Wunder erleben.

§ 24. Damit ist auch gesagt, daß die Literaturwissenschaft zwar als gegeben, aber nicht als ein für alle Mal gegeben und schon gar nicht als in der gegebenen Form verpflichtend zu betrachten ist.

Die Weiterführung der wissenschaftstheoretischen Leitsätze hat uns also unversehens einen ganz schönen Scherbenhaufen beschert. Zwar ist die Literaturwissenschaft in dieser oder jener Form gegeben und institutionell selbständig, aber das sagt noch gar nichts oder nur das Eine, daß sie nämlich möglicherweise enzyklopädiefähig ist (§§ 15, 16). Zwar läßt sich angeben, was zur Selbständigkeit einer Wissenschaft erfordert wird (§ 21), aber ob die Literaturwissenschaft die Bedingungen erfüllt, das läßt sich durch Beobachtung der Leute, die sich Literaturwissenschaftler nennen, nicht entscheiden, weil ja erst einmal der Verdacht ausgeräumt werden müßte, es befänden sich darunter auch spezialisierte Sprachwissenschaftler oder verkappte Theologen oder dergleichen. Zur sicheren Ausräumung dieses Verdachtes müßte man jedoch wissen, was Literaturwissenschaft ist, oder wenigstens, was sie nicht ist (nämlich z. B. Theologie oder Sprachwissenschaft), und just das weiß man noch nicht; sonst müßte man ja nicht die Literaturwissenschaftler beobachten, um es herauszufinden. Also Ende der Stange. Was jetzt?

Nun, zuerst einmal geistig tief Luft holen und die Lage mit ihren wunderschönen Aussichten genießen. Wir sind an einem Punkte angelangt, an dem die Literaturwissenschaft als selbständige Wissenschaft gedanklich sozusagen abgeschafft oder zumindest suspendiert ist und alle vorhandene Literaturwissenschaft eigentlich nur als sogenannte Wissenschaft von sogenannter Literatur bezeichnet werden dürfte.

Wenn so gründlich mit allen scheinbaren Sicherheiten und Selbstverständlichkeiten aufgeräumt ist, dann wird mir jedenfalls genau so gründlich aufgeräumt zumute. Von einem solchen Punkt aus lohnt sich doch endlich einmal wieder das Denken. Stellen Sie sich vor: man denkt *so* herum, dann gibt es nur noch sogenannte Wissenschaft von sogenannter Literatur, ein krampfhaft ernstes Gewimmel von abgründigen, weil unfreiwilligen Komikern, – man denkt *anders* herum, und dann gibt es eine wirkliche Literaturwissenschaft, die erst noch zu erdenken ist.

Genießen Sie wenigstens für einen Augenblick diese Freiheit der Aussicht, vor der seit jeher «die alten Jungfern beiderlei Geschlechts» erbleicht sind, unter verschreckten Ausrufen wie: wenn das alle machen wollten! Ja, wahrhaftig, das wär' was und dann wär' was los, wenn das wirklich alle machen wollten, weil dann auch die alten Jungfern dabei wären und sich nicht einmal wundern würden.

§ 25. Das Begründungsdefizit der Literaturwissenschaft (§ 24) nach dem Ausfall einer empirisch-deskriptiven Begründung (§ 23) kann auch nicht ausgeglichen werden durch dogmatische Definition des Gegenstandes und eine davon abhängige normative Setzung der Ansicht, weil beide ihrerseits nicht begründet sind.

Dogmatische Definition des Gegenstandes sind all die beliebten Formeln vom Typ «Literatur ist das und das», die in der Regel verbunden sind mit einer normativen Setzung der Ansicht («also muß die Literaturwissenschaft die Literatur so und so behandeln»), mit dem Also argumentierend nach dem Muster der adaequatio intellectus ad rem, mithin die Ansicht des Gegenstandes postulierend als Anpassung an die Natur der Sache. Ungünstig ist nur, daß statt der Natur der Sache – wie es denn auch gar nicht anders sein kann – regelmäßig die jeweils eigene Meinung über die Natur der Sache eingesetzt wird, die ihrerseits nur eine Ausformulierung der vorhandenen Ansicht des Gegenstandes ist. So daß also die Ableitung der Ansicht aus der Natur der Sache durch nichts begründet ist als durch die anderweitig unbegründete Ansicht selbst.

Für dergleichen ist unsereiner aber nun wirklich nicht mehr naiv genug. Ich könnte so etwas aus rein sportlichem Interesse, zum bloßen Gedankentraining, vielleicht einmal unternehmen, – aber dann noch selbst darauf reinzufallen, dazu reicht's gewiß nicht mehr.

§ 26. Wenn also das empirisch-deskriptive und das dogmatisch-normative Verfahren dahinfallen als Möglichkeiten zur Begründung der Literaturwissenschaft, so ist doch noch lange nicht allen Denkens Abend, sondern es beginnt erst langsam die Morgendämmerung; denn es gibt noch eine dritte Möglichkeit der Begründung, die die Freiheit des Denkens weder beeinträchtigt, noch gar beseitigt, sondern allererst realisiert: die *reflexive Begründung* und die Rechtfertigung durch die Tat, und das ist Enzyklopädie.

Das hört sich nun vielleicht verstiegen oder eher kompliziert an. Aber wie alles Gute ist auch die reflexive Begründung zwar einfach und anstrengend, aber jedermann wenigstens ahnungsweise bekannt, also auch Ihnen. Mit den nächsten vier Paragraphen versuche ich, Sie daran zu erinnern.

§ 27. Die reflexive Begründung geht von der überaus schlichten Feststellung aus, daß es Literaturwissenschaft, wie immer sie aussehen mag, zwar gibt, aber nicht als festen und fertigen Gegenstand, sondern nur im Werden.

Die Literaturwissenschaft hat sich in der Vergangenheit entwickelt, und sie wird auch in Zukunft nicht damit aufhören. Das heißt aber: die Literaturwissenschaft ist noch nicht, was sie sein soll oder sein könnte, oder, neutraler formuliert, sie ist noch nicht, was sie einmal sein wird, und natürlich auch nicht mehr, was sie einmal gewesen ist. Das ist die erste Feststellung, die niemandem völlig unvertraut sein kann. Die zweite ist von gleicher Machart.

§ 28. Literaturwissenschaft und Wissenschaft überhaupt existiert nur im Vollzug.

Nicht wahr, ein Lehrbuch der Physik z. B. ist ja nicht Physik, sondern Mitteilung über die wissenschaftlichen Bemühungen von Physikern und über ihre Ergebnisse. Wissenschaft, wie immer sie definiert sein mag, ist Attribut einer Tätigkeit oder auch selbst eine Tätigkeit, und wo diese Tätigkeit nicht ausgeübt wird, da gibt es vielleicht wissenschaftlich erarbeitete und gesicherte Erkenntnis, aber nicht Wissenschaft selbst. Wissen ist etwas anderes als Wissenschaft, ihr Ergebnis nämlich. – Dazu noch der dritte Satz, ebenfalls nichts Neues:

§ 29. Die Literaturwissenschaft kann, wenn überhaupt, nur von Literaturwissenschaftlern begründet werden.

Darüber, so sollte man meinen, braucht man kein Wort zu verlieren. Leider aber sind doch mehrere Worte bitter nötig. Auf der einen Seite nämlich stehen heute die Wissenschaftstheoretiker, meist Philosophen, die über Grundlagenprobleme einer Wissenschaft nachdenken, die sie nur vom Hörensagen oder zumindest nicht aus profunder Erfahrung kennen; das wird ihnen noch niemand sonderlich verargen, denn von klugen, wenn auch unerfahrenen Leuten kann man immer lernen. Schlimm wird es erst, wenn auf der anderen Seite Literaturwissenschaftler ihre Grundlagenprobleme nur in Form von Diskussion über die Theorien Unerfahrener erörtern. Und das ist die gegenwärtige Lage. Eine ungute Arbeitsteilung: die einen übernehmen das Denken, die anderen haben die Erfahrung. *Hat* man eine Erfahrung wirklich, wenn man nicht selbst über sie nachdenkt?

Wie auch immer: die Begründung der Literaturwissenschaft kann den Literaturwissenschaftlern bedauerlicher- oder glücklicherweise von niemandem abgenommen werden, weil nur diejenigen eine Wissenschaft begründen können, die sie kennen, und nur diejenigen eine Wissenschaft kennen, die sie ausüben, wenn es darunter auch manche geben mag, die gewohnheitsmäßig vor sich hinwursteln und gar nicht wissen, was sie tun.

So, jetzt haben wir drei Sätze: Literaturwissenschaft ist nur im Werden (§ 27), Literaturwissenschaft ist nur im Vollzug (§ 28), Literaturwissenschaft kann nur von Literaturwissenschaftlern begründet werden (§ 29). Und aus diesen drei Sätzen ergibt sich ganz einfach die reflexive Begründung als die einzige Möglichkeit. Man braucht die drei nur zu kombinieren.

§ 30. Literaturwissenschaft kann nur von Literaturwissenschaftlern (§ 29) im Vollzug ihrer Tätigkeit (§ 28) begründet werden, indem sie ihre «Wissenschaft» genannte Tätigkeit (§ 28) daran ausrichten, was sie sein soll oder sein wird (§ 27), d. h. indem sie auf ihre Tätigkeit reflektieren.

Diese Reflexion ist etwas, das sich gar nicht vermeiden läßt, wenn man irgend etwas bewußt tut und nicht vollautomatisch funktioniert, was ja zumindest unter Wissenschaftlern noch nicht so recht gehen will.

Jeder überlegt sich ja, ob ein gerade vollzogener Gedankenschritt auch richtig war, ob noch ein Argument fehlt, ob die Beobachtung wirklich stimmt, d. h. man reflektiert bei der Arbeit ständig auf seine eigene Tätigkeit und beurteilt sie selbst auf ihre Richtigkeit hin, also daraufhin, ob man sie vor dem Lehrer, dem Kritiker oder allgemein vor einer imaginierten Instanz der Wahrheit vertreten, begründen und rechtfertigen könnte. Jene Instanz wird uns nachher noch beschäftigen. Fürs Erste begnüge ich mich mit dem Hinweis, daß ich meine, nunmehr erklärt zu haben, daß Sie selbst gar nicht anders können, als in jedem Einzelschritt Ihrer eigenen denkenden Tätigkeit die reflexive Begründung zu praktizieren. Das ist zwar erst Reflexion im Ansatz, wie unvollkommen auch immer, aber es ist Reflexion.

Sie funktioniert in der täglichen Arbeit nach dem aktuellen Bedarf, von Fall zu Fall, auf einzelne Denkschritte und Erkenntnisse bezogen, auf andere vielleicht schon nicht mehr und jedenfalls nicht auf die Wissenschaft als ganze, – zum Glück, denn ein fortwährendes Problematisieren der Wissenschaft als ganzer würde zweifellos von Grund auf deren Ausübung verunmöglichen.

Im Prinzip jedoch tendiert die alltägliche Reflexion im Ansatz darauf, sich zu radikalisieren und die Wissenschaft als ganze reflexiv, d. h. im Vollzug, nach ihrer Begründung und Rechtfertigung zu befragen, indem sie ihre Selbständigkeit in Frage stellt.

Wenn dergleichen auch nicht alle Tage geschehen kann, so wird man doch die Berechtigung und Notwendigkeit dieses Fragens nicht gut bestreiten können, zumal ja, wenn alles glückt, der Lohn winkt, daß die Zweifel an der Richtigkeit des Entschlusses, diese Wissenschaft zum Beruf zu machen, behoben werden und daß dadurch die Arbeit beruhigter und zielsicherer vonstatten gehen kann.

§ 31. Dieses Unternehmen nenne ich Enzyklopädie: die radikale und systematische reflexive Begründung und Rechtfertigung der Literaturwissenschaft als selbständiger Wissenschaft. Enzyklopädie ist also nichts weiter als die Radikalisierung und Systematisierung der alltäglichen, ansatzweise reflexiven Begründung wissenschaftlicher Arbeit.

Der Titel Enzyklopädie enthält darüber hinaus ein fröhliches Versprechen, das Versprechen nämlich, die Selbständigkeit der Literaturwissenschaft im Vollzug, durch die Problematisierung hindurch, auch tatsächlich zu erweisen. Damit wird indessen die Radikalität des Fragens keineswegs abgeschwächt. Vielmehr verhält es sich so, daß ich diese Fragen erst in einem Zeitpunkt öffentlich verhandle, da ich meine, tragfähige Antworten geben zu können. Im Prinzip aber gilt nach wie vor:

§ 32. Beim Unternehmen Enzyklopädie ist jeder mögliche Ausgang denkbar außer dem einen, daß nämlich die vor dem Beginn des Unternehmens vorhandene Literaturwissenschaft, meine eigene nicht ausgeschlossen, auch schon die wahre und wirkliche Literaturwissenschaft ist und gewesen ist.

Dieses eine und nur dieses eine Ergebnis ist bereits durch die Anlage des Unternehmens ausgeschlossen, am deutlichsten durch den Satz, daß die Literaturwissenschaft nur im Werden sei (§ 27), und am gründlichsten durch die Reflexivität der Enzyklopädie (§ 31); denn Reflexion bringt Veränderung durch die Auflösung des unreflektierten Bestandes. Eine Enzyklopädie kommt nicht umhin, selbst Entwicklung und Veränderung der Literaturwissenschaft zu sein, zunächst meiner eigenen, hoffentlich aber nicht nur meiner eigenen.

Das bedeutet auch, daß ich die Begründung und Rechtfertigung der Literaturwissenschaft nicht schon (etwa in Form einer Definition) an den Anfang stellen, sondern nur am Ende zu geben versprechen kann. Bis dahin bleibt sowohl die Berechtigung der Literaturwissenschaft, als auch die Berechtigung, überhaupt von Literaturwissenschaft zu reden, in jener Schwebe, von der ich Ihnen vorhin unter dem Titel Freiheit des Denkens vorgeschwärmt habe.

§ 33. Wenn dann allerdings die Begründung der Literaturwissenschaft gelungen sein wird, dann wird sie wegen dieser Voraussetzung (§ 32, vgl. § 24) notwendigerweise ein Doppelgesicht tragen und Begründung im Sinne von *condere* und von *fundere* sein: Neugründung und zugleich Fundierung des Alten.

Die gelungene Enzyklopädie gleicht einem umgekehrten Baugewerbe, indem sie einem bestehenden Gebäude ein Fundament unterzieht, ihm damit Bestand verleiht und es überhaupt erst als bestehendes Gebäude eröffnet. Daß das Gebäude dann gar nicht mehr dasselbst ist, werden nur diejenigen nicht merken, die schon vorher nicht gemerkt hatten, daß es bedenklich wackelte.

§ 34. Der Begründung stehen, allerdings nur scheinbar, zwei Probleme entgegen.

Die Beseitigung der Probleme wird zur Präzisierung der Aufgabe beitragen.

§ 35. Das erste Problem ist die Unverträglichkeit von Enzyklopädie und alltäglicher Arbeit.

Durch eine permanente, wirklich radikale und systematische Problematisierung wird die aktuelle wissenschaftliche Arbeit schwer beeinträchtigt oder vollends zum Stillstand gebracht, und damit ist es dann natürlich auch um die Enzyklopädie geschehen, da sie an den Vollzug gebunden ist (§ 30). Man kennt die Folgen dieser radikalen Problematisierung als *eines* der vielfältigen Phänomene, die sich unter dem Oberbegriff Studienprobleme versammeln: die schiere Unmöglichkeit, auch nur noch etwas zu lesen, das zum Fach gehört, die totale Blockade und Arbeitsunfähigkeit. Das ist der Pyrrhussieg der Enzyklopädie über die wissenschaftliche Arbeit.

Beide sind zwar aufeinander angewiesen, aber sie behindern einander, und eben das ist auch der Fall, wenn der Konflikt zugunsten des Fortgangs der Arbeit und zuungunsten der enzyklopädischen Reflexion aufgelöst wird, weil dann die Arbeit buchstäblich grundlos ist.

§ 36. Das zweite Problem ist die nicht gewährleistete und nicht zu gewährleistende Repräsentativität eines jeden Textes, an dem sich literaturwissenschaftliche Arbeit vollzieht.

Auch wenn der Glücksfall eintreten sollte, daß man einen Text findet, an dem sich sozusagen sämtliche Aspekte der literaturwissenschaftlichen Tätigkeit vorführen ließen, selbst dann bliebe das Problem der Repräsentativität offen und damit die Enzyklopädie immer nur die systematische Reflexion eines zufälligen Einzelfalls. Andererseits gehört auch die Kontinuität der Arbeit an *einem* Text zu den Aspekten dieser Arbeit selbst, so daß die anzustrebende Vollständigkeit auch nicht durch additive Reihung mehrerer Texte erreicht werden kann.

§ 37. Diese beiden Probleme sind aber überhaupt nur Probleme unter der Voraussetzung, daß die enzyklopädische Reflexion die aktuelle wissenschaftliche Arbeit begleite; unter dieser Vorausetzung wäre Enzyklopädie in der Tat unmöglich.

Die Voraussetzung muß also geändert werden. Folglich:

§ 38. Da Enzyklopädie reflexive Begründung der Literaturwissenschaft im Vollzug sein soll, ist sie nur möglich, wenn die Reflexion sich von der aktuellen wissenschaftlichen Arbeit löst, ohne sie zu verlassen.

Zur Erklärung dieser für den ersten Moment vielleicht reichlich kryptischen Formulierung führe ich die Unterscheidung von *Theorie* und *Praxis* ein, und zwar gleich anhand eines Beispiels.

Ich habe schon als Kind immer gern Löcher in Sandhaufen gegraben und empfinde jetzt beispielsweise das Bedürfnis, einen Eisenbahn- und Straßentunnel zu bauen, warum nicht im Furkagebiet. Ich mache mich also daran, den Bau des Tunnels in Gedanken auszuführen: ich baue Zufahrtsstraßen und die Unterlagen für die Eisenbahnschienen, lege das Tunnelprofil fest, setze riesige Bohrmaschinen mit rasantem Vortrieb ein, schreibe zwischendurch einige Rechnungen doppelt, lege Lüftungsschächte und Leitungskanäle an, betoniere das Ganze auf das Haltbarste und beende die Arbeit mit einer feierlichen Eröffnung und Übergabe an den Verkehr.

Ergebnis der Gedankenübung: ich habe *theoretisch* die zum Tunnelbau nötigen Arbeiten, soweit ich sie kenne, ausgeführt, und der Tunnel ist *theoretisch* da, aber einstweilen nur das; was aber wiederum prinzipiell noch nichts gegen den Realitätsgehalt der Theorie sagt, sondern daher kommt, daß ich von der *Praxis* des Tunnelbaus so gut wie nichts verstehe und daher niemanden finden werde, der mir die *praktische* Ausführung dieser Theorie finanziert. Im Prinzip aber muß auch ein richtiger Tunnelbauingenieur zuerst einmal den Tunnel theoretisch bauen (man nennt das: ein *Projekt* ausarbeiten), bevor es an die praktische Ausführung der theoretisch schon ausgeführten Arbeiten gehen kann.

Genau so verhält es sich mit der Enzyklopädie: sie ist in diesem Sinne ein Projekt der Literaturwissenschaft, theoretische Ausführung der Arbeiten, die ein Literaturwissenschaftler praktisch auszuführen hat, in ihrer Brauchbarkeit und in ihrem Wert natürlich vollständig abhängig von der Erfahrung, die hinter ihr steht.

§ 39. Die enzyklopädische Reflexion kann nur dann die Literaturwissenschaft im Vollzug begründen, wenn die wissenschaftliche Arbeit theoretisch ausgeführt wird, aus der Praxis kommend und für die Praxis der Literaturwissenschaft bestimmt.

Ich werde also die Tätigkeiten eines Literaturwissenschaftlers vollständig, aber theoretisch ausführen, mit der Absicht, in der begleitenden Reflexion die Literaturwissenschaft als selbständige Wissenschaft zu begründen und zu rechtfertigen.

Damit sind dann auch die Probleme, die ich als unlösbar in der praktischen Arbeit erwähnt habe (§§ 35, 36), von vornherein gelöst. Die enzyklopädische Reflexion kann in aller Radikalität und Systematik ansetzen, weil die theoretisch ausgeführte Arbeit dadurch nicht nur nicht behindert, sondern geradezu beflügelt wird. Und die Repräsentativität der Texte ist auch kein Problem mehr, weil die Arbeit eben theoretisch bleibt und daher bei Bedarf mit beliebigen Textbeispielen erläutert und belegt werden kann.

Ein Problem, das ich vorhin (§ 30) beiseite geschoben habe, muß ich aber an dieser Stelle noch einmal aufgreifen: die Frage nach der Instanz, an die sich die Enzyklopädie wendet, um die theoretisch ausgeübte Tätigkeit auf ihre Richtigkeit hin reflektierend zu überprüfen. Nach dem bisher Gesagten wird es Sie wohl nicht mehr sonderlich überraschen, daß ich auch in diesem Punkte die Freiheit des Denkens, von manchen Bodenlosigkeit genannt, gewahrt wissen will und als Instanz zur Beurteilung der Richtigkeit nicht etwas Vorfindliches angebe.

§ 40. Um die Richtigkeit der theoretisch ausgeführten wissenschaftlichen Arbeit beurteilen zu können, richtet sich die enzyklopädische Reflexion aus am imaginativ vorweggenommenen Konsens aller über die jeweils verhandelte Sache.

Das ist keine Extravaganz, sondern ein einfaches Gebot des Realismus, sofern man nur beim Denken die Augen offen behält. Denn es ist ja so klar wie nur irgend etwas, daß meine Enzyklopädie nicht die Zustimmung aller Literaturwissenschaftler überhaupt finden wird. Das liegt nicht an deren begrenztem Fassungsvermögen, sondern daran, daß verschiedene Instanzen zur Beurteilung der Richtigkeit in Geltung stehen. Einfach eine davon als die verbindlichste zu dekretieren, wäre natürlich bequem, aber das wäre wieder jene dogmatische Selbsttäuschung, die ich mir aus Selbstachtung nicht leiste, weil ich weiß, daß ich die allgemeine Verbindlichkeit einer Instanz niemals werde durchsetzen können.

Das ist mir aber kein Anlaß zu Resignation oder Relativismus. Natürlich bemühe ich mich mit allem Fleiß um Ihre Zustimmung zu meinen Einsichten, wie sollte ich auch nicht. Zustimmung ist schön, aber doch nur, wenn sie nicht zu billig gewährt wird. Und billig ist sie, wenn sie nicht durch den Widerspruch hindurchgegangen ist.

Meine Berufung auf einen von mir imaginierten Konsens heißt also umgekehrt, daß ich den *Dissens* vorwegzunehmen mir nicht gestatte, weil ich ihn ohnehin nicht vorwegnehmen kann. Aber ich kann ihn herauslocken, damit der Konsens, wo er meiner Imagination entsprechen sollte, etwas wert ist.

§ 41. Die Ausrichtung der Reflexion am imaginativ vorweggenommenen Konsens ist Anstiftung zum Dissens.

Ich bin zwar zur Zeit subjektiv sehr sicher, überall das Richtige getroffen zu haben; denn meine eigenen Versuche, diese Gewißheit zu demolieren oder sie von Studenten oder fremden Theorien demolieren zu lassen, tragen keine Früchte mehr.

Gleichwohl ist es eine Gewißheit nur bis auf Widerruf. Da meine eigene Kapazität zur Revision zur Zeit erschöpft ist, muß ich den Widerspruch eben anderswo suchen: bei Ihnen. Denn eine wirklich in allen Einzelheiten unerschütterliche Gewißheit, recht zu haben, wäre ja etwas Fürchterliches; sie ist nur möglich, wenn man des Widerspruchs nicht mehr für würdig befunden wäre oder lernunfähig geworden wäre.

Wenn Lernenkönnen so viel heißt wie Lebendigsein, und wenn der geistige Entwicklungsstillstand und Tod nur ausbleibt, solange man lernbedürftig und -fähig ist, dann ist das Eingestehen und Akzeptieren der eigenen Unvollkommenheit der unvermeidliche und wahrlich nicht zu hohe Preis für die Erhaltung des geistigen Lebens.

Und wenn ferner Wissenschaft, was immer sie sein mag, etwas mit geistigem Leben zu tun hat, wie wir ja alle innig auch gegen manchen äußeren Schein glauben, dann ist die Unvollkommenheit des Wissenschaftlers und sein Akzeptieren seiner Unvollkommenheit die Bedingung der Möglichkeit von Wissenschaft überhaupt.

§ 42. Deshalb ist die Anerkennung der eigenen Unvollkommenheit, sogar im Grundsätzlichen, der Ermöglichungsgrund von Literaturwissenschaft und von Wissenschaft überhaupt.

Es wäre mir lieb und der Wissenschaft zweifellos förderlich, wenn dieser Satz auch nur ein bißchen bekannter würde. Natürlich praktiziert man ihn nicht ohne Risiko. Denn offenbar gilt die einsichtige Bescheidenheit, die aus der Anerkennung der eigenen Unvollkommenheit resultiert, offenbar gilt sie als Gipfel des Hochmuts und der Überheblichkeit, weil sie nach dem Prinzip der Gleichberechtigung auch sonst niemanden für vollkommen halten mag und deshalb nur schon der Attitüde der Unterwürfigkeit gründlich unfähig ist und weil sie Wertschätzung nur als Widerspruch oder zumindest nicht ohne Widerspruch zu äußern sich erlaubt und imstande ist.

Dennoch kann ich aus den angegebenen Gründen (§ 41) nicht umhin, diese Haltung zu propagieren und in diesem Buch zu praktizieren. Denn nur wer die eigene Unvollkommenheit so ernst nimmt, daß er sich nicht doch noch heimlich am unerreichbaren, ja, nicht erstrebenswerten Ziel der Vollkommenheit kaputt macht, nur der wird seine Erkenntnisse so äußern können, daß er Widerspruch findet, und nur der wird es zu jenem Maß an Selbständigkeit und Produktivität bringen, das in der Wissenschaft eigentlich verpflichtend sein sollte.

Ich habe gesehen und erfahren, daß unzählige Studenten sich selbst an einem unsinnigen Maßstab völlig irrealer Vollkommenheit messen und sich damit ruinieren. Und ich habe gesehen und erfahren, daß andere instinktiv alles daran setzen, jene Irrealität als real aufrecht zu erhalten und die Studenten zum Erlernen und Reproduzieren des angeblich unumstößlich Richtigen anzuhalten. Das ist, unter uns gesagt, ein Verbrechen am Geist.

§ 43. Erst die Anerkennung der eigenen Unvollkommenheit setzt die enzyklopädische Reflexion in den Stand, produktives Denken zu werden.

Produktiv nun aber nicht etwa, weil es übermäßig originelle Ergebnisse gäbe, sondern produktiv, weil das Denken in enzyklopädischer Reflexion seinen Inhalt, die Literaturwissenschaft und jenen Konsens, mit herbeizuführen sucht und hilft, weil es sie erzeugt und begründet, in welcher Unvollkommenheit auch immer.

§ 44. Und erst als produktives Denken ist Enzyklopädie auch voraussetzungsloses Denken in einem grundsätzlichen Sinne.

Voraussetzungslos nicht etwa, weil es keinerlei Voraussetzungen hätte (das gibt's ja gar nicht), sondern weil es keine Setzungen im Voraus macht, die nicht ihm selbst gegeben sind.

Gegeben mit dem enzyklopädisch-reflexiven Denken ist die Voraussetzung hinsichtlich jenes Konsenses, daß er die formalen Imperative wissenschaftlicher Prozeduren enthalten wird, also etwa das, was man die Gesetze der Logik nennt. Und gegeben ist hinsichtlich der Literaturwissenschaft die Voraussetzung, daß sie besser sein könnte, als sie ist, und den möchte ich sehen, der mir das bestreitet.

Sonst aber ist nichts vor der Infragestellung durch die Reflexion sicher.

§ 45. Die Enzyklopädie steht unter dem Motto: «Nichts ist selbstverständlich».

Das ist nicht nur ein schöner Satz, sondern sogar ein vortrefflicher, weil er nicht einmal durch die Anwendung seiner selbst auf sich selbst mit sich in Widerspruch gerät, sondern sie gestärkt überlebt. Denn auch der Satz «Nichts ist selbstverständlich» ist seinerseits nicht selbstverständlich, trifft also auch auf sich selbst zu.

Dadurch unterscheidet er sich aufs Vorteilhafteste von ähnlichen Sätzen, etwa «Es gibt keine absolut sichere Erkenntnis»; denn da muß man gleich hinzufügen, um den Satz zu retten: keine absolut sichere Erkenntnis außer eben dieser, daß es keine gibt. Und die «Rettung» des Satzes ist dann zugleich seine Vernichtung.

Gliederung und Aufbau der Enzyklopädie

§ 46. Da die Enzyklopädie der Literaturwissenschaft die reflexive Begründung der Literaturwissenschaft im Vollzug ist (§§ 30, 31), können Gliederung und Aufbau der Enzyklopädie nur aus der Literaturwissenschaft, aus der literaturwissenschaftlichen Tätigkeit gewonnen werden.

Der Gliederung und dem Aufbau eines solchen Unternehmens kommt ja mehr als nur dekorativer Wert zu, und sie haben auch mehr zu leisten, als nur Übersichtlichkeit herzustellen und zum Memorieren bequem zu sein.

Die Gliederung, wie sie im Inhaltsverzeichnis erscheint, ist vielmehr, wenn sie richtig ist, sozusagen die Kurzfassung des Ganzen, und das Ganze ist in unserem Fall die literaturwissenschaftliche Tätigkeit.

Weil die Enzyklopädie begleitende und begründende Reflexion sein soll, muß sie notwendigerweise sich selbst nach Maßgabe *der* Gliederung gliedern, welche die literaturwissenschaftliche Tätigkeit aufweist, die wiederum mir aus der Erfahrung bekannt ist.

Wie weit diese Kenntnis für die Gliederung trägt, das hängt natürlich vom Umfang und von der Solidität der Erfahrung ab, und weil man da nie ganz sicher sein kann, ist grundsätzlich damit zu rechnen, daß die zu Anfang zu entwerfende Gliederung sich irgendwann einmal als revisionsbedürftig erweist.

§ 47. Wenn im Zuge der literaturwissenschaftlichen Tätigkeit Wissen eine Rolle spielt, so wird es in den Prozeß seines Erzeugtwerdens, also in Wissenschaft zurückzuverwandeln sein (§ 28).

Wenn ich schon die Literaturwissenschaft nicht als gegebene feste Größe voraussetze (§§ 24, 44), dann natürlich das Wissen, ihr Produkt, noch weniger. Zudem ist ein Wissen, das ich nur *habe* und nicht selbst zu produzieren vermag, gar kein *Wissen* für mich, sondern nur ein Für-wahr-Halten auf fremde Autorität hin oder aus Gewohnheit.

Ich werde daher nicht längst bewährtes Wissen ausbreiten (§ 7), sondern ich werde Wissen erzeugen (§ 43). Wenn dabei ein schon vorhandenes Wissen herauskommt – umso besser für dieses Wissen; wenn sich neues Wissen ergibt – umso erfreulicher für mich.

Das Ganze soll so vonstatten gehen, daß Sie die Wissensproduktion genau mitverfolgen und folglich kritisieren oder bei Bedarf wiederholen können, so daß das Wissen zu Ihrem eigenen Wissen werden kann.

§ 48. Wir müssen da ganz bescheiden und einfach anfangen, ohne Angst vor Banalitäten; denn es ist nicht erst eine Theorie völlig schräg herausgekommen, weil sie irgendeine Banalität, die meistens ganz am Anfang fällig wird, achtlos beiseite geschoben hat.

§ 49. Die einfachste Beschreibung der Literaturwissenschaft lautet: die literaturwissenschaftliche Tätigkeit ist eine Sonderform des Lesens.

Für eine erste Umschreibung muß es genügen, von der literaturwissenschaftlichen Tätigkeit zu sagen, was jeder von ihr weiß, der überhaupt einmal von ihr gehört hat. Literaturwissenschaftler sind Leute, die neben den üblichen Tätigkeiten – vom Nägelschneiden bis zum Autofahren – lesen und schreiben, vielleicht auch besonders intensiv empfinden, wer weiß, und die denken und reden. Wobei eines klar ist: sie denken über Literatur nach und reden und schreiben über sie, und das alles mit dem Anspruch auf Wissenschaftlichkeit.

Weil Denken, Reden und Schreiben über Literatur eben an das Lesen von Literatur gebunden sind, wie locker auch immer, möchte man zuerst sagen: Literaturwissenschaftler lesen Literatur auf wissenschaftliche Weise.

Diese Definition ist aber völlig leer, und zwar aus zwei Gründen: erstens ist «wissenschaftlich» einstweilen noch ein leeres Wort, so daß man die Literaturwissenschaftler konsequenterweise zurückstufen muß in den großen Kreis der Literaturleser, und zweitens ist Literatur immer noch ein leeres Wort, so daß man die wissenschaftlichen und die unwissenschaftlichen Literaturleser allesamt erst einmal sozusagen degradieren muß zu Lesern überhaupt.

Auf diese Überlegungen geht der eben formulierte Hauptsatz dieses § 49 zurück. Eine Umkehrung schließt sich an:

§ 50. Die literaturwissenschaftliche Tätigkeit muß aus der allgemeinen Tätigkeit Lesen entwickelt werden, deren einstweilen nicht näher definierte Sonderform sie ist.

Beiläufig: es spricht alles dafür, daß die einzige «Begabung», die ein Literaturwissenschaftler braucht, diejenige ist, seine längst vorhandene Lesefähigkeit zu verwissenschaftlichen.

§ 51. Die innere Gliederung der literaturwissenschaftlichen Tätigkeit muß zumindest in den Grundzügen schon im Lesen anzutreffen sein.

§ 52. Die Gliederung der Enzyklopädie, die ja der Gliederung der literaturwissenschaftlichen Tätigkeit entsprechen muß (§ 46), ist aus einer Analyse des Lesens zu gewinnen (§ 51).

Nur noch einmal zur Wiederholung: da die Enzyklopädie begleitende und begründende Reflexion der literaturwissenschaftlichen Tätigkeit sein soll, muß sie der literaturwissenschaftlichen Tätigkeit und (für Zwecke der Gliederung) deren Grundform, dem Lesen, sozusagen auf Schritt und Tritt folgen. Und da gibt es dann entweder überhaupt keine Gliederung der Enzyklopädie, falls das Lesen und damit wahrscheinlich auch die literaturwissenschaftliche Tätigkeit ein bruchloses Kontinuum sein sollte, oder aber es gibt eine Gliederung, die dann in der Analyse des Lesens zu erheben wäre.

§ 53. Da man des Lesens als eines Untersuchungsgegenstandes nicht habhaft werden kann, man betreibe es denn (vgl. § 28), kann die Analyse des Lesens nur Reflexion auf das Lesen im Vollzug sein.

Und da wir alle Leser sind, Leser von was auch immer, brauchten wir nur auf unser eigenes Lesen zu reflektieren, um die Gliederung der literaturwissenschaftlichen Tätigkeit und damit die Gliederung der Enzyklopädie zu finden.

Nur, wie macht man's: auf das eigene Lesen reflektieren? Auf etwas, das einem so nahe und so geläufig ist. Hier drücken mich zum ersten Male schmerzhaft die Fesseln der Schriftlichkeit. An sich müßte ich Ihnen ein Buch in die Hand drücken, das Ihnen völlig unbekannt ist, und Ihnen helfen, sich selbst auf frischer Tat zu ertappen. Das geht natürlich nicht, und dieses Buch, das sie jetzt lesen, kommt für den Versuch auch nicht in Frage, weil es mir um Phänomene geht, die «am Anfang» des Lesens liegen.

Andererseits befriedigt es mich auch nicht, einfach nur die Resultate *meiner* Reflexion mitzuteilen, so daß mir nichts übrig bleibt, als Ihnen einen Text vorzulegen, der vom Lesen handelt, und ihn so zu erklären, daß Sie die Richtigkeit der Erklärung durch Ihre Erinnerung an eigene Erfahrung überprüfen können.

§ 54. Als Ersatz der Reflexion kann die Erinnerung dienen, ausgelöst durch die Verständigung über einen Text, der vom Lesen handelt.

Solche Texte gibt es in großer Zahl, aber meistens sind sie zu direkt. Besser ist es, wenn das Lesen gar nicht direkt thematisch ist. Deshalb habe ich schließlich gefunden: am besten ist's, wenn ich Ihnen einen Witz erzähle. Es ist zwar nicht der neueste und auch nicht der besten einer, aber er erspart uns viele Umwege.

Also: in einer psychiatrischen Heilanstalt ist eine Bibliothek eingerichtet worden. Von Anfang an kommt jeden Tag einer der Insassen und verlangt ein möglichst dickes Buch, und am nächsten Tag bringt er es wieder zurück: gelesen, wie er behauptet. Der Biblithekar traut dem natürlich nicht, und um ihn auf die Probe zu stellen, gibt er ihm beim nächsten Mal ein Telephonbuch mit. Prompt bringt es denn auch der Mann am nächsten Morgen zurück. «Na, wie hat's Ihnen denn gefallen», fragt der Bibliothekar. «Tja», sagt der Mann, «so teils, teils. Die Handlung ist ja wirklich flau. Aber, Mann: *die* Besetzung».

Witze zu erklären, ist fade und tötet den Witz. Ich mache es trotzdem und bitte um Nachsicht. Es ist ja für einen guten Zweck.

Der Clou des Ganzen ist zweifellos das Fehlverhalten dieses leicht irren Lesers, das man aus seinen Worten erschließt. Er hat das Telephonbuch so gelesen, als wäre es ein Theaterstück. Und daß so etwas halbwegs komisch wirkt, liegt daran: normalerweise liest jedermann ein Telephonbuch ganz selbstverständlich anders als ein Theaterstück. Die Durchbrechung des selbstverständlichen Normalverhaltens kann einen, wenn man nicht nur drüber lacht, über einen selbst staunen machen und zur Einsicht bringen:

§ 55. Lesen kennt Unterschiede.

Das Erstaunliche ist, daß wir nicht immer gleich lesen, daß wir Unterschiede machen, von denen wir gar nichts wissen, die wir aber doch konsequent und selbstverständlich durchhalten.

§ 56. Unterschiedliches Lesen ist ein automatisiertes Verhalten.

Solche Verhaltensunterschiede müssen einen Grund haben, und da sie als Automatismen funktionieren, von denen man gar nichts weiß, kann der Grund eigentlich nicht im Leser liegen, sondern nur im zu lesenden Text. Die Verhaltensunterschiede wären also sozusagen konditionierte Reflexe, Reaktionen, die durch Textunterschiede ausgelöst werden.

§ 57. Unterschiedliches Leseverhalten könnte automatisierte Reaktion auf Textunterschiede sein.

Ich formuliere das so vorsichtig, weil der Witz die Sache doch klarer sehen läßt. Zweifellos, ein Telephonbuch hat gewisse Kennzeichen, die es als Telephonbuch ausweisen: z. B. die alphabetische Ordnung, die immer gleich aufgebauten Namenseintragungen mit einer Nummer am Schluß und nicht zuletzt den Titel auf dem Einband.

Diese Kennzeichen, darüber besteht wohl Einigkeit, sind vorhanden. Wer sie indessen nicht *bemerkt* oder falsch *interpretiert* und die Aufzählung der Namen mit dem Personenverzeichnis eines Theaterstücks verwechselt, für den hat das Buch effektiv diese Kennzeichen eines Telephonbuchs *nicht*, für ihn *ist* es z. B. ein Theaterstück.

Das ist ein extremes Beispiel, und so etwas gilt deshalb auch als irr. Aber die Abweichung vom Normalverhalten ist ein weiteres Mal aufschlußreich: es ist noch nicht narrensicher, daß ein Text bestimmte Kennzeichen hat; es muß noch hinzukommen, daß man sie auch als solche Kennzeichen wahrnimmt. Ein Buch ist *für mich* erst dann ein Telephonbuch, wenn *ich* die Kennzeichen eines Telephonbuchs an ihm entdeckt habe.

§ 58. Unterschiedliches Leseverhalten ist die automatisierte Reaktion auf die Wahrnehmung bestimmter unterschiedlicher Kennzeichen an den zu lesenden Texten.

Man meine übrigens nicht, diese Formulierung müsse nur deshalb so umständlich sein, damit sie auch völlig irres Verhalten einfängt. Es gibt durchaus auch Fälle, in denen der Sachverhalt selbst für Nicht-Irre keineswegs so eindeutig ist wie bei einem Telephonbuch. Seinerzeit hat der Berliner Kommunarde Fritz Teufel mit anderen zusammen einen Text veröffentlicht, in dem vom Anzünden der Warenhäuser die Rede war. Die Staatsanwaltschaft hat diesen Text qualifiziert als Aufforderung zu einer kriminellen Tat, während Gutachter der Verteidigung deutliche Kennzeichen der politischen Satire zu entdecken meinten, die auf Bewußtseinsänderung durch Schockwirkung, nicht aber auf kriminelle Handlungen abziele.

Die Gutachter haben also bestimmte Kennzeichen am Text gesehen, die die Anklagevertreter nicht gesehen hatten. Wer von beiden da recht hatte, braucht uns hier nicht zu beschäftigen. Wichtig ist nur die Feststellung, daß auch das Vorhandensein bestimmter Kennzeichen nicht allemal so eindeutig ist wie beim Telephonbuch.

Immerhin: das Wahrnehmen von Kennzeichen ist verantwortlich dafür, *was* ein Text für mich ist, d. h. daß ich einen Text als einen *bestimmten* Text identifiziere, ein Buch als *Telephon*buch.

§ 59. Unterschiedliches Leseverhalten ist die automatisierte Reaktion darauf, daß man einen Text anhand von Kennzeichen als bestimmten Text identifiziert hat.

Es kommt dabei nicht darauf an, ob man ein Buch im geläufigen Sinne «richtig» identifiziert hat, sondern nur darauf, *daß* man es überhaupt identifiziert, und das, so behaupte ich, läßt sich gar nicht vermeiden.

Vielleicht beobachten Sie es einmal in einer Buchhandlung oder in einer Bibliothek: schon der Rücken, das Format und die Aufmachung des Buches «sagen» Ihnen etwas darüber, was für ein Buch es ist. Und spätestens, wenn der Inhalt der Aufmachung gar nicht entspricht (Pornographie in einem wissenschaftlich aussehenden Buch oder so), spätestens dann merken Sie, daß Sie das Buch schon vor dem eigentlichen Lesen identifiziert hatten. Eine ausgefallene Meldung in einer Zeitung liest man plötzlich ganz anders, sobald man gemerkt hat, daß sie ein Aprilscherz ist.

Wie man einen Text liest, das hängt wesentlich davon ab, *als was* man ihn identifiziert hat. Wer ein Telephonbuch als Theaterstück identifiziert, der liest es dann eben auch so, wie man ein Theaterstück liest: er achtet auf die Handlung und erwartet offenbar so etwas wie Spannung. Wer dagegen dasselbe Buch doch noch als Telephonbuch identifiziert, der liest es in der Regel so, wie man es dann eben liest: er schlägt es bei Bedarf auf und benutzt die Alphabetisierung als bequeme Einrichtung, um einen Namen samt Nummer schnell zu finden.

Offenbar stellt man sich zu einem bestimmten Text anders ein als zu einem anderen. Es gibt verschiedene Lese-Einstellungen.

§ 60. Die jeweilige Lese-Einstellung ist die automatisierte Reaktion darauf, daß man einen Text anhand von Kennzeichen als einen bestimmten Text identifiziert hat, wobei es gleichgültig ist, ob die Identifikation im geläufigen Sinne richtig war oder nicht.

Allerdings ist der Zusammenhang von Identifikation des Textes und Lese-Einstellung nicht schlechthin zwingend. Es gibt da zum Beispiel eine Szene des Kabarettisten Franz Hohler, in der er aus einem Telephonbuch vorliest, was da eben so drin steht, aber mit einer Stimme, der man deutlich anmerkt, daß er Schadenfreude oder auch Mitleid mit den Leuten hat, denen eine bestimmte Nummer zugeteilt worden ist. Ich kann auch, falls ich das lustig finde, einen Text, den ich als Kochrezept identifiziere, wie eine Sportreportage vorlesen. Oder ich kann einen Idiotenwitz zur Erklärung des Leseverhaltens benutzen.

In all diesen Fällen ist es so klar wie nur etwas, daß ein Text bewußt anders gelesen wird, als er eigentlich gemeint ist. Die Abweichungen von der Norm zeigen also auch hier, wie der Normalfall funktioniert: man liest einen Text so, wie der Autor ihn gelesen haben wollte.

§ 61. Die Wahl der Lese-Einstellung besteht darin, den anhand von Kennzeichen identifizierten Text automatisch so zu lesen, wie er vom Autor gemeint war.

Diese Formulierung ist nur als Interimslösung zu verstehen. Mit etwas schlechtem Gewissen habe ich sie so ausgezeichnet, weil sie doch zwei Löcher hat. Zum einen: woher weiß ich, wie ein Text vom Autor gemeint war? Zum anderen: und wenn ich es weiß, was verpflichtet mich, ihn dann auch so zu lesen? Ich gehe den beiden Fragen in dieser Reihenfolge nach.

Die selbstverständliche Sicherheit des Gefühls, einen Text richtig, mit der angemessenen Lese-Einstellung zu lesen, muß ja durch irgend etwas legitimiert sein. Gleichwohl: ich habe noch nie die Hersteller eines Telephonbuchs gefragt, wie sie den Text gemeint haben, kann es also eigentlich gar nicht wissen. Woher dann die Sicherheit, das Buch so zu benutzen, wie es gemeint war?

Nun, ich meine, das komme von den Kennzeichen. Wenn ich ein Buch als Telephonbuch identifiziere, weil die Namenseintragungen mit Nummern alphabetisch geordnet sind, dann *weiß* ich damit auch schon, daß sie nicht einfach alphabetisch geordnet *sind*, sondern daß sie so geordnet *worden* sind. Oder: weil ich implizit weiß, daß die Zuteilung der Nummern zufällig erfolgt ist, deshalb bin ich völlig sicher, mich *nicht* angemessen zu verhalten, wenn ich mich über die Nummernzuteilung amüsiere. Und nur weil ich das alles aus den Kennzeichen beim Identifizieren eines Buches implizit weiß, kann ich so sicher sein, das Telephonbuch so zu benutzen, wie es gemeint war, wenn ich es zum Nachschlagen benutze.

D. h. in der Identifikation eines Textes als eines bestimmten Textes ist ein «Wissen» enthalten, das auf einer Interpretation der Kennzeichen beruht. Wieder ist es nicht wichtig, ob die Interpretation der Kennzeichen «richtig» ist oder nicht. Wichtig ist nur, daß sie überhaupt stattfindet. Und wo sie stattfindet, ist sie ein Rückschluß, wie verwegen oder verfehlt auch immer, von den Kennzeichen auf den Prozeß der Produktion, durch den sie in den Text hineingekommen sind, und von diesem Produktionsprozeß wird darauf geschlossen, wie der Text gemeint war.

Am Beispiel: ich stelle das Kennzeichen «alphabetische Ordnung» fest, schließe daraus, daß die Hersteller den Text alphabetisch geordnet haben und daß sie damit gemeint haben, das Alphabet solle wie bei der Produktion, so auch beim Lesen eine Rolle spielen.

Wenn ich also anhand von Kennzeichen ein Buch als Telephonbuch identifiziere, dann mache ich das, weil ich aus den Kennzeichen im Rückschlußverfahren eine Theorie der Telephonbuchproduktion aufgestellt habe.

Ich korrigiere dementsprechend den Hauptsatz von § 61 so:

§ 62. Die Wahl der Lese-Einstellung besteht darin, den anhand von Kennzeichen identifizierten Text automatisch so zu lesen, wie er nach Ausweis einer impliziten Theorie der Produktion vom Autor aus gemeint war.

Wie gesagt: die Theorie der Produktion, das «Wissen» darüber, wie und mit welcher Absicht so ein Buch gemacht ist, muß natürlich weder richtig, noch gar explizit sein; aber es bestimmt und legitimiert die Wahl der Lese-Einstellung als angemessen, und zwar bei einem «irren» Leser nicht anders als bei einem «normalen».

Daß die implizit gewußte Theorie der Produktion allerdings die Wahl der Lese-Einstellung legitimiert, das ist nur durch ein Zusatzargument möglich, das eigentlich nicht mehr ist als ein unableitbarer Akt der Höflichkeit.

§ 63. Das Zusatzargument, das automatisch zur Wahl der Lese-Einstellung führt, lautet etwa: ich will den Text so lesen, wie er nach Ausweis der impliziten Theorie der Produktion vom Autor gemeint war.

An sich könnte man ja durchaus sagen: was kümmert mich der Wille des Autors, ich lese den Text so, wie ich es für richtig halte. Darüber, meine ich, kann man nicht mehr gut streiten. Sicher ist nur, daß mit einer solchen Einstellung der Automatismus des Leseverhaltens durchbrochen und abgestellt würde (vgl. die Beispiele in § 60).

§ 64. Es ist Zeit für eine Zusammenfassung. «Am Anfang» des

Lesens kann man vier Momente unterscheiden, die insgesamt das automatisierte Leseverhalten bestimmen:

a. die Identifikation eines Textes als eines bestimmten Textes aufgrund der Wahrnehmung von bestimmten Kennzeichen (§§ 58, 59);

b. eine implizite Theorie der Produktion des bestimmten Textes als Rückschluß aus den Kennzeichen auf deren Entstehungsprozeß (§ 62);

c. das Zusatzargument, dem produktionstheoretisch vermuteten Willen des Autors entsprechen zu wollen, das den Automatismus in Gang setzt (§ 63);

d. die Wahl der Lese-Einstellung (§ 60) als automatisierte Anpassung an den produktionstheoretisch vermuteten Willen des Autors.

So, damit haben wir den weitaus schwierigsten Teil in der Gliederung des Lesens hinter uns. Nachdem die Lese-Einstellung fixiert und gewählt ist, läuft – theoretisch jedenfalls – alles am Schnürchen.

Es folgt nämlich sozusagen der Hauptteil des Lesens, in dem es nicht mehr nur darum geht, einen Text zu identifizieren und sich auf ihn einzustellen, sondern zu verstehen, was da steht.

§ 65. Nach der Identifikation des Textes als eines bestimmten Textes (§ 64a) und der Wahl der Lese-Einstellung (§ 64d) folgt das Verstehen des Textes.

All diese Gliederungen des Lesens sind nicht als zeitliche Reihe zu verstehen; das ist nur eine Formulierungsnotwendigkeit. Gemeint ist nicht ein zeitliches Nacheinander, sondern so etwas wie ein wechselseitiges, aber nicht umkehrbares Bedingungsverhältnis. Auch das Identifizieren eines Textes ist ja nicht denkbar, ohne daß man etwas verstanden hätte, sei es das Format, den Titel, sei es ein anderes Kennzeichen.

Mit «Verstehen» ist dabei immer etwas Einfaches, gar nicht Mystisches gemeint: das Realisieren beispielsweise, daß die Angaben nach dem Namen im Telephonbuch den Beruf und die Adresse des jeweiligen Abonnenten bezeichnen sollen und nicht seine Konfessionszugehörigkeit und seinen Geburtsort. – Mit dem Verstehen ist die Sache allerdings noch nicht «beendet».

§ 66. Den «Abschluß» des Verstehens und Lesens bildet die Verarbeitung des Verstandenen.

Auch hier meine ich, um es noch einmal zu erwähnen, keine zeitliche Reihenfolge. «Verarbeitung» soll heißen, daß das Verstandene, ganz gleich, was es ist und ob es «richtig» verstanden ist, vom Leser in einen Zusammenhang mit seinen bisherigen Kenntnissen und Meinungen gebracht wird.

Um noch ein letztes Mal unser Standardbeispiel zu benutzen: die Angabe im Telephonbuch, daß jemand verheiratet ist (dann steht nämlich in Schweizer Telephonbüchern der Mädchenname der Frau in Klammern hinter dem ersten Namen), diese Angabe kann mein Wissen über den Betreffenden bereichern oder erschüttern, je nachdem. Und der Vermerk, daß er an einer «vornehmen» Adresse wohnt, kann mich – zu möglicherweise irrigen – Vermutungen über den Umfang seines Vermögens anspornen.

Ein Text enthält direkte und indirekte Informationen, wenn ich ihn verstanden habe; und diese Informationen verbinde ich beim Lesen mit meinen bisherigen Informationen und Meinungen zur gleichen Sache oder auch zu ganz anderem.

§ 67. Das Lesen ist somit in sechs Momente gegliedert, die im aktuellen Vollzug ineinander wirken, sich aber quasi chronologisch so aufführen lassen:

a. Identifikation des Textes (§ 64a),

b. implizite Theorie der Produktion des Textes (§ 64b),

c. Zusatzargument (§ 64c),

d. Wahl der Lese-Einstellung (§ 64d),

e. Verstehen (§ 65),

f. Verarbeitung des Verstandenen (§ 66).

Ich sollte wohl noch beiläufig erklären, warum ich ausgerechnet mit dem Telephonbuch operiert habe. Das hat drei Gründe: es ein Text, den jeder kennt; es ist ein Primitivtext; und es ist einer, bei dem wohl der Verdacht gegenstandslos ist, er sei nur deshalb ausgewählt worden, weil er zum eigentlichen Thema, zur Literaturwissenschaft, besonders gut passe.

§ 68. Der Gliederung des Lesens entspricht die Gliederung der Enzyklopädie (§ 52). Jedem Moment des Lesens entspricht ein Teil der Enzyklopädie, sofern es sich als Tätigkeit begreifen läßt.

Das Zusatzargument (§ 67c) und die Wahl der Lese-Einstellung (§ 67d) sind in diesem Sinne nicht enzyklopädisch darstellungsfähig, weil das Zusatzargument immer gleich ist und weil die Wahl der Lese-Einstellung als automatisierte Reaktion der Anpassung an den vermuteten Autorwillen sich aus der Theorie der Produktion (§ 67b) von selbst ergibt, beim Lesen wie in der Enzyklopädie. Verstehen (§ 67e) und Verarbeitung des Verstandenen (§ 67f) ließen sich getrennt darstellen; daß ich sie in einem Teil der Enzyklopädie zusammen behandle, hängt nicht mehr damit zusammen, was sie sind, sondern was sie sein sollten. Die Begründung kann ich deshalb erst am entsprechenden Ort geben.

§ 69. Die Enzyklopädie der Literaturwissenschaft hat drei Teile:

a. die *Literaturtheorie*, in der vorgeführt wird, wie man einen Text als Literatur identifiziert und was Literatur ist;

b. die Theorie der Produktion von Literatur oder *Poetik*, in der das – in der Literaturtheorie – implizite Wissen über die Herstellung von Literatur verwandelt wird in Wissenschaft und in der also vorgeführt wird, wie man Literatur produziert;

c. die Theorie des Verstehens oder *Hermeneutik*, in der erfahrbar gemacht wird, wie man Literatur versteht, und in der dargelegt wird, wie man sie verstehen sollte und wie man das Verstandene verarbeiten sollte.

§ 70. Den Abschluß bildet ein Anhang mit kurzen Andeutungen zur Wissenschaft der Literaturgeschichte.

Es geht darin um theoretische Probleme, die sich stellen, wenn man sich – vergleichsweise gesprochen – mit der Geschichte des Telephonbuchs befaßt.

ERSTER TEIL: LITERATURTHEORIE

Texttheorie

§ 71. Von der Literatur als Gegenstand der Literaturwissenschaft ist einstweilen nicht *mehr* als bekannt anzusehen, als daß sie eine Gruppe von Texten ist, über deren Grenze gegenüber anderen Gruppen von Texten keine Klarheit besteht.

Daß es eine Grenze der Literatur, eine Grenze des Gegenstandes der Literaturwissenschaft geben muß (§ 18), das steht meines Wissens heute nicht mehr ernsthaft zur Diskussion. Es ist das nämlich einerseits die Voraussetzung jeder Literaturtheorie überhaupt (und an solchen Theorien herrscht bekanntlich kein Mangel), und andererseits ist mir kein Literaturwissenschaftler bekannt, der Kursbücher und mathematische Abhandlungen zum Gegenstandsbereich seiner Wissenschaft zählt.

Trotzdem ist Vorsicht angebracht. Es könnte sich ja bei den Versuchen um Abgrenzung der Literatur um prinzipiell aussichtslose Unternehmungen handeln (diesen Eindruck kann man manchmal tatsächlich bekommen), und die Ausklammerung gewisser Texte könnte ebenso ein bloßer Selbstschutz im Sinne der Arbeitsökonomie sein.

§ 72. Literatur ist daher fürs Erste als eine nicht genau definierte und vielleicht auch nicht genau definierbare Gruppe von Texten anzusehen

Die Aufgabe, die sich daraus für die Literaturtheorie ergibt, ist klar: nicht etwa vorauszusetzen, Literatur habe bereits ihre Grenzen, die nur noch erkannt und beschrieben werden müßten; sondern auszuprobieren, ob sich tatsächlich einige Texte guten Gewissens als literarische Texte identifizieren lassen (§ 59).

Deshalb muß die Literaturtheorie bescheiden als Texttheorie beginnen, um zunächst einmal zu klären, was alle Texte, ungeachtet ihres Themas, ihrer Geltung, ihres Aussehens, miteinander gemeinsam haben, damit man nicht nachher Merkmale für literarisch hält, die jedem Text zukommen. Und da reduziert sich dann die Gemeinsamkeit auf das eine: daß alle Texte *geschrieben* sind.

§ 73. Texte sind geschriebene sprachliche Äußerungen.

Man könnte sich darüber streiten, ob man nur die geschriebenen sprachlichen Äußerungen als Texte bezeichnen soll oder auch die gesprochenen. Aber an diesem Streit habe ich kein Interesse. Es ist das keine Frage der

Definition, sondern eine Frage der Terminologie, also keine Angelegenheit der Richtigkeit, sondern eine der Brauchbarkeit.

Natürlich könnte man ohne weiteres sämtliche sprachlichen Äußerungen als Texte bezeichnen, genauso wie man sämtliche Äußerungen, auch die nicht-lautsprachlichen, als Sprache bezeichnen kann, wenn man will. Aber dann braucht man wieder ein differenzierendes Zusatzwort wie «geschriebener Text», und eben das finde ich unpraktisch. Überhaupt halte ich es für günstig, umgangssprachlich gebrauchte Wörter wie Sprache oder Text möglichst eng zu fassen.

Ergebnis für den jetzigen Zusammenhang: eine Unterhaltung zwischen mir und einem Verkäufer betrachte ich nicht als Text, jedenfalls so lange nicht, als sie nicht jemand mitschreibt oder aufzeichnet und nachher abschreibt. Trivial gesagt: Text ist für mich alles Sprachliche, das geschrieben vorliegt, und das ich daher in die Hand nehmen kann. Gesprochenes gilt mir bestenfalls als Noch-nicht-Geschriebenes, also nicht einfach als Nicht-Text, sondern nur als Noch-nicht-Text.

Wie man es übrigens mit einer Definition oder Theorie der Sprache halten will, ob man sie lediglich umgangssprachlich definiert sein lassen will oder sich einer sprachphilosophischen Schule anschließt, das überlasse ich jedem Leser selbst. Man wird sehen, daß sich die Enzyklopädie der Literaturwissenschaft mit jeder Sprachtheorie verträgt oder mit keiner.

§ 74. In der Texttheorie interessieren nur die Unterschiede zwischen geschriebenen und gesprochenen sprachlichen Äußerungen.

Zum zweiten Mal habe ich Anlaß, die Nachteile der Schriftlichkeit zu beklagen (§ 53), diesmal allerdings nicht ganz so lebhaft. Am günstigsten wäre es, wenn ich Geschriebenes und Gesprochenes einfach nebeneinander halten könnte, was mir als Schreibendem leider verwehrt ist. Man wird sich zu helfen wissen, es braucht nur ein bißchen Phantasie dazu.

§ 75. Die Unterschiede zwischen einer geschriebenen und einer gesprochenen sprachlichen Äußerung entdeckt man, indem man sich vorstellt, man müsse einen Text wirklich sprechen (oder indem man es tatsächlich tut).

Gibt's in einem Text Formulierungen, die man ändern müßte, wenn man denselben Wortlaut spricht? Das hängt ein bißchen von der Auswahl ab. Ich wähle als Demonstrationsobjekt wieder einen allgemein bekannten Texttyp, von dem man nicht wird sagen können, eine Literaturtheorie sei in ihm schon heimlich vorprogrammiert: eine Zeitungsmeldung von dem Tag, an dem ich diesen Paragraphen geschrieben habe (es könnte auch jeder beliebige andere Tag sein). Ich zitiere den Anfang eines Artikels auf der ersten Seite des Zürcher *Tages-Anzeigers* vom 14. April 1979:

Busia, 13. April. Amins Kathafi-Bataillon in Jinja hat sich aufgelöst. Der Kommandant des Bataillons hat sich am Freitagmittag mit vielen seiner Offiziere nach Kenya abgesetzt. Das war am Freitag in Busia an der ugandisch-kenyanischen Grenze zu erfahren.

Wenn Sie sich in die Lage des Afrikakorrespondenten hineindenken und sich vorstellen, Sie sprächen diesen Text in Busia am 13. April 1979, dann merken Sie, was an der schriftlichen Fassung ungewöhnlich ist. Sie müßten sprechend mit einiger Wahrscheinlichkeit *heute nachmittag* statt *am Freitagnachmittag* und *heute* statt *am Freitag* sagen. Wenn man denselben Text schreibt, dann kommt's einem offenbar zwangsläufig, daß man umgekehrt *am Freitag* statt *heute* und *in Busia* statt *hier* schreibt. Ein merkwürdiges Phänomen, nicht wahr?

§ 76. Beim Schreiben steht man unter einem gewissen Zwang, Orts- und Zeitangaben anders zu formulieren als beim Reden.

Sie kennen diesen Zwang vermutlich auch aus eigener Erfahrung. Angenommen. Sie sind auf einer längeren Reise und wollen das Datum Ihrer Rückkehr nach Hause melden. Spontan würde man z. B. sagen oder schreiben: «Morgen in einer Woche komme ich um drei Uhr am Hauptbahnhof an». Das geht aber schriftlich eigentlich nur, wenn der Brief datiert ist. Und selbst dann würde man wohl doch eher statt «morgen in einer Woche» schreiben: «am 22. April» oder so. Wenn man das nicht macht, dann geht's dem Empfängern mit einiger Sicherheit so, wie wenn man vor einem Laden steht, an dem ein Zettel hängt mit der Aufschrift: «Bin in 20 Minuten zurück».

Der Grund für die seltsamen Phänomene, an die wir uns bis zur Unbewußtheit gewöhnt haben, ist nicht schwer zu finden. Beim Reden nimmt man mit der größten Selbstverständlichkeit die eigene Situation als Bezugspunkt für die Angaben über räumliche oder zeitliche Verhältnisse. Beim Schreiben könnte man das zwar auch, aber weil Schreiber und Leser in je verschiedenen Situationen stehen, ergibt sich für jeden, der sich beim Schreiben etwas denkt, eine gewisse Schwierigkeit: soll er sich auf seine eigene Situation beziehen oder auf die Situation des Lesers oder auf eine neutrale Ebene zwischen beiden?

§ 77. Beim Schreiben steht man unter einem gewissen Zwang, bei der Formulierung von Orts- und Zeitangaben von der eigenen Situation zu abstrahieren.

Erläutert am Beispiel des Zeitungsartikels: mit Bezug auf die Situation des *Schreibers* müßte er lauten «heute . . .», mit Bezug auf die Situation des Lesers dagegen «gestern . . .» und mit Bezug auf eine neutrale Ebene «am Freitag . . .» oder quasi noch neutraler «am 13. April 1979».

Die Variante «heute», also der ausschließlich Bezug auf die Situation des

Schreibers, würde zur Not noch durchgehen können, weil der Artikel ja datiert ist. Die Variante «gestern» würde Verwirrung stiften. Also wählt man als Zeitungsschreiber die Variante «am Freitag», weil sie vom Schreiber und vom Leser aus verständlich ist. Die vierte Variante schließlich, «am 13. April 1979», wäre zwar durchaus möglich, aber unnötig genau.

Ein Schreiber, der diese Zusammenhänge intuitiv oder bewußt durchschaut, abstrahiert also so weit von der eigenen Situation, bis er sich auf einer Ebene befindet, auf der er sich ohne Gefahr von Mißverständnissen mit dem Leser treffen kann. Und das ist nicht einfach die Situation des Lesers, in der das Ereignis ja eines von gestern ist, sondern eine Zwischenebene, auf der man «am Freitag» schreibt.

§ 78. Beim Schreiben steht man unter einem gewissen Zwang, bei der Formulierung von Orts- und Zeitangaben von der eigenen Situation und auch von der des mutmaßlichen Lesers zu abstrahieren.

Das alles im Unterschied zur gesprochenen sprachlichen Äußerung. Eine Zwischenform zwischen Gespräch und Text ist in dieser Hinsicht übrigens das Telephongespräch, in dem man ja durchaus «heute» sagen kann und sagt, aber nicht gut «da hinten rechts», in dem man also nur vom Ort, nicht aber von der Zeit der eigenen Situation abstrahieren müßte.

Die ganze Abstraktion, der Bezug auf eine neutrale Ebene, ist aber bekanntlich kein Automatismus. Es gibt genug Texte, deren Schreiber die Abstraktion von der eigenen Situation nicht vollzogen hat (wie der vorhin zitierte Ladenbesitzer), und es gibt auch Fälle, in denen diese Abstraktion gar nicht nötig ist, etwa wenn jener Ladenbesitzer an die Tür schreibt: «Eingang rechts um die Ecke».

Wenn man also jenem gewissen Zwang zur Umformulierung von Orts- und Zeitangaben nachgibt, dann folgt man nicht einer Naturnotwendigkeit des Schreibens, sondern seinem eigenen Wunsch, daß der Text auch in der Situation des mutmaßlichen Lesers verständlich sei, weil und sofern man den Unterschied der Situationen bemerkt hat und in Rechnung stellt. Dieses Gewahrwerden der Situationsverschiedenheit halte ich im ersten Fundamentalsatz der Texttheorie fest.

§ 79. Ein Text gehört zwei Situationen an, derjenigen des Schreibers und derjenigen des Lesers.

Daß ein Text situationsbezogen ist, unterscheidet ihn noch nicht vom Gespräch oder von der Rede. Erst daß er zu zwei Situationen gehört, ob nun bezogen auf sie oder nicht, zur früheren nämlich des Schreibers und zur späteren des Lesers, wie lang die Zwischenzeit auch sein mag, – erst das unterscheidet die geschriebene sprachliche Äußerung von der gesprochenen. Die Situationen vergehen, der Text bleibt. Das führt zum zweiten Fundamentalsatz der Texttheorie.

§ 80. Texte sind von situationsunabhängiger Dauer.

Dem widerspricht es durchaus nicht, daß man seit einem Jahrhundert auch gesprochene sprachliche Äußerungen konservieren kann. Denn damit ist nur zwischen die gesprochene und die geschriebene sprachliche Äußerung eine Zwischenstufe eingebaut worden: die Tonkonserve, die virtuell beliebig lange die Fähigkeit behält, Text zu werden.

Und dem zweiten Fundamentalsatz der Texttheorie widerspricht es auch nicht, daß ein Text verloren gehen, nie gelesen oder vernichtet werden kann. Denn die Texttheorie stelle ich als *Leser* auf, und ein Text, der keinen Leser jemals und also auch mich niemals erreicht, ist kein Text für mich. Ich rede hier und im ganzen Buch nur von Texten, mit denen ich zu tun habe, die ich lese oder lesen kann. Ein Text, der für mich nicht vorhanden ist, ist kein Text *für mich* und bleibt daher außer Betracht, auch wenn ich weiß, daß es Texte gegeben hat, die mich brennend interessieren würden, wenn es sie noch gäbe.

Dies bereinigt habend kombiniere ich jetzt den ersten und den zweiten Fundamentalsatz zu folgendem Ergebnis:

§ 81. Texte gehören zwei zeitlich getrennten Situationen an und sind von situationsunabhängiger Dauer.

Es sind also drei Momente zu unterscheiden: die Situation des Schreibers, der Text und die Situation des Lesers. Und da ergibt sich in zeitlicher Hinsicht:
1. Schreiber und Text sind gleichzeitig.
2. Schreiber und Leser sind *nicht* gleichzeitig.
3. Leser und Text sind trotzdem gleichzeitig.
Eben das, daß Schreiber *und* Leser zu verschiedenen Zeiten doch je mit demselben Text gleichzeitig sind, daß also der Text zwei nicht-gleichzeitige Situationen verbindet, mit denen er allein gleichzeitig ist, – eben das führt zum dritten Fundamentalsatz der Texttheorie.

§ 82. Texte sind immer gegenwärtig.

Diese Einsicht zeichnet sich durch die Evidenz des Trivialen aus und wird es daher schwer haben, sich durchzusetzen, obwohl sie nicht von heute ist und von Zeit zu Zeit wieder erwähnt wird (etwa seinerzeit von Peter Szondi). Dabei ist sie geeignet, eine unüberwindliche Abneigung gegenüber den so geläufigen Proklamationen von der Historizität der Texte zu nähren, sofern damit nur der Umstand gemeint ist, daß jeder Text in einer anderen (früheren) Situation geschrieben wird, als er gelesen wird.

Denn damit ist das eigentliche Problem noch gar nicht gesichtet, was nämlich «historisch» heißen kann angesichts eines *gegenwärtigen* Dinges, wie der Text eines ist. Sicher ist aber, daß Historizität und Gegenwärtigkeit, da im Text vereint, keinen ausschließlichen Gegensatz darstellen können wie Heute und Gestern. Und wenn Historizität, falls man überhaupt sinnvoll von ihr sprechen kann, solchermaßen ein gegenwärtiges Phänomen ist, dann wird die Frage, wie man ihm wissenschaftlich zu begegnen habe, doch um einiges zu anspruchsvoll, als daß sie mit einem aus dem Ärmel geschüttelten Einfall wie dem, man müsse Texte aus ihrem ursprünglichen Kontext erklären, auch nur entfernt beantwortet wäre. Denn auch den ursprünglichen Kontext muß man sich, ohne ihn vorher zu kennen, bruchstückhaft aus seinen Überresten in Texten und Dingen zusammenbuchstabieren. Und Historizität kann ja nicht allen Ernstes nur das meinen, daß man Gegenwärtiges aus Gegenwärtigem erklären soll.

Ohnehin kann man das Problem, wie man sich einem Text gegenüber verhalten soll, nicht mit Reden über den Text lösen, sondern nur mit Reden über das eigene Verhalten dem Text gegenüber. Und das ist Sache der Hermeneutik. Bis dahin wollen Sie, bitte, die einfachste und anschaulichste und handgreiflichste Wahrheit nicht vergessen, daß man nämlich Texte vor sich auf dem Tisch oder in der Hand hat.

Von hier aus gerade weiter: stellen Sie sich einmal vor, Sie hätten ein altes Buch in der Hand, ein, zwei oder mehr Jahrhunderte alt. Sie sehen Gebrauchsspuren, Namen und Anstreichungen früherer Besitzer darin, und Sie denken: vor so langer Zeit, in der unendlich viel geschehen ist, hat schon einmal jemand genau dieses Buch in der Hand gehabt. Es war vielleicht noch frischer, sicher, aber es war dasselbe Buch.

Da haben Sie wiederum anschaulich und greifbar den vierten Fundamentalsatz der Texttheorie.

Peter Szondi, Hölderlin-Studien. Mit einem Traktat über philologische Erkenntnis. (edition suhrkamp. 379) Frankfurt 1970, S. 11.

§ 83. Texte verändern sich nicht.

Gewiß, das Material kann altern oder zerstört werden. Aber solange ein Text überhaupt gelesen werden kann, d. h. solange ein Text Text bleibt (§ 80), ist er unverändert immer derselbe.

Was aber unverändert (§ 83) und immer gegenwärtig ist (§ 82), das kann selbst nicht zeitlich sein. Ein Text wird zwar in der Zeit geschrieben, aber er hat keine Zeit in sich. Ein Text ist herausgelöst aus dem Werden und Vergehen, er ist ein totes Ding und daher immer gegenwärtig, er ist vollendet im gleichen Sinne, wie die Gestorbenen vollendet sind. Der fünfte Fundamentalsatz:

§ 84. Texte sind zeitlos und vollendet.

Das ist nichts Besonderes und schon gar nicht etwas Überirdisches. Es gilt für jeden Text und nicht etwa nur für die sogenannte zeitlose Dichtung. Es gilt auch für jedes andere menschliche Produkt, für Ihre Zahnbürste genau so wie für eine antike Statue.

Auch das kann Ihnen Ihre eigene Erfahrung bestätigen. Wenn Sie nach längerer Zeit einmal wieder einen Schulaufsatz oder ein Tagebuch von früher in die Hände bekommen, dann wird Ihnen das alles mehr oder weniger fremd vorkommen; denn Sie selbst haben sich verändert in der Zwischenzeit, der Text aber ist ungerührt derselbe geblieben, ein Fossil aus Ihrer Vergangenheit: gegenwärtig und fast gespenstisch wie ein Wiedergänger.

Ein Text, um das Ganze in ein Paradox zu fassen, ist die dingliche Gegenwart der Vergangenheit, wie denn jedes vollendete, d. h. fertig gewordene und unveränderte Produkt die Gegenwart einer Vergangenheit ist. Diesen Satz, weil er so richtig und wichtig ist, wiederhole ich und ernenne ihn zum sechsten Fundamentalsatz der Texttheorie.

§ 85. Ein Text ist die dingliche Gegenwart einer Vergangenheit.

Ich meine, damit sollte die Kompliziertheit des Sachverhaltes einigermaßen angemessen erfaßt sein. Eines muß aber auf jeden Fall noch erwähnt werden: der Grund dafür, daß Texte die dingliche Gegenwart einer Vergangenheit sein können. Das ist die Verwandlung der Sprache beim Schreiben durch einen Wechsel des Mediums. Sie sei in den siebten und letzten Fundamentalsatz der Texttheorie gefaßt.

§ 86. Texte sind: in Linien verwandelter Laut der Sprache.

Die Aufgabe der Literaturtheorie

§ 87. In der Gesamtheit der Texte soll es also (§ 71) eine Gruppe geben, die als Literatur bezeichnet wird.

Diese Bezeichnung ist eigentlich eine unzulässige Abkürzung, eine Fachsimpelei am falschen Ort; denn noch im heutigen Sprachgebrauch heißt ja nicht nur der Gegenstand der Literaturwissenschaft Literatur. In schlechterdings jedem Wissensgebiet kann man von Literatur zum Thema sprechen. Auch z. B. Natur- und Rechtswissenschaft kennen *ihre* Literatur, und das sind nicht etwa science fiction und Kriminalromane. Es gibt unter anderen eine *Theologische Literaturzeitung*, die sich durchaus nicht mit religiöser Dichtung befaßt. Man kennt Klavierliteratur usw.

Das Wort Literatur hat je nach der Situation des Gebrauchs immer wieder eine andere Bedeutung, die sich allerdings immer durch Zusätze erläutern läßt (medizinische, juristische usw. Literatur). Nur bei der Literatur, mit der sich Literaturwissenschaftler beschäftigen, will das nicht so recht gehen. «Schöne» Literatur sagt man mit Recht nicht mehr gern. «Dichtung» oder «dichterische Literatur» wäre an sich nicht schlecht, aber doch nach meinem Geschmack zu sehr mit Gedanken an Weihevolles behaftet.

Ich bleibe also in Ermangelung eines besseren Wortes bei «Literatur» und meine damit die Gesamtheit der Texte, die noch am ehesten mit dem relativ eindeutigen Adjektiv «literarisch» bezeichnet werden könnte, vorausgesetzt, solche Texte bilden tatsächlich eine geschlossene Gruppe.

Die Bedeutungsgeschichte des Wortes Literatur ist übrigens noch ungeschrieben, ja es ist längst nicht jedem bekannt, daß «Literatur» früher ganz andere Bedeutungen hatte, deren Entwicklung teilweise mit dem Französischen zusammenhing. Als Hinweis auf einen besonders fremd gewordenen Aspekt der früheren Bedeutungen diene vorläufig nur ein Zitat aus der Zeit um 1800: «Man sagt: *er besitzt Litteratur*, wenn er Kenntnis der gelehrten Denkmäler einer Nation inne hat. Auch braucht man dieses Wort, wenn man sagt, dass einer nicht sehr das Innere kennt. Auch braucht man diesen Ausdruck blos von einer *Titelkenntniss*».

Friedrich August Wolf, Vorlesung über die Geschichte der römischen Litteratur. (Vorlesungen über die Alterthumswissenschaft, hrsg. von J. D. Gürtler. 3) Leipzig 1832, S. 3.

Weitere Materialien zur Bedeutungsgeschichte: Deutsches Fremdwörterbuch, Begonnen von Hans Schulz, fortgeführt von Otto Basler. Band 2. Berlin 1942, S. 34.

Emile Littré, Dictionnaire de la langue française. Tome 4. Paris 1957, pp. 1660 sq.

René Wellek, Was ist Literatur? In: LiLi – Zeitschrift für Literaturwissenschaft und Linguistik, Heft 30/31 (1978) 15–19.

§ 88. Wenn es eine Gruppe von Texten gibt, die insgesamt «Literatur» heißen, dann müssen die Grenzen zwischen ihr und anderen Gruppen klar und eindeutig gezogen werden können (§ 18).

Eine solche klare und eindeutige Grenzziehung hat, meines Wissens, noch nirgends stattgefunden, weder dem Verfahren, noch dem Ergebnis nach. Es fragt sich sogar, ob überhaupt ein ernsthaftes Interesse daran besteht. Sieht man sich z. B. die Gewohnheit der germanistischen Mediävisten an, sich mit Gesetzestexten, Kräuterbüchern oder theologischen Traktaten zu beschäftigen, je nachdem, was einen aus der zufälligen und nicht sehr reichhaltigen Textüberlieferung gerade reizt, – sieht man sich das an, so kommen einem doch Zweifel, ob eine genaue Gegenstandsbestimmung der Literaturwissenschaft überhaupt gewünscht wird.

Die Ausweitung des Gegenstandsbereiches auf *alle* Texte (denn das wäre die logische Folge eines Verzichts auf eine Literaturdefinition) ist indessen auch nicht unbedenklich, wenn sie nur konsequent gehandhabt wird, wie man am Beispiel des Josef Nadler lernen kann. Er hat 1914 das Scheitern vorliegender Grenzziehungen (mit Recht) konstatiert und daraus gefolgert, eine Grenzziehung dieser Art sei überhaupt nicht möglich, und folglich müsse sich die Literaturwissenschaft mit allen Texten überhaupt befassen: «So ist bejahend und das Gegenteil ausdrücklich verneinend der Beweis geführt worden, daß, wenn es eine Wissenschaft von den literarischen Denkmälern geben soll, diese Wissenschaft die *Gesamtheit* der Denkmäler als Form und Inhalt zum Gegenstand nehmen muß».

Nadler hat sich, das muß man anerkennen, nach Kräften an dieses schier unendliche Programm gehalten. Einfach hat es sich der Mann gewiß nicht gemacht. Nur gehört es dann auch zur selben Konsequenz, daß das Erkenntnisziel einer solchen umfassenden Textwissenschaft (nach der pragmatisch legitimen Einschränkung auf die deutsche Sprache) die Aufstellung des Begriffs «deutsch schrifttümlich» sein muß, also die Bestimmung dessen, was nach Ausweis des gesamten deutschsprachigen Schrifttums eigentlich das Deutsche ist. Man kann sich daraus eine ungefähre Vorstellung bilden, wie eine solche Literaturwissenschaft ausgesehen hat.

Also: Gegenstand der Literaturwissenschaft sind entweder *alle* Texte, und das dann mit den entsprechenden Folgen für das Erkenntnisziel, oder aber es ist eine genauestens umgrenzte Gruppe von Texten: die Literatur. Einen Mittelweg kann es da nicht geben, sofern logische Konsequenz unter Wissenschaftlern noch etwas gelten soll. Und aus purer Inkonsequenz die schlimmen Resultate Nadlers vermieden zu haben, das ist zwar beneidens-, aber nicht erstrebenswert.

Josef Nadler, Die Wissenschaftslehre der Literaturgeschichte. Versuche und Anfänge. In: Euphorion 21 (1914) 1–63, Zitat auf S. 29.

§ 89. Weder im dogmatisch-normativen, noch im empirisch-deskriptiven Verfahren ist die notwendige Grenzziehung zwischen Literatur und Nicht-Literatur mit der erforderlichen Klarheit und Eindeutigkeit zu bewerkstelligen.

Über das dogmatische Verfahren, das unter dem Schein indikativischen Redens (Literatur *ist* . . .) tatsächlich bestimmt, was Literatur *sein soll*, ist schon das Nötige gesagt (§ 25).

Nicht nur die Literaturwissenschaft (§ 25), sondern auch ihren *Gegenstand* empirisch bestimmen zu wollen, das ist unserer Zeit vorbehalten geblieben. Helmut Kreuzers «empirischer Literaturbegriff» «erfaßt, für einen bestimmten Raum, eine bestimmte Zeit, unter Umständen eine bestimmte Schicht, was als Literatur gilt», also sozusagen demoskopisch. Und dieser «empirischer Literaturbegriff», den überhaupt Begriff zu nennen schon einige Überwindung erfordert, soll der Literaturwissenschaft sagen, womit sie sich beschäftigen soll.

Das ist die Selbstauslieferung einer Wissenschaft an den allgemeinen Sprachgebrauch schon bei der Bestimmung ihres Gegenstandes, etwa von gleichem wissenschaftstheoretischem Status, wie wenn ein Zoologe, der sich mit Fischen befassen will, seinen Gegenstand nach dem Sprachgebrauch definiert und sich dann unter anderem auch mit Walfischen, Tintenfischen, Silberfischen und (warum nicht?) auch mit Backfischen beschäftigt.

Helmut Kreuzer, Veränderungen des Literaturbegriffs. Fünf Beiträge zu aktuellen Problemen der Literaturwissenschaft. (Kleine Vandenhoeck-Reihe. 1398) Göttingen 1975, S. 64, 74 f.

§ 90. Wieder bietet sich das reflexive Verfahren (§ 26) als das einzige an, das reale Aussicht auf Erfolg hat.

Reflexion kann sich nicht auf einen Gegenstand beziehen, also nicht auf die Textgruppe Literatur, und nicht auf vorliegende Meinungen über deren Grenzen. Reflexion kann sich nur auf einen Akt, eine Tätigkeit beziehen.

§ 91. Die reflexive Ausgrenzung der Literatur aus dem Gesamtbestand der Texte wird also im Vollzug dessen und in der Reflexion darauf bestehen, wie man einen Text als literarischen Text identifiziert (§ 64a).

Damit diese Aufgabe überhaupt gelöst werden kann, muß eine Bedingung als erfüllt angesehen werden können, daß nämlich die Identifikation eines Textes als eines literarischen Textes bei jedermann gleich funktioniert.

Diese Annahme scheint mir in der Tat gar nicht einmal unrealistisch zu sein: bei einem Gedicht, einem Drama, einem Roman hat ja kein Erwachsener mit einer gewissen Lesefähigkeit und -erfahrung auch nur den geringsten Zweifel daran, daß er es mit Literatur zu tun hat. Schwierigkeiten entstehen erst in gewissen Grenzfällen und regelmäßig vor allem dann, wenn man eine mehr oder weniger ausdrückliche Definition von Literatur hat und dann feststellen soll, ob ein vorliegender Text ihr zufolge ein literarischer sei.

Es scheint gewisse Mechanismen zu geben, nach denen jedermann funktioniert, wenn er etwas als Literatur identifiziert, Mechanismen, die gar nichts mit einer expliziten Literaturtheorie oder -definition zu tun haben müssen, ja möglicherweise von einer solchen verdeckt werden. D. h. die Einigkeit darüber, was Literatur ist, könnte *praktisch* fast vollständig sein, während sie *theoretisch* sozusagen nicht vorhanden ist. Es spricht sogar manches dafür, daß die praktische Einigkeit durch Theorien verwirrt wird.

§ 92. Die Identifikation eines Textes als eines literarischen Textes scheint durch eine einheitliche Konvention geregelt zu sein.

Konvention deshalb, weil sie offenbar gelernt werden muß; Kinder bis zu einem gewissen Alter unterscheiden ja gar nicht oder nur mit großer Mühe zwischen einem Märchen und einem Erlebnisbericht, zwischen der Vorführung eines Kasperletheaters und einem Vorfall im Kindergarten.

§ 93. Die reflexive Ausgrenzung der Literatur aus dem Gesamtbestand der Texte wird also darin bestehen, durch Reflexion die Konvention ins Bewußtsein zu heben, nach der jedermann einen Text als Literatur identifiziert.

Ich möchte Ihnen also bewußt machen, wie Sie selbst in Sachen Literaturidentifikation funktionieren, und ich meine, Aufschluß über sich selbst zu erhalten, ist sicher nicht das Dümmste, das einem passieren kann.

Die Mechanismen, die ich meine, funktionieren so sicher, daß ihnen auch das Bewußtsein nichts anhaben kann. Es besteht also kein Anlaß zur Befürchtung, daß sie durch die Bewußtwerdung gestört würden. Ich kann Sie an die Erklärung des Lesens am Beispiel des Telephonbuchs erinnern (§§ 54ff.). Das ist im Grunde dasselbe Verfahren gewesen, und ich glaube nicht, daß Sie dadurch das Lesen verlernt haben.

§ 94. Die Identifikation eines Textes als Literatur beginnt mit der Wahrnehmung von Kennzeichen der Literatur an diesem Text (§ 64a).

Es fragt sich nur, welche Sorte von Kennzeichen. Das Vorhandensein von Wirbeln ist das Kennzeichen der Wirbeltiere. Ich nenne solche Kennzeichen *primäre* Kennzeichen. Primäre Kennzeichen, um es kurz zu machen, hat Literatur nicht, Kennzeichen also, die an jedem literarischen Text anzutreffen sind und ihn zweifelsfrei als literarisch ausweisen. Gäbe es sie, so wären sie sicher längst bekannt.

Eine zweite mögliche Variante sind *sekundäre* Kennzeichen oder *Symptome*, von denen es mehrere geben müßte, wobei jeder Text, an dem eines oder mehrere solcher sekundärer Kennzeichen wahrgenommen würde, als literarischer zu gelten hätte. Am Beispiel: nehmen wir an, es gebe eine Krankheit, die sich im Prinzip immer gleich äußert, nämlich in spektakulären Verfärbungen, aber in einer Auswahl von zehn verschiedenen Farben an allen möglichen Körperteilen; jemand, der plötzlich grüne Haare bekommt, hätte für den kundigen Arzt ein Symptom dieser Krankheit, genau so wie einer, der eines Tages mit hellblauen Fußnägeln dasteht.

Analoges läßt sich von der Literatur denken: aus einer ganzen Reihe von Kennzeichen hat jeder literarische Text mindestens eines, aber nicht alle eines und daselbe, und umgekehrt werden alle Texte, die eines oder mehrere dieser Symptome aufweisen, allgemein und konventionell als Literatur identifiziert.

§ 95. Wenn beliebige Texte nur anhand von sekundären Kennzeichen (Symptomen) als literarische Texte identifiziert werden können, dann muß in der Wahrnehmung dieser Kennzeichen als Kennzeichen *von Literatur* bereits eine Deutung der Symptome, ein Rückschluß auf eine Ursache (§ 64b) enthalten sein.

Um noch einmal auf das eben gebrauchte Beispiel zurückzugreifen: grüne Haare können theoretisch verschiedene Ursachen haben, – eine wunderliche, aber normale Laune der Natur, eine künstliche Färbung oder eben die hypothetische Krankheit. Erst dann gelten grüne Haare als Krankheitssymptom, wenn die Wahrnehmung dieses Merkmals zugleich verbunden ist mit einer Vermutung einer bestimmten unter verschiedenen möglichen Ursachen.

Entsprechendes wird sich an jedem einzelnen Kennzeichen der Literatur bestätigen. Deshalb liefert die Suche nach Kennzeichen (§§ 96–161) zwar das unentbehrliche Material zur Bestimmung und Eingrenzung von Literatur, aber noch nicht die Bestimmung selbst.

Also ans Werk! Die Literaturidentifikation sei wahrscheinlich durch eine einheitliche Konvention geregelt, hatte ich gesagt (§ 92). Wenn das stimmt, wird man bei der Suche nach Kennzeichen mit Vorteil auch konventionell vorgehen.

Ich werde deshalb zuerst eine allenthalben unbestrittene «Kernzone» daraufhin abtasten, was in ihr als Kennzeichen in Frage kommt, eine Kernzone, die man *Poesie* genannt und in gleichnamige Alben eingetragen hat. Danach werde ich an *Drama* und *Erzählung* (als Inbegriff von Roman, Novelle usw.) ausprobieren, woran man sie erkennt und benennt.

Und dann wird schließlich zu prüfen sein, ob diese drei Untergruppen sich zu einer Gruppe «Literatur» mit eindeutigen Grenzen zusammenschließen, ob sich die Grenzen weiter hinausschieben lassen, ohne an Eindeutigkeit zu verlieren bzw. wie weit sie hinausgeschoben werden müssen, um Eindeutigkeit zu gewinnen.

Kennzeichen der Poesie

§ 96. Die Kennzeichensuche beginnt vernünftigerweise bei Texten, die jedermann problemlos als Literatur identifiziert: bei gereimten Gedichten.

Daß Reimen und Dichten für viele Leute dasselbe bedeutet, kann man bei Geburtstagsfeiern, Betriebsfesten und ähnlichen Anlässen jederzeit erfahren. Es gibt auch wieder einen Witz, der das illustriert, aber leider für diesen Zusammenhang zu drastisch.

Immerhin werden Ihnen Gelegenheiten nicht unbekannt sein, daß jemandem beim Reden zufällig ein deutlicher Reim unterläuft, – man stutzt, lacht vielleicht, und vielleicht sagt auch jemand: «Du bist ja ein Dichter». Und wenn das jemand sagt, dann wird der Reim dazu Anlaß gegeben haben. Das könnte ganz allgemein gelten.

§ 97. Der Reim könnte ein Anlaß sein, einen beliebigen Text als literarischen zu identifizieren.

Doch die Gleichung «wo Reim, da Literatur» stimmt wohl doch nicht oder zumindest nicht in dieser einfachen Weise. Denn grundsätzlich muß man ja schon aus Gründen der Wahrscheinlichkeit damit rechnen, daß in jedem beliebigen Text einmal ein Reim vorkommt. Und hält man so einen Text dann schon für Literatur? Wohl kaum.

Ich nehme ein unverdächtiges Beispiel, um das zu belegen. In der Schweizerischen Bundesverfassung lautet der Artikel 59, Absatz 3: *Der Schuldverhaft ist abgeschafft.* Besser könnte man gar nicht reimen, und auch rhythmisch stimmt die Sache genau: zwei Zeilen sozusagen, mit je vier Silben und genau gleich liegender Betonung: Der Schúldverhaft/ist ábgeschafft.

Trotzdem käme sicher niemand auf die Idee, wegen dieses einen Reims die ganze Bundesverfassung der Literatur zuzuschlagen oder wenigstens diesen kurzen Satz als literarisches Einsprengsel in einem nicht-literarischen Text zu betrachten.

§ 98. Das Wahrnehmen eines Reims ist noch kein zwingender Anlaß, einen Text als literarischen Text zu identifizieren.

Warum das so ist, liegt gar nicht so ohne Weiteres auf der Hand. Ich glaube, einmal irgendwo gelesen zu haben, es liege in solchen Fällen am Kontext; ein gereimter Zweizeiler z. B. sei im einen Kontext (Verfassung) *nicht* Literatur und in einem anderen (längeres Gedicht) sehr wohl. Das mag stimmen, schon, ist aber nicht mehr als eine Beschreibung der Feststellung, daß Reime auch in nicht-literarischen Texten vorkommen, löst also unser Problem nicht.

Ich vermute, daß es auch heute noch so ist: uns jedenfalls hat man im Deutschunterricht beigebracht, daß man in Aufsätzen Reime («aus stilistischen Gründen») gefälligst zu vermeiden habe.

Und hier wird der Grund liegen: Reime in einem Kontext, der normalerweise keine Reime kennt, gelten als Versehen, als Mangel an Kontrolle über das eigene Schreiben. Umgekehrt: so ein gereimter Zweizeiler veranlaßt einen, wenn man ihn überhaupt bemerkt, nur dann zum Urteil «aha, Literatur», wenn man sicher zu sein meint, daß dergleichen Reime vom Autor des Textes *beabsichtigt* sind.

§ 99. Das Wahrnehmen eines Reimes ist erst dann ein zwingender Anlaß, einen Text als literarischen Text zu identifizieren, wenn man als seine Ursache (§ 95) Absicht meint vermuten zu dürfen.

Dieser Satz scheint mir plausibel zu sein und durch die Erfahrung bestätigt zu werden. Das Vergnügen, jemanden bei einem Reim zu ertappen wäre dann das Vergnügen, ihn des unabsichtlichen Umschaltens von Nicht-Literatur zu Literatur zu überführen. Vielleicht achten Sie einmal darauf.

Bei den Autoren einer Verfassung jedenfalls kann man wohl ziemlich sicher sein, daß sie nicht absichtlich Reime in den Text hineingebracht haben, ja daß sie sich geschämt und sie prompt beseitigt hätten, wenn man sie darauf aufmerksam gemacht hätte.

Sie hätten sich auch zweifellos nicht damit einverstanden erklärt, daß der gereimte Satz ein literarisches Einsprengsel in einem nicht-literarischen Text sei. Denn so etwas könnte nur bei einem deutlich markierten poetischen Zitat der Fall sein, und zwar nicht, weil derjenige, der zitiert, dabei Reimabsicht zu erkennen gibt, sondern weil man annimmt, der Autor des Zitats habe absichtlich gereimt.

Die Feststellung «wo Reim, da Literatur», so bequem sie ist, muß also modifiziert werden: wo absichtlicher Reim, da Literatur. Oder noch genauer, da man ja die Absichten im Kopf fremder Schreiber nicht lesen kann, und um den hundersten Paragraphen mit der Festsetzung des ersten Kennzeichens zu feiern:

§ 100. Wo anzunehmen man sich für berechtigt hält, ein Reim sei absichtlich in den Text hineingebracht worden, da wird man zumindest die gereimte Passage als Literatur identifizieren.

Einfacher kann man den Sachverhalt wohl nicht formulieren, wenn man ehrlich sein will. Denn es soll ja beschrieben werden, an welchen Kennzeichen jedermann einen Text als Literatur *erkennt*, und nicht, welche Kennzeichen literarische Texte an sich *haben*.

Und da *muß* geradezu die Möglichkeit, daß sich jemand im Erkennen des Kennzeichens täuscht, mit in die Beschreibung des Kennzeichens eingehen. Deshalb die komplizierte Formulierung.

Als wirklich ausgemacht erachte ich es, *daß* jedermann gereimte Gedichte als Literatur identifiziert und einen gereimten Passus einer Verfassung nicht. *Wie* die Unterscheidung beim gleichen Textbefund Reim zustande kommt, nämlich durch Vermutung einer Absicht hinter dem Reim je nach Fall, das habe ich zu beschreiben versucht. Allerdings, das muß ich zugeben, ist nicht auszuschließen, daß die unterschiedliche Einschätzung des gleichen Befunds einen anderen Anlaß haben kann als die Feststellung der Kombination «Reim + vermutliche Absicht».

Diese Unsicherheit wird bei allen späteren Kennzeichen wieder auftauchen. Sie wird sich erst am Ende der Literaturtheorie als *vorläufige* Unsicherheit erweisen und dann damit verschwinden. Bis dahin bitte ich also um ein wenig Geduld, falls Sie noch nicht ganz davon überzeugt sein sollten, daß das erste Kennzeichen der Poesie auch wirklich eines ist.

§ 101. Nach dem Kriterium «mutmaßlich absichtlicher Reim» werden als Literatur identifiziert: gereimte Gedichte, Dramen in gereimten Versen, Bauernregeln und Sprichwörter, Merkverse und Werbetexte.

Man könnte sich überlegen, ob man Werbetexte innerhalb der Literatur in derselben Region wie «wertvolle» Gedichte gern sehen will, etwa den früher geläufigen: *Aus gutem Grund ist Juno rund* (wobei mit Juno eine Zigarette und nicht die griechische Göttin gemeint war). Aber ich sehe keine Möglichkeit, dergleichen begründet hinauszuwerfen.

Man könnte sich ebenfalls überlegen, ob man nicht Texte, in denen der Reim bloße Gedächtnisstützfunktionen hat, ausklammern soll, z.B. diesen:

Durch, für, gegen, ohne, um und wider

schreibe mit dem vierten Falle nieder.

Aber ich sehe nicht, wie der geplante Hinauswurf sich begründen ließe. Er hat also zu unterbleiben.

Und daß in der Auswahl, die durch konsequente Anwendung des Kriteriums «mutmaßlich absichtlicher Reim» zustande kommt, Dürftigstes neben Bedeutendstem steht, auch das stört mich nicht, im Gegenteil: ich halte es sogar für einen wertvollen Beleg dafür, auf dem richtigen Wege zu sein. Denn ich möchte nicht der Versuchung erliegen, aus geistiger Bequemlichkeit die Grenzen der Literatur so zu ziehen, daß sie nur Texte einschließen, die mir gefallen.

Weiter in der Kennzeichensuche: gereimte Gedichte weisen in der Regel auch einen prägnanten Rhythmus auf. Wenn nun der Reim ausfällt und nur der Rhythmus bleibt, was dann? Sehen Sie sich einmal dieses Beispiel an:

Klas hat die Zeitung

Eben gebracht. Sie erzählt von Amerika und von Gibraltar,

Auch von dem Parlament und der Reise des heiligen Vaters.

Eifrig liest der Papa und vergaß, sich die Pfeife zu stopfen.

Dennoch fragt er dazwischen: Wo bleibt mein Töchterchen?

schläft sie?

Es sollte mich wundern, wenn Sie auch nur einen Moment gezögert hätten, diesen Text für literarisch zu halten. Der Grund dafür, so nehme ich an, wird der gewesen sein, daß der Rhythmus sehr deutlich hervortritt.

Johann Heinrich Voß, Sämtliche Gedichte. Auswahl der lezten Hand. Erster Band. Königsberg 1825, S. 91 (*Luise*, 2. Idylle Vers 621–625).

§ 102. Als zweites Kennzeichen der Literatur kommt ein ausgeprägter Rhythmus in Frage.

Prinzipiell spricht indessen auch hier die Wahrscheinlichkeit dafür, daß – abgesehen vom unbemerkten und schwer zu beschreibenden Sprachrhythmus eines jeden Textes – in jedem beliebigen Text prägnante Rhythmen vorkommen können, sogar längere rhythmische Figuren mit taktmäßiger Wiederholung.

Weil ich sehr sicher war, daß so etwas vorkommt, habe ich eine Zeitung aufgeschlagen und nach kurzem Suchen diese Passage gefunden:

«Amtshilfe» heißt im Verständnis unserer Nachrichtendienste:
wir kontrollieren nicht, wir lassen kontrollieren.

«Amtshilfe» heißt: wir beschaffen uns alles Wissenswerte.

Das ist, nur zur Verdeutlichung in Zeilen abgesetzt, ein ansonsten unverändertes Originalzitat aus einer Zeitung (damit Ungläubige es nachprüfen können, stehen die Quellenangaben am Ende dieses Paragraphen).

Niemand wird diesen Zeitungsartikel und diese Passage aus ihm als Literatur einstufen, und trotzdem: er ist im gleichen Versmaß mit demselben Rhythmus gehalten wie der eben zitierte Abschnitt aus Vossens *Luise*. Ámtshilfe heißt im Verständnis únserer Náchrichtendíenste. Es sind insgesamt drei Hexameter, abgesehen vom ersten sicher nicht sonderlich elegant, aber es sind Hexameter. Dennoch werden Sie, so hoffe ich zuversichtlich, mir zustimmen, daß man diesen Text nicht schon deswegen als Literatur taxiert.

Hans Schueler, Verfassungsbruch per Amtshilfe. In: *Die Zeit* vom 20.4.1979, S.4, rechte Spalte.

§ 103. Das Wahrnehmen eines ausgeprägten Rhythmus' ist noch kein zwingender Anlaß, einen Text als literarischen Text zu identifizieren.

Weil, wie man leicht sieht, die Dinge beim Rhythmus grundsätzlich nicht anders liegen als beim Reim (§ 98), erlaube ich mir, gleich und ohne weiteren Nachweis so fortzufahren: der Unterschied in der Einschätzung der *Luise* und des *Zeitungsartikels* liegt nicht im Text. Er liegt auch nicht in der Wahrnehmung des Lesers, jedenfalls nicht, sofern der im zweiten Beispiel erst einmal den Rhythmus bemerkt hat. Der Unterschied liegt allein darin, daß man bei Voß Rhythmusabsicht vermutet, beim Autor eines Zeitungsartikels aber nicht.

§ 104. Wo anzunehmen man sich für berechtigt hält, ein prägnanter Rhythmus sei absichtlich in den Text hineingebracht worden, da wird man zumindest die rhythmisierte Passage als Literatur identifizieren.

Erläuterungen: sinngemäß wie zu § 100.

§ 105. Nach dem Kriterium «mutmaßlich absichtlich bemerkbar gemachter Rhythmus» werden als Literatur identifiziert: reimlose Gedichte und Verserzählungen, Dramen in reimlosen Versen und Sprüche aller Art, die zu Memorierzwecken stark rhythmisiert sind, und dann auch Prosatexte der gleichen Machart, die sogenannte rhythmisierte Prosa.

Daß damit Texte zur Literatur kommen, die niemand sonst dazu gerechnet hätte, daß also am zweiten Kennzeichen der Poesie etwas auszusetzen wäre, kann ich mir nicht vorstellen. Man kann sich natürlich auch hier wieder fragen, wie man es mit den rhythmisierten Merkversen halten soll, wie wir sie noch im lateinischen Grammatikunterricht gelernt haben (ich habe sie inzwischen leider vergessen). Aber die Konsequenz erfordert es, sie zur Literatur zu rechnen, und ich finde eigentlich auch nicht, daß damit irgendein Schaden angerichtet würde.

Den Übergang zum nächsten Kennzeichen finde ich mit folgender Überlegung: in gereimten und rhythmisierten Gedichten oder Dramen wird dem Poeten seit alters eine gewisse Freiheit zugestanden, sich über die normalen Regeln der Grammatik hinwegzusetzen. Und diese «poetische Lizenz» wird, wenngleich noch nicht so lange und meistens zurückhaltender, auch in nicht gereimten und nicht rhythmisierten Texten beansprucht. Warum also nicht:

§ 106. Als drittes Kennzeichen der Poesie könnten Abweichungen von der normalen Grammatik gelten.

Vielleicht denkt jetzt mancher, ja nu, was heißt da schon normal. Sicher, sicher, das ist die Frage. Was zur einen Zeit für den einen normal ist, das ist zu einer anderen Zeit für einen anderen extravagant. Aber wenn jemand schreibt *Im Frühtau zu Berge wir gehn*, dann ist das noch nie normale Grammatik gewesen, *fallera*, sondern man hat immer sagen müssen: Im Frühtau gehn wir zu Berge.

Es muß aber natürlich auch hier damit gerechnet werden, daß in jedem beliebigen Text Abweichungen von der normalen Grammatik und Sprachverformungen vorkommen, also das, was man normalerweise Grammatik- und Schreibfehler nennt. Beispiele werden sich erübrigen.

§ 107. Das Wahrnehmen von Abweichungen von der normalen Grammatik ist noch kein zwingender Anlaß, einen Text als literarischen Text zu identifzieren.

Sie werden mittlerweile gemerkt haben, daß der Hase hier genau gleich läuft wie bei Reim und Rhythmus. Ich lege Ihnen trotzdem noch ein Beispiel vor und versuche wieder, mich in der Beschreibung zum Sprecher der allgemeinen Reaktion zu machen.

Der barlamendarische beruf ist aufreubend und man bringt ein groses
Obfer fier den Wallgreis. Aber in Goznamen, ich bring es und denk, fie-
leicht is es doch schöner als daheim, wo einem die Alte aufbasst.
Bekommt man dergleichen ungewarnt in die Hand, dann wird die Reaktion
immer die gleiche sein: kann der's nicht besser oder ist es Absicht? Im ersten Fall wird man den Schreiber bedauern, wenn man anständig ist, im
zweiten den Text für Literatur halten. Die Absicht macht die Literatur.

Aber doch noch zur Vorsicht: man hält diesen Text für Literatur, nicht
weil der Autor die Absicht von Sprachverformungen gehabt hat, sondern
weil man diese Absicht bei ihm *vermutet*, ob man damit nun das Richtige
trifft oder nicht.

Ludwig Thoma, Briefwechsel eines bayrischen Landtagsabgeordneten.
66.–70.Tsd. München 1924, S.27.

§ 108. Wo anzunehmen man sich für berechtigt hält, Abweichungen von der normalen Grammatik seien absichtlich in den
Text hineingebracht worden, da wird man zumindest die «nicht
normale» Passage als Literatur identifizieren.

Hier haben wir eine aufschlußreiche Grenze erreicht, die noch mit einem
weiteren Beispiel verdeutlicht werden soll. Prüfen Sie einmal Ihre Reaktion
auf folgenden Text:
> Die Weiber kreischten, die Männer staunten Bäume, die Kinder liefen
> Schrei. Frau Dr. Amalie fuhl in ihre zweite Ohnmacht.

Die einen werden den Text für grammatisch nicht normal, also für Literatur
halten, die anderen den Autor für geistig nicht normal, also für einen Spin-
ner. Daß dem Autor solche Sprachverformungen nicht aus Versehen unterlaufen sind, weiß man bereits, wenn man diesen Text im Zusammenhang
liest. Denn es ist nicht Frau Dr. Amaliens erste Ohnmacht. Und bei der hat
man gelesen:
> Der Autor weiß an dieser Stelle sehr wohl, daß es eigentlich fiel heißen
> muß, aber Frau Dr. Amalie fuhl, denn das paßte besser zu ihrer durchaus
> vornehmen Persönlichkeit.

Nicht einmal die noch so gegründete Vermutung von Absicht reicht in diesem Falle aus zur Identifikation als Literatur, und zwar deshalb nicht, weil
die dafür zuständige Konvention plötzlich in Konkurrenz steht zu einer anderen, möglicherweise stärkeren Konvention: bestimmte Formen sprachlicher Äußerungen nämlich für Anzeichen von Schwachsinn zu halten.

Immerhin darf man feststellen, daß die Konvention, aus Texten
Schwachsinn zu diagnostizieren, sich schneller wandelt als die andere Konvention, Texte als Literatur zu identifizieren. Der Bereich der akzeptierten
poetischen Lizenz ist breiter geworden, als er noch im letzten Jahrhundert
war, aber doch noch nicht so breit, daß nicht bei manchem gewisse neuere

literarische Entwicklungen nicht die Diagnose «Schwachsinn» provozieren. Gut Ding will Weile haben.

Kurt Schwitters, Das literarische Werk. Band 2: Prosa 1918–1930. Hrsg. von Friedhelm Lach. Köln 1974, S. 37, 34 (aus dem Roman «Franz Müllers Drahtfrühling»).

§ 109. Nach dem Kriterium «mutmaßlich absichtliche Abweichungen von der Normalsprache» werden als Literatur identifiziert, sofern nicht die Diagnose «schwachsinniger Autor» das verhindert: die sogenannte experimentelle Literatur und Nonsense-Texte.

Mir ist dieser Zuwachs in den Grenzen der Literatur willkommen, anderen sicher nicht. Das hängt, wie gezeigt, davon ab, inwieweit man bereit ist, seine Vermutungen über den Geisteszustand des Autors zurückzuhalten.

Ich gehe über zum vierten und letzten Kennzeichen, das sich aus der konventionellen Vorstellung von Poesie entwickeln läßt nach dem bekannten Motto: Ein Gedicht ist, wenn rechts noch Platz ist.

An sich wäre es nicht unwichtig, so etwas zum Kennzeichen zu machen, damit nämlich auch Gedichte eingemeindet werden können, die weder Reim, noch prägnanten Rhythmus, noch Sprachverformungen aufweisen, sondern einfach nur so in Zeilen geschrieben sind, wie dieses hier:

Ich kenne die Detektive,
wäre ein besserer Mörder
als bei Ullstein und Goldmann,
bin aber falsch erzogen,
mit zuviel Sinn für Anarchie.
Das setzt
Freundlichkeit voraus.

Ich formuliere den nächsten Satz nach bekannter Weise, um zu prüfen, ob sich die Aussage halten läßt.

Günter Eich, Gesammelte Werke. Band I. Frankfurt 1973, S. 271.

§ 110. Als viertes Kennzeichen der Poesie könnte man die Zeilenteilung ansehen.

Die mittlerweile bekannten Bedenken melden sich wieder. Stellen Sie sich vor: ein Kochrezept, an dessen Anfang alle Zutaten in einer Kolonne aufgeführt sind; eine Rechnung, auf der alle Posten fein säuberlich untereinander stehen; eine Warenliste oder das Inhaltsverzeichnis eines beliebigen Buches usw.

Bei all dem zweifelt niemand, daß kein Zufall im Spiel ist und daß sich die Einteilung in Zeilen der Absicht des Schreibers verdankt. Und trotz der sogar noch begründeten Vermutung von Absicht wird man solche Texte nicht als Literatur bezeichnen wollen.

§ 111. **Das Wahrnehmen einer mutmaßlich absichtlichen Zeileneinteilung ist noch kein zwingender Anlaß, einen Text als literarischen Text zu identifizieren.**

Es gäbe eine Ausweichmöglichkeit: die Feststellung, daß in all den genannten Fällen keine vollständigen Sätze in Zeilen abgeteilt sind, sondern nur zusammenhanglose Einzelwörter aufgereiht sind. Doch wenn man das als Zusatzkriterium aufnehmen wollte, dann müßte man gleich auch eine ganze Reihe vorwiegend neuerer Gedichte mit aus der Literatur ausschließen. Das wäre vielleicht dem einen oder anderen konservativen Kulturkritiker nicht unrecht, mir aber schon.

Wenn man also überhaupt das graphische Kennzeichen «mutmaßlich absichtlich bemessene Zeilen» noch retten will, und ich will das, dann muß man sich schon etwas genauer ansehen, was denn das Absetzen in Zeilen im besten Fall eigentlich leisten kann.

Ich bringe Ihnen zu diesem Zweck wieder ein Beispiel und bitte Sie diesmal, es laut zu lesen, sofern Sie sich in Ihrer Situation damit nicht verdächtig machen.

Über Nacht aber singt in den zu stark verschnittenen Bäumen ein Vogel, sommerlang dieser Vogel, er weckt mir den Sohn nicht, aber ich – so werd ich gehn, ich fisch ein Gericht Irrlichter in den Wiesen hinter dem Graben.

Und jetzt dasselbe noch einmal in der Einteilung des Originaldrucks, und, bitte, wieder laut, mit einer kleinen Pause am Ende jeder Zeile:

Über Nacht aber singt
in den zu stark verschnittenen
Bäumen ein Vogel,
sommerlang dieser Vogel,
er weckt mir den Sohn
nicht, aber ich – so werd ich
gehn, ich fisch ein Gericht
Irrlichter in den Wiesen
hinter dem Graben.

Der Unterschied, so scheint mir, ist evident, auch wenn Sie nicht so besonders gut vorlesen sollten. Ich gebe nur einige Stichworte, wieder in dem Sinne, daß ich meine, Ihre Zustimmung zu finden.

Die Absetzung in Zeilen bringt erstens einen gewissen bemerkbaren Rhythmus in die abgeteilten Satzabschnitte (z. B. *hinter dem Gráben* statt *hinter dem Grában*); sie gliedert zweitens den ganzen Satz anders als nur durch die Interpunktion und verändert drittens die Betonung (*er weckt mir den Sóhn/nícht* gegenüber vorher *er weckt mir den Sóhn nicht*); viertens bricht und zerstückelt sie den normalen Satzfluß und verändert dadurch fünftens das Lesetempo und die Art der Aufnahme ganz erheblich.

Solche Leistungen der Zeileneinteilung bemerkend und anerkennend darf man wohl die Bedenken zurückstellen und jene, die Zeileneinteilung, mit den entsprechenden Vorbehalten als viertes Kennzeichen betrachten.

Dafür spricht auch, daß man Kochrezepte usw. zwar mit ähnlicher Funktionalisierung der Zeileneinteilung lesen kann, aber dann doch wohl sicher ist, daß man ihr zu viel zumutet; denn die gewöhnliche Annahme ist doch wohl die, daß in solchen Fällen die Zeileneinteilung lediglich Übersichtlichkeit herstellen soll.

Johannes Bobrowski, Schattenland Ströme. Gedichte. 4. Aufl. Stuttgart 1965, S. 27 (zweite Strophe des Gedichts mit dem Titel *Hamann*).

§ 112. Wo anzunehmen man sich für berechtigt hält, ein Text sei absichtlich in Zeilen eingeteilt und zwar absichtlich so, daß die Zeileneinteilung das Lesen des Textes verändert, sofern man lesend auf sie eingeht, – da wird man zumindest die in Zeilen abgesetzte Passage als Literatur identifizieren.

Sie merken: die Formulierung der Kennzeichen wird immer umständlicher. Zuerst hat noch die Vermutung einer Absicht hinter dem Phänomen genügt (§§ 100, 104), dann mußte sie ergänzt werden durch eine Vermutung über den Geisteszustand des Autors (§ 108), und jetzt bedarf es sogar noch eines Zusatzes über die Leistung und Funktion des Merkmals, um in ihm ein Kennzeichen der Poesie sehen zu können.

Weitere Kennzeichen zu suchen, anhand derer man Poesie erkennt, dürfte daher nicht angezeigt sein. Es ist wohl auch nicht nötig; denn:

§ 113. Nach dem Kriterium «mutmaßlich absichtlich abgemessene Zeilen mit der mutmaßlich beabsichtigten Funktion der Lesesteuerung» werden als Literatur identifiziert: Gedichte ohne Reim, prägnanten Rhythmus und Sprachverformungen und entsprechende Passagen in Dramen und Erzählungen.

Dazu ist nicht mehr zu sagen, als daß jetzt zumindest keine Gedichte mehr draußen bleiben. Ich gehe deshalb über zu einer Zusammenfassung der Ergebnisse.

§ 114. Es gibt vier Kennzeichen der Poesie, anhand derer Texte als Literatur identifiziert werden:

a. mutmaßlich absichtlicher Reim (§ 100),

b. mutmaßlich absichtlich bemerkbar gemachter Rhythmus (§ 104),

c. mutmaßlich absichtliche Abweichungen von der normalen Grammatik durch einen vermutlich geistig normalen Autor (§ 109),

d. mutmaßlich absichtlich abgemessene Zeilen mit der vermutlich vom Autor beabsichtigten Funktion der Lesesteuerung (§ 112).

Der Literatur zuzusprechen sind nach diesen Kennzeichen alle Gedichte und Ähnliches, wie gereimte oder rhythmisierte Bauernregeln, Sprichwörter, Werbesprüche; daneben die früher beliebten Verserzählungen und auch eine ganze Anzahl von Dramen in gebundener Rede (wie man früher sagte), also mit Reim oder festem Rhythmus; und dann die – aufs Ganze gesehen – nicht übermäßig zahlreichen Prosatexte, die auf die eine oder andere Weise von der poetischen Lizenz Gebrauch machen. Bei all dem ist die Frage nach dem Wert oder Unwert weder gestellt, noch gar beantwortet.

Mit anderen Worten: abgesehen von der Ausweitung der poetischen Lizenz auf Prosatexte wird anhand der Kennzeichen ziemlich genau der Bereich als Literatur identifiziert, den man früher Poesie nannte und von der Prosa unterschieden hat.

§ 115. Anhand der vier Kennzeichen wird Poesie als Literatur identifiziert, also die Texte, die in der Sprachform oder graphisch sich feststellbar und – nach der Vermutung des Lesers – mit Absicht und Zweck von allen anderen Texten unterscheiden.

Die Unterscheidung zwischen Poesie und Prosa ist beileibe nicht so überholt, wie aus dem fast völligen Verschwinden des Begriffs «Poesie» in der deutschsprachigen Literaturwissenschaft geschlossen werden könnte. Ich werde vielmehr in der Poetik daran gehen, sie in ihr altes Recht wieder einzusetzen, ein Recht, das sie etwa im englischen oder französischen Sprachbereich ja durchaus noch behauptet.

Dennoch bin ich genötigt, diese Unterscheidung vorerst zu verlassen, denn weiter als bis zum jetzt erreichten Punkt geht ihre Brauchbarkeit nicht. Der Grund: sie kennt keinerlei Grenzen innerhalb der Prosa, also auch keine zwischen literarischer und nichtliterarischer Prosa.

Das ist aber ein Mangel, der sich allenfalls übersehen ließ, solange es keine Dramen in Prosa und nur sehr wenige Erzählungen und Romane in Prosa gab. Spätestens seit der Mitte des 18. Jahrhunderts aber wäre es unbedingt nötig gewesen, innerhalb der Prosa Grenzen zwischen Literatur und Nicht-Literatur zu setzen.

Daß man es nicht gemacht hat, daran haben wir heute noch zu nagen. Denn an die Stelle der an sich nötigen Grenzziehung zwischen literarischer und nicht-literarischer Prosa ist zuerst die generelle moralische Verdächtigung der Romane seit dem 17. Jahrhundert getreten, eine Verdächtigung, die zwar seither vorsichtiger geworden ist und sich nicht mehr auf alle Romane schlechthin erstreckt. Aber sie hat sich doch noch bis heute erhalten, etwa in der Bezeichnung Trivialroman, in der nicht selten unter dem Schein des literarischen Werturteils eine ganz anständige Portion moralisierender oder politisierender Überheblichkeit steckt. Eines ist ja doch auffällig, daß es nämlich die entsprechenden Bezeichnungen Trivialdrama oder Trivialgedicht nicht gibt. Trivialliteratur, das sind praktisch nur Romane.

Statt einer solchen Abgrenzung durch moralisierende Werturteile werde ich in genauer Fortsetzung der bisherigen Übung die Grenzen zwischen literarischer und nicht-literarischer Prosa anders ziehen, nach Kennzeichen, zuerst beim Drama und dann bei Erzählungen.

Kennzeichen des Dramas

§ 116. Da zahlreiche Dramen bereits durch die Kennzeichen der Poesie als Literatur identifiziert werden (§ 114), sind die Kennzeichen des Dramas ausschließlich an Dramen in Prosa zu erheben.

Es läßt sich schon voraussehen, daß trotzdem die Kennzeichen des Dramas auch für die poetischen Dramen werden gelten müssen (denn Drama ist Drama), was dann wieder ein neues Licht auf die Kennzeichen der Poesie wirft, von denen jetzt bereits zu vermuten ist, daß sie in gewisser Weise zweitrangig sind.

Aber noch sind die Kennzeichen des Dramas nicht gefunden, und es ist noch nicht einmal begründet, weshalb nach der Poesie zuerst das Drama und nicht die Erzählung behandelt wird.

Ich könnte mich wohl mit dem Hinweis begnügen, daß wesentlich mehr Dramen als Erzählungen bereits im Reich der Poesie stehen. Aber neben dieses quantitative Argument möchte ich noch eine andere Begründung stellen, die ich auch später noch einmal werde gebrauchen können.

Es ist mir nämlich als höchst merkwürdig aufgefallen, daß es praktisch kein Gedicht gibt, das nicht auch Teil eines Dramas sein könnte, als Monolog oder als Dialogpartie. Wenn Sie sich in Gedanken die beiden letzten Gedichtbeispiele vergegenwärtigen, die ich gebracht habe, die von Eich (§ 109) und Bobrowski (§ 111), dann werden Sie diese Feststellung bestätigt finden: es ist durchaus vorstellbar, daß jemand in einem Drama sie spricht, ohne jegliche Änderung.

Sie können auch umgekehrt ein beliebiges Drama aufschlagen, in dem Reim, Rhythmus, Abweichungen von der Normalgrammatik oder Zeileneinteilung vorkommen, und Sie werden sehen: jeder Monolog und jeder längere Dialogbeitrag einer Person könnte auch als Gedicht isoliert werden; natürlich, gegebenenfalls mit Einbußen an Verständlichkeit, wenn der Kontext weggenommen wird, aber es gibt ja auch so schon Gedichte, die schwer verständlich sind.

Gedichte also lassen sich problemlos in Dramenpartien überführen, und jedes poetische Drama kann aufgefaßt werden als eine Reihung von Gedichten (mit Verbindungsstücken).

Das alles bedeutet: die gesuchten Kennzeichen des Dramas werden nicht einmal bei poetischen Dramen und schon gar nicht bei prosaischen Dramen *in* den Reden der Dramenpersonen (in den Gedichten sozusagen) liegen, sondern irgendwie *zwischen* den Reden. Oder, da ja die Kennzeichen der Poesie an der äußeren Textform (Reim usw.) festgemacht werden konnten:

§ 117. Die Kennzeichen des Dramas werden nicht an der sprachlichen und graphischen Form des Textes festzustellen sein.

Damit ist zwar ein Irrweg bezeichnet und versperrt, der richtige Weg aber noch nicht eröffnet. Immerhin wäre es denkbar, Gedichte aufzureihen und dabei zu beobachten, was passieren muß, damit daraus ein Drama wird. Aber einerseits wäre das schon eine Versuchsanordnung, die erst in der Poetik ihren Platz hat, andererseits habe ich mich bereits auf das Drama in Prosa festgelegt (§ 116), und da funktioniert das mit den Gedichten natürlich nicht.

Ich wähle daher einen anderen Weg, und zwar in Erinnerung an früher Gesagtes (§ 63): ich lese einen Text, von dem ich weiß, daß er ein Drama ist, absichtlich so, als wäre er keines. Das ist, ich weiß, ein ungewöhnliches Vorgehen, und es wird Ihnen gelegentlich sogar gesucht vorkommen. Aber es ist nur die Konsequenz aus der Einsicht, daß ich zwar ein Drama als solches mit Sicherheit erkenne, aber beim jetzigen Stand der Dinge noch nicht sagen kann, woran denn eigentlich. Und wenn ich auf diese Weise ein Drama gegen den Strich lese (Beispiele für ein solches Vorgehen im § 60), dann müßten eigentlich die Kennzeichen des Dramas sichtbar werden als diejenigen Momente, die sich dagegen sperren und mich daran hindern wollen oder komisch wirken.

§ 118. Die Kennzeichen des Dramas dürften sich irgendwie als Widerstand bemerkbar machen, wenn man ein Drama als einen nichtliterarischen Text liest.

Ich kann Ihnen nun mein Demonstrationsobjekt vorstellen, in der Gewißheit, daß Sie sich nicht wundern werden, es als Drama bezeichnet zu sehen: Lessings *Minna von Barnhelm*. Um ganz sicher zu gehen, drucke ich den Anfang des Dramas ab, vom ersten Wort an, nur etwas zusammengedrängt nacheinander, was eigentlich auf mehrere Seiten verteilt gehörte.

MINNA VON BARNHELM,
ODER
DAS SOLDATENGLÜCK
Ein Lustspiel in fünf Aufzügen.
Verfertiget im Jahre 1763

PERSONEN

Major von Tellheim, verabschiedet
Minna von Barnhelm
Graf von Bruchsall, ihr Oheim
Franziska, ihr Mädchen
Just, Bedienter des Majors
Paul Werner, gewesener Wachtmeister des Majors
Der Wirt
Eine Dame in Trauer
Ein Feldjäger
Riccaut de la Martiniere
Die Szene ist abwechselnd in dem Saale eines Wirtshauses, und einem daran stoßenden Zimmer.

ERSTER AUFZUG
Erster Auftritt

Just
(sitzet in einem Winkel, schlummert, und redet im Traume). Schurke von einem Wirte! Du, uns? – Frisch, Bruder! – Schlag zu, Bruder! – (Er holt aus, und erwacht durch die Bewegung). He da! schon wieder? Ich mache kein Auge zu, so schlage ich mich mit ihm herum. Hätte er nur erst die Hälfte von allen den Schlägen! – – Doch sieh, es ist Tag! Ich muß nur bald meinen armen Herrn aufsuchen. Mit meinem Willen soll er keinen Fuß mehr in das vermaledeite Haus setzen. Wo wird er die Nacht zugebracht haben?

Zweiter Auftritt
Der Wirt. Just

Der Wirt. Guten Morgen, Herr Just, guten Morgen! Ei, schon so früh auf? Oder soll ich sagen: noch so spät auf?
Just. Sage Er, was Er will.
Der Wirt. Ich sage nichts, als guten Morgen; und das verdient doch wohl, daß Herr Just, großen Dank, darauf sagt?
Just. Großen Dank!
Der Wirt. Man ist verdrüßlich, wenn man seine gehörige Ruhe nicht haben kann. Was gilts, der Herr Major ist nicht nach Hause gekommen, und Er hat hier auf ihn gelauert?
Just. Was der Mann nicht alles erraten kann!

So weit der Text des Dramas, abgeklemmt mitten in einem Dialog. Der Ausschnitt sollte aber genügen, denn prinzipiell neue Textelemente kommen durch das ganze Stück hindurch nicht mehr dazu.

Um die Sache nicht zu leicht zu machen, wähle ich als nicht-literarischen Vergleichstext einen, der genau denselben formalen Aufbau hat: ein Protokoll. Ich mache mich also daran, das Drama *Minna von Barnhelm* als Protokoll, sagen wir: als Protokoll einer Vereinsvorstandssitzung, zu lesen, nicht ohne dies vorher ausdrücklich vermerkt haben zu wollen.

Gotthold Ephraim Lessing, Werke. Erster Band: Gedichte, Fabeln, Lustspiele. Darmstadt 1970, S. 605–607.

§ 119. Die Kennzeichen des Dramas dürften sich irgendwie als Widerstand bemerkbar machen, wenn man ein Drama als Protokoll liest.

Die Übung fängt an. Um meinen deutschen Lesern auch einmal ein bißchen Exotik zu bieten, benutze ich dabei die schweizerische Terminologie.

Der Titel *Minna von Barnhelm, oder das Soldatenglück* wäre als Titel eines Protokolls eher ungewöhnlich, aber auch ein Protokoll hat in der Regel einen Titel. Nur lautet der dann «Protokoll der 124. oder so. Aber ein Titel ist ein Titel.

Der Untertitel *Ein Lustspiel in fünf Aufzügen* wäre auf einem Protokoll zweifellos eine Frechheit des Protokollanten, aber sogar dieser Untertitel wäre wortwörtlich möglich. Also kein prinzipieller Unterschied.

Nächste Zeile: *Verfertiget im Jahre 1763* – das wäre für ein Protokoll wohl ein bißchen ungenau, aber daß der Protokollant die Niederschrift des Protokolls (heute meist am Ende) datiert, das gehört zu einem guten Protokoll dazu. Auch hier also: Datum ist Datum.

Ein *Personenverzeichnis* in einem Protokoll heißt Präsenzliste oder wäre einfach mit «Anwesend» überschrieben. Es würde wohl kaum Angaben über die persönlichen Verhältnisse und Beziehungen der Anwesenden enthalten, aber unter Umständen deren Chargen (1. Vorsitzender und so weiter). Ebenfalls kein prinzipieller Unterschied.

Die Szene ist abwechselnd in dem Saale eines Wirtshauses, und einem daran stoßenden Zimmer. Als Formulierung in einem Protokoll wiederum ungewöhnlich, aber von der Sache her durchaus angebracht, wie die Umformulierung zur heutigen Normalform zeigt: «Ort: Gasthaus zum Bären, Saal und Nebenzimmer».

Ein anständiges Protokoll würde sicher auch noch den Sitzungstermin angeben, aber auch Dramen kennen Zeitangaben unter dem Personenverzeichnis.

Weiter im Text: *Erster Aufzug. Erster Auftritt.* Im Protokoll denkbar, wenn der Protokollant seinen Untertitel «Lustspiel in fünf Aufzügen» polemisch weiterführt. Sonst wäre die normale Protokollvariante: «Traktandum 1». Auch Zwischentitel also sind in Drama und Protokoll gleichermaßen möglich.

Daß der Name des Redners vor seiner Rede steht, gehört eindeutig zu den gemeinsamen Merkmalen von Drama und Protokoll.

Die Klammerbemerkung *sitzet in einem Winkel, schlummert, und redet im Traume* würde sich in einem Protokoll ziemlich albern ausnehmen, aber Klammerbemerkungen des Protokollführers gibt es durchaus, etwa «Gelächter und Pfiffe links, Beifall rechts».

Genau gleich ist die Lage bei den Reden selbst: *was* der Just da so von sich gibt, würde wohl kaum in ein Protokoll aufgenommen, aber *daß* ein Votum wörtlich protokolliert wird, ist an sich nichts Besonders. Das ändert sich auch nicht mit dem Eintritt des Wirts und dem Beginn des Dialogs.

Und damit sind wir am Ende. Ergebnis also negativ.

§ 120. Es gibt in einem Drama nichts, das nicht auch in irgendeiner Form in einem Protokoll stehen könnte.

Sie werden mir das zugestehen müssen und trotzdem die *Minna von Barnhelm* immer noch nicht für ein Protokoll halten, sondern selbstverständlich für ein Drama. Geht mir genauso. Nur warum?

Ich glaube, auch Ihren Eindruck von der Übung wiederzugeben, wenn ich sage: ein Drama versuchsweise unter der Voraussetzung lesend, es handle sich um ein Protokoll, empfindet man an gewissen Stellen Befremden bis Belustigung. Das sind die Widerstände, von denen vorhin (§ 118) die Rede war.

§ 121. Obwohl es in einem Drama nichts gibt, das nicht auch in einem Protokoll stehen könnte, machen sich doch gewisse Widerstände bemerkbar, wenn man ein Drama als Protokoll betrachtet.

Die Widerstände scheinen mir von verschiedener Stärke zu sein. Am störendsten finde ich es, und das ist zweifellos nicht nur meine persönliche Meinung, wenn ein Protokoll einen Titel trägt wie *Minna von Barnhelm, oder das Soldatenglück,* wenn ein Untertitel von der Art *Ein Lustspiel in fünf Aufzügen* vorkommt und wenn dann noch Zwischentitel wie *Erster Auftritt* auftauchen.

Etwas weniger störend dürften die Überschrift *Personen,* die Angaben zu den Personen (z. B. *ihr Oheim*) und die Zwischenbemerkungen wie *sitzet in einem Winkel* sein. Sie alle, wie auch die Reden, erregen nur Verwunderung, wenn sie zum angenommenen Rahmen (z. B. Vorstandssitzung) nicht passen. Bei geeigneter Wahl des Rahmens (z. B. Abschrift eines Tonbandes, das in einem Wirtshaus aufgenommen wurde) leisten sie keinen Widerstand, wenn man sie als Protokollbestandteile lesen will. Völlig anstandslos kann von vornherein die Angabe der jeweils redenden Person durchgehen.

Widerstände also melden sich in den Partien, die ich mit Roman Ingarden, allerdings nur vorläufig, als *Nebentext* bezeichne: Titel, Untertitel,

Zwischentitel, Personenverzeichnis, Ortsangabe, Zwischenbemerkungen, Rednername. Die Widerstände im Nebentext sind von unterschiedlicher Stärke, der *Haupttext*, das Korpus der Reden, verhält sich dagegen neutral.

Roman Ingarden, Das literarische Kunstwerk. 2. Aufl. Tübingen 1960, S. 220 ff.

§ 122. Widerstände dagegen, ein Drama als Protokoll zu lesen, treten zwar in unterschiedlicher Stärke auf, aber immer nur im Nebentext, während der Haupttext sich neutral verhält.

Mit anderen Worten: der Haupttext eines Dramas kann widerstandslos als Protokoll gelesen werden, als Mitschrift eines Gesprächs oder Selbstgesprächs, wie belanglos es auch sein mag. Verstehen Sie mich richtig: niemand liest so, aber man könnte es. Erst wenn der Nebentext dazukommt, geht es nicht mehr oder nicht mehr ohne Widerstände.

Es liegt also die Annahme nahe, durch den Nebentext werde der an sich neutrale Haupttext eindeutig als Dramendialog erkennbar und damit die Möglichkeit ausgeschlossen, daß er ein Protokoll sein könnte.

§ 123. Kennzeichen des Dramas könnte die Kombination von direkten Reden (Haupttext) mit einem Nebentext sein.

Das ist natürlich nur eine Interimsformulierung; denn das Nebeneinander von direkten Reden und Nebentext gehört ja auch zu den Merkmalen eines jeden Protokolls, kann also nicht schon als solches ein Kennzeichen des Dramas sein.

Ausgeschlossen ist inzwischen aber auch schon, daß es am Haupttext als solchem (§ 122) oder am Nebentext als solchem gelegen haben kann (§ 120), wenn man einen Text als Drama identifiziert.

§ 124. Das bloße Wahrnehmen der Kombination von Haupt- und Nebentext ist noch kein zwingender Anlaß, einen Text als Drama zu identifizieren.

Im Kapitel über die Kennzeichen der Poesie hat in solchen Zusammenhängen immer der Rekurs auf die mutmaßliche Absicht hinter den Kennzeichen weitergeholfen. Aber selbst dieser Behelf versagt hier seinen Dienst. Denn daß ein Protokollant ohne Absicht «Lustspiel» im Nebentext gebraucht hätte, das werden ihm wenigstens seine Vereinskollegen nicht abnehmen.

Mit dem Rückgriff auf eine vermutete Absicht ist also nur der vielleicht noch unsinnigere Fall ausgeschlossen, daß jemand einfach nicht weiß, wie man ein Protokoll schreibt, und aus Unwissenheit und Zufall ausgerechnet solche unpassenden Titel benutzt. Darüber hinaus aber klärt die Vermutung von Absicht nichts, mag sie auch noch so gegründet sein.

§ 125. Das Wahrnehmen einer mutmaßlich absichtlichen Kombination von Haupt- und Nebentext ist noch kein zwingender Anlaß, einen Text als Drama zu identifizieren.

Die Schwierigkeiten, mit denen wir jetzt zu tun haben, sind sozusagen in einem Brennpunkt versammelt genau die Schwierigkeiten, Literatur überhaupt *theoretisch* von Nicht-Literatur zu unterscheiden, was einem *praktisch* doch so mühelos gelingt. Immerhin sind wir schon nahe am Kern der Sache.

Eine Zwischenbilanz: weder der Haupt-, noch der Nebentext, weder das Nebeneinander beider, noch die Vermutung auf Absicht hinter dieser Kombination haben eindeutige Anhaltspunkte geliefert zur theoretischen Unterscheidung von literarischem und nicht-literarischem Text, von Drama und Protokoll.

Doch hat sich dabei schon ein Ansatz aufgebaut, der bestehen bleiben wird: die Kombination von Haupt- und Nebentext und der Umstand, daß sie mutmaßlich absichtlich hergestellt sein muß. Es fehlen sozusagen nur noch drei Bauelemente, um aus dem vorhandenen Anfang etwas Ganzes zu machen. Diese drei Bauelemente werde ich in der gebotenen Sorgfalt nacheinander liefern, und dafür bitte ich noch um ein wenig Geduld.

Zum ersten Element führt diese Überlegung: wenn es schon nicht an Haupt- und Nebentext je für sich und auch nicht an ihrer mutmaßlich absichtlichen Kombination allein liegen kann, daß man etwas als Drama identifiziert, dann könnte eigentlich nur noch die *Art* der Kombination, das besondere Verhältnis von Haupt- und Nebentext dafür in Frage kommen.

§ 126. Kennzeichen des Dramas könnte ein *besonderes Verhältnis* zwischen den mutmaßlich absichtlich kombinierten Teilen Haupt- und Nebentext sein.

Das Verhältnis von Haupt- und Nebentext im Drama ist allerdings, um das vorauszuschicken, nicht eine Frage des Mehr oder Weniger auf dieser oder jener Seite. Quantitativ läßt sich das Verhältnis nicht auf eine Besonderheit festlegen. Halten Sie einmal in Ihrer Erinnerung an Dramentexte Umschau: Sie werden darin solche mit sehr umfangreichem Nebentext finden (mit ausführlichsten Szenenbeschreibungen und Regieanweisungen) und daneben solche mit nur den allernotwendigsten Rednerbezeichnungen und Titeln.

Es geht also um die *Qualität* des Verhältnisses. Und da war bei dem Versuch, die *Minna von Barnhelm* als Protokoll zu lesen (§ 119), doch zweierlei festzustellen: daß sich nämlich der Nebentext gegen ein solches Unternehmen mit unterschiedlicher Heftigkeit sträubt, der Haupttext aber überhaupt nicht (§ 122).

Da nun Haupttext und Nebentext auf denselben Versuch unterschiedlich reagieren, ist anzunehmen, daß sie auch aufeinander nicht ganz friedlich reagieren, wenn man sie vermischt.

§ 127. Zur Bestimmung des besonderen Verhältnisses zwischen Haupt- und Nebentext im Drama nehme ich eine Transplantation eines Stückchens Nebentext in den Haupttext vor.

Am störendsten hat sich bei dem Versuch von vorhin die ganze Titelei (§ 121) erwiesen. Ich schließe daraus, daß die Titel am deutlichsten den Unterschied zwischen Nebentext und Haupttext repräsentieren, nehme also einen solchen Titel und verpflanze ihn in den Nebentext. Wollen Sie, bitte, Ihre quasi Immunreaktion auf diesen Vorgang beim Lesen prüfen. Das Beispiel konstruiere ich aus dem vorhin (§ 118) vollständig zitierten Anfangsmonolog des Just in der *Minna von Barnhelm*.

(Er holt aus, und erwacht durch die Bewegung). He da! schon wieder? Ich mache kein Auge zu, so schlage ich mich mit ihm herum. Hätte er nur erst die Hälfte von allen den Schlägen! – – Doch sieh, es ist erster Aufzug, erster Auftritt! Ich muß nur bald meinen armen Herrn aufsuchen.

Haben Sie nicht auch den Eindruck, daß da eine Spielregel verletzt wird, die sonst unproblematisch gegolten hat: daß nämlich eine Person in einem Drama gefälligst nicht zu wissen hat, daß sie Person in einem Drama ist? Es ist, wenn man so etwas liest, wie ein plötzliches Hinausgeworfenwerden aus den bisherigen Orientierungen.

Diesen Eindruck, der ja in manchen Dramen durchaus gewollt produziert wird, nehme ich als Material, aus dessen Auslegung die angekündigten, noch fehlenden drei Bauelemente zu gewinnen sind.

Als erstes nehme ich diesen Eindruck als Hinweis und Beleg, daß die Spielregeln, die Orientierungsnormen im Haupttext andere sind als im Nebentext. Der leichte Schock, den man bei der Vermischung beider bekommt, zeugt dafür, daß die Spielregeln des Haupttextes sich nicht mit denen des Nebentextes vertragen, daß sie im Widerspruch zueinander stehen.

§ 128. Kennzeichen des Dramas könnte ein *widersprüchliches* Verhältnis zwischen den mutmaßlich absichtlich kombinierten Teilen Haupt- und Nebentext sein.

Das ist das erste noch fehlende Bauelement, aber es ist noch nicht differenziert genug gefaßt. Denn in jenem hypothetischen Protokoll würde dieser Widerspruch auch auftreten. Auch unter der Voraussetzung lesend, die *Minna von Barnhelm* sei ein Protokoll, bekommt man den gleichen leichten Schock, wenn der Just plötzlich vom ersten Aufzug redet, möglicherweise ist der Schock sogar noch stärker.

Außerdem kann ein solcher Wechsel zwischen einander widersprechenden Regelsystemen auch in einem richtigen Protokoll vorkommen, zwar wieder in einem fast unsinnigen Fall, aber doch auch in einem nicht ganz so unsinnigen, dann nämlich, wenn einer der Teilnehmer die Stellungnahme des Protokollanten vorwegnimmt und schon während der Sitzung Theaterterminologie benutzt, oder dann, wenn ein besonders spaßiger Verein beschließen sollte, statt «Traktandum 1» nur noch «erster Auftritt» zu sagen.

Der Widerspruch, den man im Transplantationsexperiment erfährt, ist demnach als solcher noch keine sichere Exklusivität des Dramas.

§ 129. Das Wahrnehmen eines widersprüchlichen Verhältnisses zwischen den mutmaßlich absichtlich kombinierten Teilen Haupt- und Nebentext ist noch kein zwingender Anlaß, einen Text als Drama zu identifizieren.

Es fehlt noch ein zweiter Zusatz, der den Widerspruch im Drama von dem möglichen, formal gleichen Widerspruch im Protokoll zu unterscheiden erlaubt. Der Schlüssel dazu kann nirgends anders zu finden sein als da, wo man erfährt, wie der Widerspruch im einen und im anderen Falle gemeint gewesen ist: beim Schreiber des jeweiligen Textes.

Wie immer, wenn es um Meinung und Absicht in diesen Dingen geht, muß man sich mit einer Vermutung behelfen, aber diesmal nicht mehr nur, *ob* Absicht vorlag (das gilt seit § 125 als ausgemacht), sondern *wie* die Absicht und Meinung beschaffen war.

Zuerst die Vermutung über den *Haupttext,* also über das Auftreten direkter Rede. Stellen Sie sich vor: in einem Zeitungsartikel über die Besprechungen zweier Staatsmänner bringt der berichtende Journalist ein wörtliches Zitat – nehmen Sie nicht auch ganz selbstverständlich an, er sei bei der Besprechung dabeigewesen oder habe wenigstens eine authentische Aufzeichnung gehabt?

Direkte Rede wird (gleichgültig, ob zu Recht oder zu Unrecht) aufgefaßt als Anzeichen dafür, daß der Schreiber als *Beteiligter*, als Zeuge, als Protokollant, als Zuhörer schreibt.

Beim *Nebentext* müssen die Dinge anders liegen, weil er – in den Haupttext eingepflanzt (§ 127) – als Fremdkörper wirkt. Der Just sollte als Beteiligter eigentlich nicht wissen, daß er sich im ersten Aufzug eines Lustspiels befindet. Solches Wissen ist normalerweise allein den Nicht-Beteiligten vorbehalten: den Lesern und dem Verfasser des Stücks.

Das heißt: aus dem Titeln im Nebentext schließt man, der objektiven Berechtigung unbeschadet, daß der Schreiber als *Nicht-Beteiligter* schreibt.

Der Widerspruch zwischen Haupttext und Nebentext wird also darin bestehen, daß die direkten Reden in der Haltung eines Beteiligten und die Titel in der Haltung eines Nicht-Beteiligten geschrieben sind, beides natürlich nach der Vermutung des Lesers. Dies ist der vorletzte noch benötigte Zusatz zur endgültigen Formulierung.

§ 130. Kennzeichen des Dramas könnte sein: ein mutmaßlich absichtlich herbeigeführter Widerspruch zwischen der Haltung des Schreibers als eines *Beteiligten* (angezeigt durch direkte Reden) und als eines *Nicht-Beteiligten* (angezeigt durch Titel).

Noch einmal muß ich in diesem Kapitel sagen: das ist noch nicht genau genug. Es fehlt nur noch ein unscheinbarer Zusatz, damit jenes unselige Protokoll ein- für allemal vom Drama unterschieden ist, so daß wir es endlich los werden.

Der Widerspruch zwischen Beteiligtsein und Nicht-Beteiligtsein tritt ja auch in dieser Art Protokoll auf, sofern eben Titel wie «Lustspiel» im Nebentext vorkommen. Solche Titel müssen also im Drama eine andere Bedeutung haben, und mit dieser Überlegung kommt der letzte, entscheidende Zusatz in Sicht, der nahe daran ist, eine Banalität zu sein, also wichtig zu sein verspricht.

Taucht in einem Protokoll ein Titel wie «Lustspiel» auf, so weiß man, daß der Schreiber sich als *Zuschauer* bei einem Lustspiel ausgibt, von dem die beteiligten Personen regelkonform (§ 129) nicht wußten, daß es ein Theaterstück war. Er gibt vor, *in der Weise eines Theaterzuschauers nicht-beteiligt* gewesen zu sein, während er doch nach Ausweis des Haupttextes in der Weise eines Protokollanten beteiligt gewesen ist.

Im Drama dagegen wird derselbe Titel «Lustspiel» als Anzeige aufgefaßt, daß der Schreiber *in der Weise eines Autors nicht-beteiligt* ist am Ereignis. Es bleibt zwar ebenfalls der Haupttext als mutmaßlich absichtliche Anzeige, daß er eben doch in der Weise eines Protokollanten beteiligt ist. Aber der Unterschied zum Protokoll liegt nicht hier, sondern eindeutig in der Art des Nicht-Beteiligtseins.

§ 131. Kennzeichen des Dramas könnte sein: ein mutmaßlich absichtlich herbeigeführter Widerspruch zwischen der Haltung des Schreibers als eines Beteiligten (angezeigt durch direkte Reden) und als eines nicht-beteiligten *Autors* (angezeigt durch Titel).

Damit haben wir alles beisammen, was einen Text als Drama erkennen läßt. Daß ich trotzdem nicht «Kennzeichen *ist*», sondern «Kennzeichen *könnte sein*» sage, hat einen anderen Grund: meines Wissens hat noch niemand von diesem kennzeichnenden Widerspruch gesprochen, obwohl er, dessen bin ich ganz sicher, in jedem Drama anzutreffen und für die Identifikation verantwortlich ist. Ich nehme daher das Faktum, daß er noch nie bemerkt wurde, in meine Formulierung des Kennzeichens auf und sage, daß der Widerspruch *nicht als Widerspruch manifest* wird.

Nicht wahr, wenn – um ihn ein letztes Mal zu bemühen – jener Protokollant «Lustspiel» schreibt, dann macht ihm niemand die Freude, sein Protokoll für ein Lustspiel zu halten, und sein mit diesem Titel behauptetes Nicht-Beteiligtsein in der Weise eines Theaterzuschauers (§ 130) wird ihn nicht vor dem Vorwurf schützen, er hätte doch anständigerweise gleich während der Sitzung seine Meinung sagen sollen. Der Widerspruch in der Haltung zwischen Beteiligtsein und Nicht-Beteiligtsein bleibt demnach erhalten und bemerkbar und wird dem Schreiber als Unverschämtheit zugerechnet.

Im Drama *Minna von Barnhelm* wiederum ist zwar dieselbe widersprüchliche Haltung ebenfalls anzutreffen; aber daß man dem Schreiber abnimmt, er sei in der Weise eines Autors nicht-beteiligt, das sorgt dann offenbar dafür, daß man ihm die widersprüchliche Haltung nicht vorwirft, ja daß man sie nicht einmal bemerkt.

Die Titel für eine Anzeige der Haltung eines nicht-beteiligten Autors zu halten, ist nicht nur eine unableitbare Entscheidung des Lesers in Einsamkeit und Freiheit. Man muß in jedem Fall mit Hilfe des jeweiligen Kontextes und sonstiger Kenntnisse über die Sache abwägen, welche Variante diese Titel mit größerer Wahrscheinlichkeit repräsentieren: den Zuschauer bei der Aufführung oder den Autor.

Erst wenn diese Entscheidung gefallen ist, und zwar zugunsten der zweiten Variante, erst dann gilt der Widerspruch nicht mehr als Widerspruch, und erst dann ist die Sache klar.

§ 132. Wo anzunehmen man sich für berechtigt hält, der Schreiber eines Textes habe mutmaßlich absichtlich die direkten Reden in der Haltung eines Beteiligten und die Titel glaubwürdig in der Haltung eines nicht-beteiligten Autors geschrieben, da wird man die widersprüchliche Haltung nicht als widersprüchlich auffassen und diesen Text als Drama und damit als Literatur identifizieren.

Ich weiß, das ist kompliziert, und es bereitet Mühe, sich vorzustellen, daß die so schlichte Aussage: «Das ist ein Drama», auf einem Entscheidungsprozeß beruhen soll, welcher derart viele Aspekte berücksichtigt.

Wer's nicht glaubt, dem kann ich's im Moment auch nicht verdenken. Ich kann nur darum bitten, die ganze komplizierte Formulierung als eine Zwischenlösung anzusehen, die sich vereinheitlichen und vereinfachen wird, sobald im nächsten Kapitel die Kennzeichen der Erzählung behandelt sein werden. Danach aber, da können Sie sicher sein, werde ich so etwas wie einen Beweis liefern.

Ich rechne auch durchaus mit dem Einwand, das Ganze sei doch nur eine unnötig umständliche Formulierung für den banalen Sachverhalt, daß ein Drama ein Text ist, der durch Titel als Drama gekennzeichnet ist.

Aber Vorsicht. Einerseits sind solche Titel ja immer nur die Meinungsäußerungen des Verfassers oder Verlegers, die zwar einiges Gewicht haben mögen, aber mich unmöglich von der Prüfung der Frage dispensieren können, ob ich mich ihrer Meinung anschließen will und gegebenenfalls warum.

Andererseits mag es zwar an den Haaren herbeigezogen sein, aber es stimmt trotzdem: man kann jedes, schlechterdings jedes Drama in Prosa als solch ein Protokoll lesen, in dem der Protokollant sich durch entsprechende Titel vom Ereignis distanziert. Das Einzige, was einen daran hindern kann oder diese Leseart als unangemessen erweist, ist die Vermutung, er mache das als Autor und nicht als Zuschauer; wenn das nicht wäre, müßte man solche verrückten Protokolle wohl oder übel zur Literatur rechnen, von weiteren Folgen für die Grenzziehung nicht zu reden.

Es ist unbequem und sicher auch ungewohnt, nur wegen solcher ans Irre streifender Grenzfälle den ganzen Aufwand zu treiben. Aber ich meine, es gehe wirklich nicht anders und der Aufwand lohne sich allemal, weil dann das Ergebnis auch gegen die verrücktesten Überraschungen gesichert ist und nicht schon morgen wieder verändert oder umgestoßen werden muß.

§ 133. Nach dem Kriterium «mutmaßlich absichtlich herbeigeführter und als Widerspruch nicht manifester Widerspruch zwischen der Haltung eines Beteiligten (angezeigt durch direkte Reden) und der Haltung eines nicht-beteiligten Autors (angezeigt durch Titel)» werden als Literatur identifiziert sämtliche Dramen in Prosa.

Und zwar ohne Unterschied, seien sie nun alt oder neu, Lust- oder Trauerspiele, «aristotelisch» oder «nicht-aristotelisch», von «offener» oder «geschlossener» Form, und was der Unterscheidungen sonst noch mehr sein mag.

Eine Ausnahme will allerdings erwähnt sein: Dramen ohne direkte Reden, also nur aus Regieanweisungen bestehend, z. B. Peter Handkes *Das Mündel will Vormund sein.* Solche Dramen werden mit dem angegebenen Kriterium begreiflicherweise noch nicht erfaßt. Das wird im nächsten Kapitel nachgeholt.

Peter Handke, Stücke 2. (suhrkamp taschenbuch. 101) Frankfurt 1973, S. 7–38.

§ 134. Dramen ohne direkte Reden sind damit noch nicht erfaßt.

Um es abschließend noch einmal zu sagen: ein Minimum an Titeln ist vonnöten, um die Sicherheit der Identifikation zu gewährleisten. Es müssen allerdings nicht unbedingt diese traditionellen dramentheoretischen Titel sein (Lustspiel usw.). Wie man z. B. an Botho Strauß' *Groß und klein* sehen kann, tun es auch andere Titel (Untertitel *Szenen,* Zwischentitel *Marokko, Nachtwache, Zehn Zimmer* usw.).

Aber wenn ein Dialogbruchstück zufällig ohne alle Titel überliefert ist, dann kann man nicht mehr sicher sein, ob man einen Abschnitt aus einem Drama oder eine Gesprächsmitschrift vor sich hat (vgl. § 122). Es steht und fällt dann alles damit, ob sich irgendwelche Anhaltspunkt finden (z. B. gedrechselte Reden), die einen guten Gewissens das Risiko eingehen lassen, in ihnen ein Durchschlagen der Haltung eines nicht-beteiligten Autors auch in *den* Partien zu sehen, die auf jeden Fall in der Haltung eines Beteiligten geschrieben sind: in den direkten Reden. Mehr kann man in solchen Fällen nicht machen, und das ist schon vage genug.

Botho Strauß, Groß und klein. Szenen. München 1978.

§ 135. Die Kennzeichenkombination des Dramas in Prosa (§ 133) gilt unverändert auch für die poetischen Dramen (§ 114).

Es dürfte ohne weitere Beispiele einsichtig sein, daß die poetischen Dramen alle Elemente der Kennzeichenkombination prosaischer Dramen (Widerspruch zwischen Titel und direkten Reden, Haltung des nicht-beteiligten Autors als Neutralisierung des Widerspruchs) aufweisen müssen und aufweisen.

Dies nur als Bestätigung der Ankündigung im § 116 und als erneuter Hinweis drauf, daß die Kennzeichen der Poesie nicht nur in Gedichten, sondern in allen literarischen Texten auftauchen können: zusätzlich zu den Kennzeichen des betreffenden Textes, aber für die Identifikation als Erleichterung und Abkürzung.

Kennzeichen der Erzählung

§ 136. Zu dem Bestand an Texten, die jedermann als Literatur identifiziert, gehört neben Poesie und Drama noch die Erzählung.

Ich fasse unter dem Titel *Erzählung* alle, ja, wie soll ich sagen, alle erzählende Prosa zusammen. Die gängigen Bezeichnungen wie Roman, Novelle, Kurzgeschichte und auch die weniger gängigen wie Skizze, Fantasie, Militärhumoreske haben natürlich ihre Vorteile und Verdienste. Aber es sind Bezeichnungen, die nicht sehr tief in der Sache gegründet sind und die vor allem jeder Schriftsteller gebraucht oder nicht gebraucht in der Weise, wie es ihm gerade richtig vorkommt, genau so wie die entsprechenden Bezeichnungen Lustspiel, Komödie, Schauspiel, Trauerspiel, Volksstück usw.

In gleicher Weise wie «Drama» soll «Erzählung» ein Oberbegriff sein, über dessen Unterteilung hier nicht zu befinden ist. Statt mich noch länger mit solchen Fragen aufzuhalten, beginne ich dieses Kapitel mit einem Überraschungscoup.

§ 137. Einige Erzählungen weisen dieselbe Kennzeichenkombination auf wie das Drama (§ 132).

Ich biete Ihnen in diesem und im nächsten Paragraphen zwei Überlegungen an, welche diese Behauptung plausibel machen sollten. Die erste Überlegung geht so: beim Drama hatte von einem Widerspruch die Rede zu sein, der an den Merkmalen «direkte Rede» und «Titel» festzumachen war. Direkte Rede und Titel (*Roman, Erstes Kapitel* allerdings statt *Lustspiel, Erster Aufzug*) kommen bekanntlich auch in sehr, sehr vielen Erzählungen vor. Und wo die Elemente prinzipiell die gleichen sind, da muß auch das Verhältnis zwischen ihnen dasselbe sein: ein Widerspruch. Dies alles unter der Voraussetzung, daß Titel und direkte Reden vorhanden sind.

§ 138. Erzählungen weisen dieselbe Kennzeichenkombination auf wie das Drama, sofern sie Titel und direkte Reden enthalten.

Dasselbe Ergebnis läßt sich auch auf etwas anschaulichere Weise erzielen, aufgrund einer zweiten Überlegung:

§ 139. Wie jedes Gedicht unverändert in ein Drama eingehen kann (§ 116), so kann auch jedes Drama in eine Erzählung umgewandelt werden, und zwar ohne Veränderung der Kennzeichen.

Die ganze Operation besteht nur darin, den Nebentext umzuformulieren und den Haupttext unverändert zu übernehmen. Das ist leicht zu demonstrieren. Der Anfang von Lessings *Minna von Barnhelm*, zitiert im § 118, diene uns einmal noch als Exempel.

Minna von Barnhelm oder das Soldatenglück.
Eine komische Erzählung.
Erstes Kapitel.
Ich komme in den Saal des Wirtshauses und sehe Justen in der Ecke sitzen. Er schlummert und redet im Traume:
«Schurke von einem Wirte! Du, uns? – Frisch, Bruder . . .»
Und so weiter. Titel der gewünschten Art sind da, direkte Reden sind da – Herz, was willst du mehr. Um für den Fall vorzusorgen, daß jemand diese Umwandlung nicht für repräsentativ hält, weil sie in Ich-Form und im Präsens erzählt ist, lasse ich unter denselben Titeln noch eine zweite Variante folgen.

Es war im Saal eines Wirtshauses. Just saß in einem Winkel, schlummerte und redete im Traume. «Schurke von einem Wirte! Du, uns? – Frisch, Bruder . . .»
Ergebnis also dasselbe wie eben schon (§ 138).

§ 140. Erzählungen weisen dieselbe Kennzeichenkombination auf wie das Drama, sofern sie Titel und direkte Reden enthalten.

Mit dieser eleganten Abkürzung haben wir uns die ganze mühsame Kennzeichensucherei aus dem letzten Kapitel erspart. Ich weiß natürlich auch, daß eine Erzählung und ein Drama verschiedene Dinge sind. Aber hier geht es nicht darum, was ein Drama und eine Erzählung *ist*, sondern woran man die eine wie das andere als Literatur *erkennt*, und das sind dieselben Kennzeichen.

So wird auch ein weiterer Schritt nicht überraschend kommen: wie nämlich poetisches und prosaisches Drama dieselben Kennzeichen aufweisen (§ 135), so auch poetische und prosaische Erzählungen.

§ 141. Prosaische *und* poetische Erzählungen weisen dieselbe Kennzeichenkombination auf wie das Drama, sofern sie Titel und direkte Reden enthalten.

Mit poetischen Erzählungen meine ich Balladen, Vers-Epen wie die *Odyssee* und Vossens bereits zitierte *Luise* (§ 101) und natürlich auch gereimte Geschichten wie Wilhelm Buschs *Max und Moritz*.

Über all dem soll aber die Einschränkung nicht in Vergessenheit geraten, daß Titel und direkte Reden da sein müssen. Und diese Bedingung erfüllen sicher die meisten, aber ebenso sicher nicht alle Erzählungen.

§ 142. Die Kennzeichenkombination des Dramas bietet in der jetzigen Formulierung (§ 132) noch keine sichere Handhabe, alle Erzählungen als Literatur zu identifizieren.

Es wäre zweifellos unsinnig, eine Erzählung erst dann und genau in dem Moment für Literatur zu halten, wenn – vielleicht nach vielen, vielen Seiten – endlich die erste direkte Rede auftaucht, die vielleicht sogar auch die letzte ist.

Von der Wichtigkeit der Titel war zwar beim Drama schon ein Eindruck zu gewinnen (§ 133), aber daß die Identifikation eines Textes als Literatur mit dem Vorhandensein direkter Reden stehen oder fallen soll, ist doch eher unwahrscheinlich.

Es müßten sich also andere Textelemente finden lassen, die denselben Dienst leisten können wie die direkten Reden, und möglicherweise dann auch noch andere, welche die Titel ersetzen können.

§ 143. Gesucht werden Textelemente, welche die direkten Reden und allenfalls auch die Titel ersetzen oder ergänzen können.

Besagte Titel und direkte Reden verweisen ja, wenn sie wie im Drama kombiniert auftreten, auf den eigenartigen Widerspruch, daß ein und derselbe Schreiber einmal in der Haltung eines nicht-beteiligten Autors und ein anderes Mal in der Haltung eines Beteiligten schreibt.

Es liegt also die Vermutung nahe, daß es Textelemente geben wird, die

– genau so wie direkte Reden – darauf schließen lassen, daß sie in der Haltung eines Beteiligten geschrieben sind. Und bei den Titeln Entsprechendes.

§ 144. Gesucht werden Textelemente, die mutmaßlich absichtlich in der Haltung eines Beteiligten geschrieben sind.

Jetzt sind wir doch wieder bei einer ähnlichen Versuchsanordnung gelandet wie beim Drama. Aber diesmal wird es einfacher und schneller gehen. Ich nehme also wieder einen Text, auf den ich ohne Bedenken mit dem Urteil «Literatur» reagiere, und versuche mir einsichtig zu machen, wie ich zu dieser Reaktion komme. Hier ist ein solcher Text:

> Eduard, dem es bisher gelungen war, unbemerkt so weit vorzudringen, der seinen Park leer, die Gegend einsam fand, wagte sich immer weiter. Endlich bricht er durch das Gebüsch, er sieht Ottilien, sie ihn; er fliegt auf sie zu und liegt zu ihren Füßen. Nach einer langen stummen Pause, in der sich beide zu fassen suchen, erklärt er ihr mit wenig Worten, warum und wie er hieher gekommen. Er habe den Major an Charlotten abgesendet, ihr gemeinsames Schicksal werde vielleicht in diesem Augenblick entschieden. Nie habe er an ihrer Liebe gezweifelt, sie gewiß auch nie an der seinigen. Er bitte sie um ihre Einwilligung. Sie zauderte, er beschwur sie; er wollte seine alten Rechte geltend machen und sie in seine Arme schließen; sie deutete auf das Kind hin. Eduard erblickt es und staunt.

Das ist ein Abschnitt aus Goethes Roman *Die Wahlverwandtschaften.* Durch Titel, Unter- und Zwischentitel ist die Seite des nicht-beteiligten Autors bereits ausreichend vertreten, allerdings außerhalb dieses Abschnittes.

Es geht also nur noch um die Feststellung, hinter welchen Formulierungen man die Haltung eines Beteiligten vermutet. Lesen Sie diesen Text doch, bitte, noch einmal, und zwar, wenn es irgend geht, laut und schön, und achten Sie darauf, wo genau Sie aus der Haltung eines eher Unbeteiligten in die eines eher Beteiligten überwechseln.

Gehe ich recht in der Annahme, daß Sie zwischen dem ersten und zweiten Satz und zwischen dem letzten und vorletzten umgeschaltet haben? An diesen Stellen wechselt der Erzähler vom Präteritum (*wagte sich*) plötzlich ins Präsens (*bricht*).

Goethes Werke. Band 6. 4. Aufl. Hamburg 1960, S.454f.

§ 145. Präsensformen in einem Text sind aus der Haltung eines Beteiligten geschrieben und leisten daher im Verhältnis zu den Titeln dasselbe wie direkte Reden.

Falls aber Titel der oft genannten Art fehlen, genügt das Präsens allein noch nicht. Der Text könnte mit eindeutig nicht-literarischen verwechselt werden. Um das zu zeigen, schreibe ich den Anfang des Zitats aus den *Wahlverwandtschaften* ganz ins Präsens um.

Eduard, dem es bisher gelungen ist, unbemerkt so weit vorzudringen, der seinen Park leer, die Gegend einsam findet, wagt sich immer weiter. Endlich bricht er durch das Gebüsch, er sieht Ottilien, sie ihn; er fliegt auf sie zu und liegt ihr zu Füßen.

Dieser Text könnte genau so gut wie aus einem Roman auch aus einer Reportage stammen, die ein Reporter, im Gebüsch versteckt, hastig ins Mikrophon gesprochen und später aufgeschrieben hat. Unwahrscheinlich, daß ein Reporter bei so etwas dabei ist? Ebenso unwahrscheinlich, daß der Erzähler eines Romans dabei gewesen ist!

§ 146. Ein vollständig im Präsens geschriebener Text ohne kontrastierende «literarische» Titel kann nicht eindeutig als literarischer Text identifiziert werden.

Das ist derselbe Sachverhalt wie bei einem nebentextlos überlieferten Dialogbruchstück (§ 134). Nun findet aber im Originalzitat aus Goethes Roman ein ziemlich reger Wechsel zwischen Präteritum und Präsens statt, und das könnte einem Reporter in dieser Weise nicht passieren.

§ 147. Der Wechsel zwischen Präteritum und Präsens könnte ein Kennzeichen der Erzählung sein.

Wie das Präsens in der Haltung eines am Ereignis Beteiligten geschrieben ist (§ 145), so das Präteritum in der Haltung eines am Ereignis nicht mehr Beteiligten; nicht mehr beteiligt deshalb, weil man das Präteritum erst dann benutzt, wenn das zu beschreibende Ereignis vorbei ist, ganz gleich, ob man dabei gewesen ist oder nicht.

Der Wechsel zwischen Präsens und Präteritum ist also ein Wechsel zwischen zwei verschiedenen Haltungen dem Ereignis gegenüber: zwischen der Haltung eines aktuell Beteiligten und der eines nicht mehr Beteiligten. Und beide Haltungen nebeneinander in einem Text bilden einen ähnlichen Widerspruch zueinander, wie das beim Nebeneinander der Haltung eines Beteiligten und der Haltung eines nicht-beteiligten Autors der Fall ist.

An sich also gute Voraussetzungen, den Wechsel zwischen Präsens und Präteritum zum Kennzeichen der Erzählung zu ernennen und neben das Kennzeichen des Drams zu stellen.

Aber so einfach geht das leider nicht. Denn es ist prinzipiell damit zu rechnen, daß ein solcher Wechsel auch in anderen Texten vorkommt: in Erlebnisberichten, wenn der Erzähler eigener Erlebnisse so ins Feuer gerät, daß er sich plötzlich wieder mit ihnen gleichzeitig fühlt und ins Präsens verfällt, und auch in Büchern von Historikern wird man solche Fälle finden können.

§ 148. Das Wahrnehmen eines Wechsels zwischen Präsens und Präteritum in einem Text ist noch kein zwingender Anlaß, diesen Text als Literatur zu identifizieren.

Historiker sind ja in aller Regel an dem Ereignis, das sie beschreiben, nie beteiligt gewesen. Insofern ist schon das Hineinschlüpfen in die Haltung eines nicht mehr beteiligten Erzählers eine unziemliche Grenzüberschreitung, und die Haltung eines Beteiligten (also das Präsens in Erzählungen) sollten sie sich schon gar nicht leisten.

Aber was hilft's? Sie tun es trotzdem. Immerhin dürfte sich im Laufe des letzten Jahrhunderts die Bewußtheit der Historiker doch so weit gesteigert haben, daß wenigstens im Grundsätzlichen darüber Einigkeit besteht: die Haltung eines direkt Beteiligten und also das erzählende Präsens steht einem professionellen Historiker nicht an. Allenfalls ein Amateurhistoriker darf sich so etwas leisten, etwa in seiner Autobiographie.

Natürlich ist das eine Konvention, die nicht seit Anfang der Welt besteht. Antike Historiker wie Thukydides oder Livius haben ja ihren Ehrgeiz darein gesetzt, in der Haltung eines Beteiligten sogar die Ereignisse in langen und kunstvollen direkten Reden gipfeln zu lassen, von denen an sich immer klar gewesen ist, daß sie zwar vielleicht dem Sinne und der Wirkung nach so gehalten worden sind, aber im schriftlichen Wortlaut auf jeden Fall vom Historiker stammen.

Wenn aber heutzutage ein Historiker einen solchen Haltungswechsel häufiger vornimmt, dann setzt er sich ganz von selbst dem «Verdacht» auf Literatur aus und riskiert es, daß sein Buch von jedem bewußten Historiker als autobiographischer oder historischer Roman angesehen wird.

Sofern man also einen Wechsel zwischen Präsens und Präteritum und damit zwischen den korrespondierenden, einander ausschließenden Haltungen feststellt, muß man außerdem z. B. durch einen eindeutigen Kontext noch subjektiv sicher sein, daß es sich nicht um einen versehentlichen Lapsus eines Historikers handelt. Erst dann, aber dann auch mit Gewißheit und Zuverlässigkeit, wird man den Text als Literatur identifizieren.

§ 149. Wo anzunehmen man sich für berechtigt hält, ein Wechsel innerhalb desselben Textes zwischen der Haltung eines Beteiligten (angezeigt durch Präsensform) und der damit nicht zu vereinbarenden Haltung eines nicht mehr beteiligten Erzählers (angezeigt durch Präteritumformen) sei kein unwissentlicher Verstoß gegen die Konvention der Historie, da wird man diesen Text als Literatur identifizieren.

Und zwar ohne noch auf «literarische» Titel angewiesen zu sein. Dieses erste Kennzeichen der Erzählung steht also gleichberechtigt neben dem Kennzeichen des Dramas (§ 132).

§ 150. Nach dem Kriterium «mutmaßlich wissentliche Kombination der miteinander unvereinbaren Haltungen eines Beteiligten (angezeigt durch Präsensformen) und eines nicht mehr beteiligten Erzählers (angezeigt durch Präteritumformen)» werden als Literatur identifiziert: prosaische und poetische Erzählungen.

Nicht wenige, aber auch nicht alle. Dazu gibt es Überschneidungen: die *Wahlverwandtschaften* z. B. fallen zwar unter dieses Kriterium, aber auch unter das frühere, vom Drama übernommene (§ 137). Denn direkt nach dem Zitat, das ich gebracht habe, beginnt eine Dialogpartie in direkter Rede, und der Untertitel «Roman» ist auch vorhanden.

Diese Beobachtung verleitet zu Kombinationen und Querverbindungen. Wenn auf der einen Seite das Kennzeichen des Dramas mit den Bestandteilen «direkte Rede + Titel» steht (um abgekürzt zu sprechen) und auf der anderen Seite das erste Kennzeichen der Erzählung mit den Bestandteilen «Präsens + Präteritum», und wenn mit beiden Kriterien ein und derselbe Text erfaßt werden kann, dann müßte es doch möglich sein, die Bestandteile auch anders zu kombinieren, nach diesem Schema:

Haltung eines nicht-beteiligten Autors	Haltung eines nicht mehr beteiligten Erzählers	Haltung eines Beteiligten
Titel		direkte Rede
	Präteritum	Präsens

Eindeutig literarische Erzählungen mit der Kombination «Titel + Präsens» gibt es in der Tat; dazu gehört auch Peter Handkes bereits erwähntes Drama *Das Mündel will Vormund sein* (§ 133). Für Erzählungen mit der Kombination «Präteritum + direkte Rede» kann ich als Beispiel Fontanes Roman *Grete Minde* anführen, der nach dem nicht-literarischen Untertitel *Nach einer altmärkischen Chronik* auch eine biographische Arbeit eines professionellen Historikers sein könnte. (Ein Historiker könnte aber die langen direkten Reden nur geben, wenn er die Verantwortung für die Richtigkeit der Wiedergabe immer wieder ausdrücklich auf einen Beteiligten, auf eine Quelle abschiebt, um nicht selbst in die Haltung des Beteiligten zu geraten).

Der so gewonnene Zuwachs ist zwar insgesamt sicher nicht sehr groß, aber doch beachtlich. Beachtlicher ist aber, daß die Kennzeichen des Dramas und der Erzählung nunmehr integriert werden können.

§ 151. Wo immer anzunehmen man sich für berechtigt hält, die Textelemente literarische Titel und Präteritum einerseits sowie direkte Rede und Präsens andererseits seien nicht gegen das Wissen in einem Text kombiniert worden, daß sie zu zwei einander ausschließenden Haltungen gehören (Autor/Beteiligter, Erzähler/ Beteiligter), da wird man diesen Text als Literatur identifizieren.

Sie bemerken sicher auch, daß die Sache sich beträchtlich zu vereinfachen beginnt und daß damit die ganze Übung sich entschieden ihrem Ziel nähert: den *einen* Anlaß zu bestimmen, bei dessen Wahrnehmung sehr unterschiedliche Texte doch einheitlich als Literatur identifiziert werden.

Bis dahin ist nur noch zweierlei zu erledigen: die Besprechung eines interessanten und viel beredeten Phänomens als Nachtrag zum Bisherigen und ein letzter Zusatz, der uns ein ordentliches Stück weiterbringen wird in Richtung auf das Ziel.

Der Nachtrag betrifft das sogenannte epische Präteritum, ein merkwürdiges Phänomen, das vor allem durch Käte Hamburger ins Gespräch gekommen ist. Die Merkwürdigkeit des Phänomens hervorgehoben zu haben, ist ein unbestreitbares Verdienst. Bei der Interpretation hat sich indessen, wie ich meine, Käte Hamburger gründlich vertan. Statt einer langen Widerlegung der falschen Interpretation bringe ich gleich die richtige.

Käte Hamburger. Die Logik der Dichtung. 2. Aufl. Stuttgart 1968, S. 65 ff.

§ 152. Das «epische Präteritum» ist ein Sonderfall des Wechsels zwischen Präsens und Präteritum (§ 147).

Zur Veranschaulichung sei dieser Satz noch einmal aus einem Beispiel entwickelt.

Auch heute hatte Heidi, nachdem der Peter fortgetrabt war und es mit dem Großvater gefrühstückt hatte, sich gleich an seine Geschäfte gemacht; aber es wurde fast nicht fertig damit. Draußen war es heut' morgen gar so schön, und alle Augenblicke geschah wieder etwas, was das Kind in seiner Tätigkeit unterbrach. Jetzt kam durch das offene Fenster ein Sonnenstrahl so lustig hereingeschossen, und es war geradezu, als riefe er: «Komm heraus, Heidi, komm heraus!» Da konnte es nicht mehr drinnen bleiben, es rannte hinaus.

Das epische Präteritum, – das sind die Verbindungen «Draußen *war* es *heut'* morgen» und «*jetzt kam*», Verbindungen also zwischen einem Präteritum (war, kam) und einem temporalen Adverb (heut', jetzt), das man normalerweise nicht mit einem Verb im Präteritum verbindet, sondern mit einer Präsensform (heut' ist, jetzt kommt).

In Verbindungen vom Typ «jetzt kam», eben: beim «epischen Präteritum», ist das Adverb «jetzt» sichtbarlich in der Haltung eines aktuell Beteiligten geschrieben, genau wie das Präsens in den *Wahlverwandtschaften*.

Und ebenso wie dort ist natürlich auch hier das Präteritum «kam» eindeutig in der Haltung eines nicht mehr beteiligten Erzählers geschrieben.

Das ist das ganze Geheimnis des «epischen Präteritums»: zwei miteinander eigentlich nicht zu vereinende Perspektiven (Beteiligter/nicht mehr beteiligter Erzähler) sind auf engstem Raum ineinander geschoben.

Johanna Spyri, Heidi kann brauchen, was es gelernt hat. Eine Geschichte für Kinder und auch für solche, welche Kinder lieb haben. 13. Aufl. Gotha o. J., S. 21.

§ 153. Das «epische Präteritum» weist denselben Widerspruch zwischen zwei einander ausschließenden Haltungen auf wie die bisherigen Kennzeichen des Dramas und der Erzählung.

Natürlich ist auch hier damit zu rechnen, daß sich gelegentlich ein Historiker sogar in diese Gefilde verirrt. Es gibt auch in lebhaften Alltagsgesprächen (die ich mir für einen Moment als aufgezeichnete Texte vorstelle) strukturell gleich scheinende Verbindungen, allesamt nach dem Typ «das *war* doch *jetzt* nicht nötig» gebaut; und da hat «jetzt» eine etwas andere Bedeutung, etwa dieselbe wie «wirklich», also eine Art nachdrückliche Betonung.

Man wird also unter denselben Vorbehalten wie bei der Kombination Präsens/Präteritum (§ 148) sagen können, daß das «epische Präteritum» ein sicheres Kennzeichen der literarischen Erzählung ist.

Es gibt das Ganze übrigens auch noch in umgekehrter Form, also ein entsprechendes Zeitadverb verbunden mit dem Präsens.

Ich *sitze* also *neulich* Nachmittags und stricke, als ganz unerwartet Herr Weigelt auf der Bildfläche erscheint. Meine Emmi brachte mir die Lampe, meine Betti fragte, wie es Augusten ginge und warum sie nicht mitgekommen sei, und ich bat ihn Platz zu nehmen.

In der Verbindung Präteritum/Präsens, von der ich ausgegangen bin (§ 147), kann also jede der beiden Seiten gegen ein entsprechendes Adverb ausgetauscht werden. Diese Einsicht verhilft uns zu einer weiteren Bereicherung der Formel aus dem § 151.

Julius Stinde, Die Familie Buchholz. Aus dem Leben der Hauptstadt. 37. Aufl. Berlin 1885, S. 101.

§ 154. Wo immer anzunehmen man sich für berechtigt hält, die Textelemente literarische Titel und Präteritum oder ersatzweise präteritale Zeitadverbien einerseits sowie direkte Rede und Präsens oder ersatzweise präsentische Zeitadverbien andererseits seien nicht gegen das Wissen in einem Text kombiniert worden, daß sie zu zwei einander ausschließenden Haltungen gehören (Autor/Beteiligter, Erzähler/Beteiligter), da wird man diesen Text als Literatur identifizieren.

Soweit der Nachtrag, der vielleicht wieder den einen oder anderen Text zur Literatur bringt. Viele werden es nicht sein, aber immerhin.

Erheblich mehr werden erfaßt mit dem nächsten Kennzeichen, das zugleich auch das letzte ist und übrigens auch der in § 151 angekündigte Zusatz. Ein Beispiel wird schnell die nötige Klarheit schaffen.

> Ich heiße Josef Georg Gallistl. Meine Vornamen allerdings sind noch völlig ungebraucht. Selbst Mimi sagt an der Tür oder am Telephon: Gallistl ist da, oder: Gallistl ist nicht da.
>
> Ich stopfe mir eine Pfeife, mein Hund schaut mir zu, er hält mich jetzt für einen Surrealisten. Manchmal weiß ich etwas ganz sicher. Ich darf mich nur nicht bewegen. Zum Glück fehlt mir dazu die Lust.

So beginnt ein Buch, auf dessen Titelblatt steht: Martin Walser, *Die gallistlsche Krankheit.* Auf dem Titelblatt also behauptet ein Herr Walser, das Buch geschrieben zu haben, im Buch selbst behauptet ein Herr Gallistl, es zu schreiben oder geschrieben zu haben. Normalerweise kann nur eins von beiden stimmen. In der Literatur stimmt beides.

§ 155. Zwei verschiedene Namen für Autor und Erzähler könnten ein Kennzeichen literarischer Erzählungen sein.

Die Einschränkung nur, um gleich noch zwei ziemlich unsinnige Fälle auszuschließen, auf die man erst nach einigem Nachdenken kommt.

Es könnte nämlich erstens sein, daß sich auf dem Titelblatt ein Druckfehler eingeschlichen hat und nicht bemerkt worden ist. Und es könnte zweitens sein, daß der Verfasser das Buch in einem Schub von Schizophrenie geschrieben hat, also z. B. Martin Walser heißt und nur beim Schreiben gemeint hat, er heiße Josef Georg Gallistl.

Wenn man dies beides wohl doch mit einiger Sicherheit ausschließen kann, dann haben wir hier in der Tat ein Kennzeichen, das so sicher und so exklusiv literarisch ist wie kein anders.

§ 156. Wo anzunehmen man sich für berechtigt hält, zwei verschiedene Namen für Autor und Erzähler seien nicht versehentlich und nicht aus Schizophrenie in den Text hineingebracht worden, da wird man einen solchen Text als Literatur identifizieren.

Wie eine Person normalerweise nicht zwei Namen führen kann, so gibt es natürlich noch andere Unterschiede (etwa den bewußten kleinen), die sofort erkennen lassen: halt, das paßt nicht auf die Person des Autors. Zum Beispiel, wenn ein Gedicht der Annette von Droste-Hülshoff so anfängt:

> Als ich ein Knabe sorglos unbewußt
> Nur kannte meiner Jugend reine Freuden,
> Da legte still in meine zarte Brust

Mein Vater früh die Stütze künft'ger Leiden.
Noch weniger, als daß jemand einmal so, einmal anders heißt, kann normalerweise eine Frau in ihrer Jugend ein Knabe gewesen sein, klar.

Annette von Droste-Hülshoff, Sämtliche Werke. München 1966. S. 17.

§ 157. Wo anzunehmen man sich für berechtigt hält, Autor und
Erzähler beanspruchten absichtlich in einem Text Merkmale, die
sich nicht in einer Person miteinander vereinbaren lassen (verschiedene Namen, unterschiedliches Geschlecht usw.), da wird
man einen solchen Text als Literatur identifizieren.

Es spielt dabei, wie man sieht, wieder überhaupt keine Rolle, ob der Text
Poesie oder Prosa ist. Im Hinblick auf die Kennzeichen der Erzählung ist
ein Rollengedicht wie das der Droste gleich einzustufen wie Martin Walsers
Rollenprosa (geschrieben in der Rolle des Josef Georg Gallistl).
Das «usw.» hinter «verschiedene Namen, unterschiedliches Geschlecht»
soll übrigens behelfsmäßig andeuten, daß es noch eine unbestimmt lange
Reihe solcher Merkmale geben mag. Etwa das Alter: ein an sich möglicherweise originales Tagebuch eines Soldaten im zweiten Weltkrieg wird sofort
als Literatur erkenntlich, wenn man weiß, daß der Autor damals fünf Jahre
alt gewesen ist. – Oder eine andere Unmöglichkeit, direkt ablesbar an einem solchen Titel: «Rabe». Die Lebensgeschichte eines Pferdes, von ihm
selbst erzählt.

«Rabe». Die Lebensgeschichte eines Pferdes, von ihm selbst erzählt. Übersetzung
von A. Sewell's «Black Beauty», für deutsche Leser frei bearbeitet. Fünfter Ab-
druck. Stuttgart 1902.

§ 158. Nach dem Kriterium «mutmaßlich absichtliche Kombination von miteinander unvereinbaren Merkmalen des Autors und
des Erzählers» werden als Literatur identifiziert: Rollenprosa und
Rollengedichte.

Zumindest die Passagen, in denen der Erzähler eine unmögliche Kenntnis
von Gedanken anderer Leute an den Tag legt, sollen hier unter dem Begriff
«Rollenprosa» mitgemeint sein.
Und jetzt fehlt nur noch ein kleiner, gleichwohl anstößiger Schritt, um
auch die noch verbliebenen Gedichte unter diesem Kennzeichen zusammenzufassen: die Behauptung, daß alle Gedichte Rollengedichte sind.
Ich weiß, das Akzeptieren dieser Behauptung macht Mühe. Denn der
Wunderglaube, es könne jemand einfach so und ohne in eine Rolle zu
schlüpfen, Poesie schreiben, – dieser Wunderglaube ist wohl nicht auszu-
rotten. Trotzdem behaupte ich:

§ 159. Nach dem zweiten Kennzeichen der Erzählung (§ 158)
werden alle Gedichte als Literatur identifiziert.

Fürs Erste biete ich Ihnen zwei Überlegungen an, die diesen Satz vielleicht etwas plausibler machen. Erstens: wir hatten gesehen, daß alle Gedichte auch als Monologe oder Dialogpartien in einem Drama aufgefaßt werden können (§ 116); und weiter, daß alle Dramen ohne Veränderung der Kennzeichen in Erzählungen umgewandelt werden können (§ 139). Für Rollenprosa und Rollengedichte scheint es mir unmittelbar evident zu sein, daß sie nämlich Monologe aus einem prosaischen oder poetischen Drama sein könnten, also von einer Dramenperson stammen könnten.

Zum Einbezug auch anderer Gedichte, denen man nicht sofort ansieht, daß sie Rollengedichte sind, diene die zweite Überlegung: wenn ein Gedicht z. B. die Gefühle eines Autors beschreibt, dann ist es durchaus vorstellbar, daß der Autor sich selbst als Rolle spielt. Eine ungewöhnliche Vorstellung, zugegeben. Aber zur sinnenfälligen Erläuterung möchte ich Ihnen folgendes Experiment empfehlen: Sie *gehen* nicht einfach, sondern Sie gehen absichtlich und bewußt so, wie *Sie* gehen. Wenn Sie das einmal riskieren, dann merken Sie, wie schwierig und verwirrlich das ist, und Sie bekommen einen unübertrefflich genauen Eindruck davon, was es heißt, Poesie zu schreiben.

Ich kann trotzdem nicht erwarten, daß mir jedermann den Satz abnimmt, Gedichte seien immer Rollengedichte. Wer sich immer noch im Stande der Ungläubigkeit befinden sollte, der sei auf die Poetik verwiesen. Für die anderen und für mich wiederhole ich mit entsprechender Änderung den § 158.

§ 160. Nach dem Kriterium «mutmaßlich absichtliche Kombination von miteinander unvereinbaren Merkmalen des Autors und des Erzählers» werden als Literatur identifiziert: Rollenprosa und Gedichte.

Damit wäre auch behauptet, daß die Kennzeichen der Poesie (§ 114) noch zusätzlich auf bestimmte Texte aufgestockt sind, die an sich schon nach dem eben genannten Kriterium allein als Literatur erkennbar wären.

Daran liegt es auch, daß die Kennzeichen der Poesie leichter zu finden waren und daß Texte mit diesen Kennzeichen viel sicherer als Literatur gelten als solche nur mit den Kennzeichen der Erzählung oder des Dramas. Denn naturgemäß ist eine doppelte Kennzeichnung auffälliger als eine einfache.

Weil sich aber unter uns noch die erwähnten Ungläubigen befinden werden, verzichte ich auf die Weiterführung dieses Gedankens und beschließe dieses Kapitel mit der Zusammenstellung der Kennzeichen der Erzählung, wobei nur *die* Gedichte mitgemeint sein sollen, die diese Kennzeichen (z. B. den Wechsel zwischen Präsens und Präteritum) deutlichst an sich tragen.

§ 161. Es gibt zwei Kennzeichen der Erzählung, anhand derer Texte als literarische Texte identifiziert werden:

a. mutmaßlich wissentliche Kombination der miteinander unvereinbaren Haltungen eines Beteiligten und eines nicht mehr beteiligten Erzählers (§§ 150, 154),

b. mutmaßlich absichtliche Kombination von miteinander nicht vereinbaren Merkmalen bei Autor und Erzähler (§ 160).

Zu erinnern ist noch daran, daß etliche Erzählungen auch schon mit dem Kennzeichen des Dramas erfaßt werden (§ 141).

Was ist Literatur?

§ 162. Wenn unterschiedliche Texte (Poesie, Dramen, Erzählungen) mit unterschiedlichen Kennzeichen (§§ 114, 133, 161) aller Unterschiede ungeachtet doch einheitlich als Literatur identifiziert werden, dann müssen dabei all die Kennzeichen als unterschiedliche Äußerungsformen eines und desselben Grundes aufgefaßt werden.

Ich mache mich also daran, nach dem Vorbild des früher erwähnten Arztes (§ 94) aus den unterschiedlichen sekundären Kennzeichen oder Symptomen zurückzuschließen auf die gemeinsame Ursache, auf die «Krankheit», die sich in ihnen äußert.

Ein Stück weit habe ich damit immer schon begonnen, indem ich nämlich bei jedem Kennzeichen die Ursachen, die *nicht* in Frage kommen, ausgeschlossen habe mit der stereotypen Formulierung «mutmaßlich absichtlich», die Ihnen vielleicht inzwischen schon auf die Nerven geht.

Ausgeschlossen sind damit: Versehen (wie z. B. bei den Reimen in der Schweizerischen Bundesverfassung), Unkenntnis der Regeln professioneller Historiker (§ 148), Schizophrenie (§ 155) und anderes.

Aber die Ursache, die für all die unterschiedlichen Kennzeichen direkt verantwortlich ist, ist noch nicht ermittelt. Die Ermittlung der eindeutigen Ursache aus den mehrdeutigen Symptomen nennt man unter Ärzten Differentialdiagnose, und als eine solche möchte ich dieses Kapitel verstanden wissen.

Ich eröffne die Übung mit dem Kennzeichen, das so sicher wie kein anderes funktioniert: mit der Verwendung zweier Namen für Autor und Erzähler (§ 154). Den Schizophrenieverdacht, den ich mühsam geweckt habe, um ihn gleich von mir zu weisen, nehme ich jetzt als Hinweis, daß das Verhalten beim Schreiben literarischer Texte anders sein muß als beim Schreiben nicht-literarischer Texte, weil es in einem Fall immerhin in den Verdacht kommen kann, Schizophrenie oder sogar Schwachsinn (§ 108) zu sein.

§ 163. Aufgrund gewisser Kennzeichen muß angenommen werden, daß das Verhalten beim Schreiben literarischer Texte anders ist als beim Schreiben nicht-literarischer Texte und daß sich daraus die Kennzeichen erklären lassen.

Daß beim Schreiben literarischer Texte nicht alles mit rechten oder wenigstens nicht mit gewöhnlichen Dingen zugehen kann, war bereits mehrmals zu beobachten. Beim Kennzeichen des Dramas (§ 133) und beim ersten Kennzeichen der Erzählung (§ 161a) war von einer in sich widersprüchlichen Haltung die Rede, beim zweiten Kennzeichen der Erzählung (§ 161b) von Merkmalen, die eigentlich nicht miteinander zu vereinbaren sind. Widersprüchliches und Unvereinbares also allenthalben.

§ 164 Als Ursache der Kennzeichen muß ein Widerspruch im Verhalten beim Schreiben vermutet werden.

Allerdings liegt der Widerspruch sozusagen nicht immer an derselben Stelle. Ich verdeutliche das mit einem Schema: waagerecht am oberen Rand sind die Personen aufgeführt, deren Haltungen oder Merkmale jeweils für die Kennzeichen von Wichtigkeit sind. In der Senkrechten stehen die Gruppen von Texten, an denen die Kennzeichen festzustellen waren. Angekreuzt ist jeweils, was sich miteinander nicht vertragen will, was also das Kennzeichen der jeweiligen Textgruppe ausmacht.

	nicht beteiligter Autor	nicht mehr beteiligter Erzähler	Beteiligter
Drama (§ 133) (+ Erzählungen; § 137)	X		X
Erzählung I (§ 150)		X	X
Erzählung II (§ 158) (+ Poesie: § 159)	X	X	

Sie merken: es kommt ein Zug von systematischer Vollständigkeit ins Ganze. Der fragliche Widerspruch entsteht dadurch, daß der Autor beim Schreiben jeweils zwischen zwei von drei möglichen Positionen innerhalb eines und desselben Textes wechselt oder sie zugleich besetzt, daß er also aus zwei miteinander unvereinbaren Perspektiven schreibt.

82

§ 165. Als Ursache der Kennzeichen muß vermutet werden, daß ein Autor literarischer Texte aus zwei Perspektiven schreibt, zwischen denen man «normalerweise» nicht wechselt oder die man nicht beide einnehmen kann.

Diese Perspektiven sind mittlerweile leicht zu benennen: der Autor schreibt als Autor, als Erzähler, als Beteiligter, oder nach den früheren Beispielen: er schreibt als Autor, als Historiker, als Protokollant/Reporter. Und das heißt: ein Autor literarischer Texte schreibt als er selbst und als ein anderer.

§ 166. Als Ursache der Kennzeichen muß vermutet werden, daß ein Autor literarischer Texte als er selbst und als ein anderer schreibt.

Dieser Andere ist entweder schlichtweg ein anderer (z. B. Josef Georg Gallistl) oder einer, der nicht zugleich der Autor sein kann (der am Geschehen der *Minna von Barnhelm* aktuell Beteiligte, mit dem Geschehen Gleichzeitige), oder einer, der wiederum selbst gespalten ist (der Erzähler und Beteiligte in den *Wahlverwandtschaften*).

Der Schizophrenieverdacht ist also insgesamt so abwegig nicht. Nur daß die Spaltung beim Schreiben literarischer Texte eine freiwillige, absichtliche, gewollte ist. Mythologisch denkende Zeiten haben vom furor poeticus gesprochen, von der Raserei des Poeten, die eben wegen des Wechsels der Person nahe an Wahnsinn grenzt. Vergleichbar ist auch die traditionelle Figur des Schauspielers, der aus seiner Rolle nicht wieder herausfindet.

Dies nur als Hinweis auf eine mögliche Gefahr des Schreibens als man selbst und als ein anderer. Und als Überleitung zur erneuten Bearbeitung derjenigen, die immer noch nicht glauben wollen, daß jedes Gedicht ein Rollengedicht ist (§ 159), das der Autor als er selbst und als ein anderer geschrieben hat. Stellen Sie sich vor, sie sprächen ruhig und ernsthaft mit einem guten Bekannten, und plötzlich rede der in Versen: hätten Sie nicht auch das Gefühl, plötzlich einen ganz anderen Menschen vor sich zu haben?

Noch ein Hinweis, daß mit dem Konstatieren der Spaltung die Würde der Literatur nicht nur nicht angetastet, sondern auf fast bedenkliche Weise hervorgehoben ist: ein Zentralproblem vor allem der protestantischen theologischen Dogmatik betraf genau diesen Punkt, die Frage, wie es denkbar ist, daß jemand zugleich er selbst und ein anderer sein könne.

§ 167. Wo immer man aufgrund der Wahrnehmung bestimmter Kennzeichen (§§ 114, 133, 161) anzunehmen sich für berechtigt hält, ein Text sei vom Autor als ihm selbst und als einem anderen geschrieben, da wird man diesen Text als Literatur identifizieren.

Und um gleich die Titelfrage dieses Kapitels noch zu beantworten:

§ 168. Literatur ist ein Prädikat, das man allen Texten zuspricht, von denen man aufgrund bestimmter Kennzeichen annimmt, der Autor habe sie als er selbst und als ein anderer geschrieben.

Das ist nun das Ergebnis des ganzen Bemühens seit bald hundert Paragraphen, zwar hoffentlich schlüssig hergeleitet, aber doch mit einem Nachteil behaftet: obwohl dieser Satz behauptet, etwas darüber zu sagen, wie *man* Texte als Literatur identifiziert, scheint er sich doch recht weit von der Erfahrung entfernt zu haben, auf die reflektiert werden sollte.

Diesen Nachteil gedenke ich umgehend zu beseitigen, zu welchem Zwecke ich Sie um Ihre geneigte Mitarbeit ersuche. Holen Sie sich doch, bitte, ein Schreibgerät, falls Sie nicht schon ein solches in Händen haben.

So. Damit es überzeugend wird, noch eine Bitte: nicht nach rechts hinübersehen! Und jetzt wollen Sie sich an den Roman oder das Drama erinnern, den oder das Sie zuletzt gelesen haben, und einen einzigen Satz über den Helden schreiben. Ich wiederhole: einen Satz über die Hauptperson des zuletzt gelesenen Romans oder Dramas.

Es müßte schon mit dem Teufel zugehen, wenn Sie in Ihrem Satz nicht ein Präsens (hat, ist, macht) verwendet haben. Stimmt's? Die wenigen, die ein Präteritum (war usw.) benutzt haben, mögen sich prüfen und feststellen, daß sie an diesen Helden unzulässigerweise gedacht haben wie an einen alten Bekannten.

§ 169. Wenn man einen Text als Literatur identifiziert hat, dann reagiert man so auf ihn, daß man eine Inhaltsangabe im Präsens gibt.

Das läßt sich übrigens durch einen Blick in einen beliebigen Schauspiel- oder Romanführer bestätigen.

Dieses Präsens aber ist der Beweis für die Richtigkeit meiner These aus § 168. Noch etliche Zeit nach der Lektüre haben Sie sich über den Inhalt eines literarischen Textes im Präsens geäußert, und das heißt: als ein Beteiligter (§ 145), *als ein anderer.*

Präziser gesagt: Sie haben eine Lese-Einstellung gewählt, die auf das Genaueste der mutmaßlichen Haltung des Autors beim Schreiben von Literatur entspricht, wie man denn jedem Text gegenüber diejenige Lese-Einstellung wählt, die mutmaßlich der Produktion entspricht (§ 64d). Das ist der Beweis dafür, daß meine Angabe, was Literatur sei (§ 168), effektiv auch für Sie zutrifft und Ihrem Verhalten zugrunde liegt; denn Ihre Lese-Einstellung (Lesen als ein anderer), wie sie im Präsens der Inhaltsangabe zum Vorschein kommt, wird nur dann als automatisierte Anpassungsreaktion erklärbar (§ 62), wenn auch für Sie Literatur aus dem Schreiben als ein anderer resultiert.

§ 170. Wenn man einen Text als Literatur identifiziert hat, dann liest man ihn automatisch (§ 63) in derselben Haltung, in der er mutmaßlich geschrieben worden ist (§ 168).

Zur Bestätigung möchte ich Sie an Ihre eigene Erfahrung und an Ihre schlechten Lesegewohnheiten verweisen. Sie kennen es sicher, daß es beim Lesen manchmal unmöglich ist, nicht gefesselt zu sein. Es kommt vor, daß man über dem Lesen die Welt um sich herum vergißt und in dem gelesenen Geschehen mitlebt wie ein Beteiligter.

Aber gerade wenn es übermäßig spannend wird, sieht man schnell hinten nach, wie es endet, ob sie sich kriegen oder wer es gewesen ist. Und genau das kann man als Beteiligter bekanntlich nicht.

Dieses jederzeit mögliche Umschalten belegt, daß im Lesen literarischer Texte immer beides ineinander liegt: ich kann mich beim Lesen eines Romans wie eine Romanfigur fühlen, aber ich kann dabei nie vergessen, daß ich es nicht bin. Auch wenn ich mir wie eine literarische Person vorkomme, bleibe ich doch eine biographische Person: ich kann aus der Rolle fallen, schnell am Ende nachsehen oder auch das Buch zuklappen, wenn ich Hunger habe oder daran denke, daß ich morgen wieder früh aufstehen muß.

§ 171. Literatur schreibt und liest man als man selbst und als ein anderer, als biographische Person und als literarische Person.

Die literarische Person ist also eine Rolle, welche Autor und Leser spielen, und zwar, wie es sich gehört, im Bewußtsein, *daß* sie eine Rolle spielen. Dieses Rollenspiel beim Lesen und Schreiben macht die Eigenart der Literatur aus.

Beim Stichwort «Eigenart der Literatur» pflegt ein anderes nicht weit zu sein: Fiktion. Gemeint ist damit in der Regel, daß die Welt, wenn sie in die Literatur eingeht, eine andere Art von Gegenständlichkeit hat als in anderen Texten, sozusagen einen anderen Aggregatzustand, oder daß die Sprache literarischer Texte eine andere Art von Gegenstandsbezug hat als die Sprache anderer Texte.

Ich habe das nie so recht glauben können. Wohl wissend, daß ich entsprechende Argumentationen sorgfältigst referieren und auseinander nehmen und widerlegen müßte, verzichte ich doch darauf, obwohl ich es für durchaus möglich halte, aber es würde umständlich und mehr oder weniger langweilig werden. Statt dessen setze ich, wie schon einmal (§ 152), den Satz dagegen, den ich für richtig halte.

§ 172. Nicht durch besondere Gegenständlichkeit oder besonderen Gegenstandsbezug unterscheidet sich Literatur von Nicht-Literatur, sondern dadurch, daß die literarische Person (§ 171) eine fiktive Person ist.

Wenn in Conrad Ferdinand Meyers Novelle *Der Heilige* ganz am Anfang der Armbruster (die literarische Person Erzähler) die Kirchgasse in Zürich hinuntergeht, dann habe ich, weil ich sie kenne, diese Kirchgasse vor Augen und bin überdies völlig sicher, daß Meyer damit einverstanden gewesen wäre.

Der Unterschied etwa zu einem Reiseführer ist nicht der, daß es eine *andere* Kirchgasse wäre, auch nicht der, daß ich sie *anders* vor mir sehe, sondern der, daß ich sie *als ein anderer*, als literarische Person sehe.

Deshalb ist es auch von prinzipieller Gleichgültigkeit, ob Gegenstände, Personen, Ereignisse in einem literarischen Text erfunden sind oder nicht. Es kann sein, es muß aber nicht. Denn nicht sie sind notwendig fiktiv (und das heißt ja nur: erfunden), sondern fiktiv ist notwendigerweise die literarische Person, die sie schreibend und lesend sieht.

Und da kann es eben geschehen, daß Ereignisse, die so sicher verbürgt sind wie nur irgendetwas, in literarischen Texten nicht fiktiv, aber doch zu

Erlebnissen einer fiktiven Person werden, übertrieben deutlich: zu realen Erlebnissen einer fiktiven Person.

Es ist, um es literarisch zu sagen, wie wenn ein Engel nach Babylon kommt. Da ist es völlig gleichgültig, ob es dieses Babylon auch gibt oder nicht. Wenn man schon Engel kommen läßt, dann wird man ihnen auch die Fähigkeit zubilligen müssen, in ein nicht-fiktives Babylon zu kommen, sonst wäre ja die ganze Sache ohne Witz. Denn was hat so ein fiktiver Engel schon davon, wenn alle Städte, in die er kommt, schon dadurch auch gleich fiktiv würden.

Genau so verhält es sich mit der literarischen Person: sie selbst ist fiktiv, eine Rolle beim Schreiben und Lesen, aber dadurch wird die Welt, in der sie sich bewegt, noch nicht notwendig fiktiv, ganz unabhängig davon, ob diese Welt in literarischen Texten der mir bekannten gleicht oder nicht, ob sie erfunden ist oder nicht.

§ 173. Fiktiv (erfunden) an der Literatur muß nur eines sein, und dieses eine muß immer fiktiv sein: die literarische Person. Gegenstände und Ereignisse können, aber müssen nicht fiktiv sein.

Damit ist dieser Punkt auch erledigt, und ich kann zu einer Zusammenfassung schreiten.

Ich habe die Kennzeichensuche begonnen mit der Feststellung, daß ich etliche Texte mit vollständiger Sicherheit als Literatur identifiziere (§ 117), und habe dann nach dem Grund dafür gesucht. Der Grund war schließlich durch eine Differentialdiagnose der Kennzeichen zu finden in einer Annahme über das Verhalten des Autors beim Schreiben (§§ 162 ff.). Und wenn nun die bisher völlig unreflektierte automatisierte Lese-Einstellung genau diesem vermuteten Verhalten des Autors entspricht, dann wird man behaupten dürfen, daß sowohl der Grund der einheitlichen Konvention der Literaturidentifikation aufgedeckt und die Konvention damit erhellt und erklärt ist (§ 93), als auch, daß die bisherigen Vermutungen über das Schreiben von Literatur nunmehr im Rahmen dieser Konvention in sachhaltige Aussagen über Literatur verwandelt worden sind. Das ist keine Erschleichung und kein Goldmachertrick. Das ist die Erzeugung von Einsicht und Gewißheit durch Reflexion. Und diese Einsicht, was Literatur ist (§§ 168, 171), bedeutet:

§ 174. Das erste Erfordernis einer selbständigen Wissenschaft (§ 18) ist jetzt gegeben: Gegenstand der Literaturwissenschaft sind diejenigen Texte, die der Autor – nach Ausweis bestimmter Kennzeichen – als biographische und zugleich als literarische Person geschrieben hat und die man deshalb als biographische und zugleich als literarische Person liest.

Die unentbehrliche Eindeutigkeit (§ 18) besitzt diese Abgrenzung, weil es da keine Grauzonen und keine fließenden Übergänge gibt, sondern nur ein scharfes Entweder/Oder: entweder man schreibt und liest als biographische und zugleich als literarische Person oder man macht das nicht. Ein Drittes kann es nicht geben.

Über eine solche Eingrenzung der Literatur auf die Produktionen einer literarischen Person werden sich zweifellos etwelche Literaturwissenschaftler empören, obwohl – und das ist das Eigenartige an der Sache – in der Literaturwissenschaft seit Anbeginn fast nur über eben solche Texte gesprochen und geschrieben worden ist und wird.

Das ist natürlich kein Argument, aber doch ein Hinweis darauf, daß Proteste gegen diese Gegenstandsbestimmung nicht unbedingt deshalb erfolgen werden, weil ich damit den Tätigkeitsbereich der Literaturwissenschaft wesentlich beschnitte.

Nach meiner Erfahrung beruhen solche Proteste in der Regel auf Befürchtungen, daß irgendetwas an der Literatur zu kurz komme, das Historische oder so, wenn man sich an diese Gegenstandsbestimmung halte. Ich kann natürlich auf meine früheren Notizen zum Problem Historizität verweisen (§ 82) und außerdem in guten Treuen versichern, das alles sei nicht so bös gemeint, aber wer glaubt einem das schon.

Hinweisen möchte ich aber noch auf eines: ich habe mich schon einmal (§ 25) mit aller Entschiedenheit gegen eine dogmatische Gegenstandsbestimmung ausgesprochen und auch dagegen, aus ihr die Aufgabe der Literaturwissenschaft abzuleiten. Dabei bleibt es. Ich habe absolut nicht im Sinne, die üblen Gewohnheiten anderer zu imitieren und aus der Literaturtheorie positive Anweisungen für das Verfahren der Literaturwissenschaft herzuleiten. Ansonsten werden wir uns am Ende der Hermeneutik wiedersehen.

Für den Moment ist mir anderes wichtiger. Es könnte nämlich sein, daß die Grenze zwischen Literatur und Nicht-Literatur zwar eindeutig ist, daß sich aber rechts und links von ihr Unzumutbares befindet. Und es wäre ungemein störend, wenn ausgerechnet eine Grenzziehung, welche die Konvention zu erhellen beansprucht (§ 173), unversehens etwas zu Literatur oder Nicht-Literatur erklärt, was dazu zu erklären noch niemandem eingefallen ist.

§ 175. Es muß noch überprüft werden, ob die Eingrenzung der Literatur (§ 174) nicht nur eindeutig, sondern auch sinnvoll vollzogen ist.

Das Kriterium der Grenzziehung ist ein dreifaches gewesen: Spaltung beim Schreiben und Spaltung beim Lesen, vermittelt durch Kennzeichen. Ob die Kennzeichen auch jenseits der Grenze vorkommen, braucht allerdings nicht mehr überprüft zu werden; denn das ist in den vorausgegangenen drei

Kapiteln schon ausführlichst geschehen. Anders bei den beiden Spaltungen.

§ 176. Die Spaltung beim Schreiben (§§ 168, 174) könnte auch bei eindeutig nicht literarischen Texten vorkommen.

Manche Politiker, und nicht nur sie, lassen sich ihre Reden und Memoiren von anderen Leuten schreiben. Und wie aus gewöhnlich gut unterrichteten Kreisen verlautet, gibt es Professoren, welche gelegentlich Arbeiten ihrer Assistenten unter eigenem Namen veröffentlichen.

Ghost-writers und andere Hilfsschreiber schreiben in der Tat, freiwillig und unfreiwillig, als ein anderer. Den Ergebnissen gemeinsam ist es indessen, daß sie keine Anzeichen dieser Spaltung beim Schreiben mehr aufweisen, keine Kennzeichen der Literatur, weil nämlich der Unterschied zwischen dem wahren und dem angegebenen Verfasser auf keinen Fall herauskommen soll.

§ 177. Daß jemand die Spaltung beim Schreiben durch Kennzeichen im Text anzeigt, das kommt nur bei Literatur vor.

Die Herbeiziehung eines ghost-writers oder vollends das Plagiat sind in mehr oder weniger entschiedener Weise Lügen, die aber tunlichst verheimlicht werden. Anders dagegen bei der Literatur, von der zwar seit alters Platons Spruch geht, daß die Dichter lügen. Aber außerdem zeigen sie die Lüge, nämlich als ein anderer zu schreiben, laufend selbst mit Kennzeichen an. Literatur, so könnte man sagen, ist die einzige Form einer profund ehrlichen Lüge.

Das Teilkriterium «Spaltung beim Schreiben» gibt also zu keinerlei Verwechslung Anlaß. Wie steht es mit der Spaltung beim Lesen?

§ 178. Die Spaltung beim Lesen (§§ 170, 174) könnte auch bei der Lektüre eindeutig nicht literarischer Texte vorkommen.

Eines ist klar: wenn man unbedingt will, kann man jeden beliebigen Text als literarischen Text lesen (§ 60), weil der Automatismus, mit dem die Lese-Einstellung nach der Wahrnehmung der Kennzeichen gewählt wird (§ 62), auch mit mehr oder weniger geistigem Aufwand durchbrochen werden kann (§ 63).

So etwas ist hier nicht gemeint. Aber es gibt immerhin Fälle, in denen man nach der Lektüre eines eindeutig nicht-literarischen Buches über das Buch im Präsens spricht, also in der Haltung eines Beteiligten (§ 169). Man kann sagen und sagt auch häufig etwa: «Kant schreibt in seiner Kritik der reinen Vernunft . . .»

Ein solches Präsens ist jedoch auf den Autor bezogen und nicht auf den Inhalt des Textes, und es ist dadurch begründet, daß Texte immer gegenwärtig sind (§ 82) und daß man die Lektüre als Beteiligung an einem immer gegenwärtigen Gespräch auffassen kann, und zwar bei jedem Text.

Es müßten noch andere Fälle beigebracht werden, in denen man etwa nach der Lektüre eines historischen Buches über den dreißigjährigen Krieg sagt: «Wallenstein *ist* ein bedeutender, aber problematischer Feldherr». Und solche Fälle, meine ich, gibt es nicht. Der Satz über Wallenstein könnte in dieser Form nur nach der Lektüre etwa von Schillers Drama fällig werden. Sonst aber sagt man: «Wallenstein ist ein bedeutender, aber problematischer Feldherr *gewesen*», und zwar auch dann, wenn ein unaufgeklärter Historiker (§ 148) das ganze Buch im Präsens geschrieben haben sollte.

All das müßte ich Ihnen eigentlich wieder im Blindversuch demonstrieren wie bei der Lese-Einstellung der Literatur gegenüber (§ 168), aber es wäre eben doch kein Blindversuch mehr. So nimmt man sich selbst die Möglichkeiten aus der Hand. Doch vielleicht versuchen Sie es selbst einmal mit unverdorbenen Versuchspersonen.

§ 179. Die literarische Lese-Einstellung (§§ 170, 174), veranlaßt durch die Wahrnehmung von Kennzeichen und ausgewiesen durch das Präsens in Inhaltsangaben (§ 169), kommt nur beim Lesen von Literatur vor.

Auch nach diesem Teilkriterium also kommt nichts zur Literatur, das man ungern innerhalb der Grenzen sähe. Innerhalb der Grenzen befinden sich Poesie, Dramen und Erzählungen mit den entsprechenden Kennzeichen, allerdings, und das wird vielleicht manchen schon lange gewurmt haben, ohne Ansehen ihres «Wertes», wie bereits einige Male angedeutet (§§ 101, 115).

§ 180. Die Grenze zwischen Literatur und Nicht-Literatur (§ 174) ist wertneutral.

Einen Text für literarisch zu halten, ist für mich keine Ordensverleihung, sondern eine Frage der Wahrnehmung von Kennzeichen. Wobei ich ohne Weiteres zugestehe, daß beispielsweise manche Abhandlung Sigmund Freuds oder das *Prinzip Hoffnung* von Ernst Bloch an sprachlicher Prägnanz und Eleganz unter ganzen Heerscharen von Romanschreibern keine auch nur annähernd gleichwertige Konkurrenz findet.

Nicht alles, was gut geschrieben ist, ist Literatur, und nicht alles, was schlecht geschrieben ist, Nicht-Literatur. Es gibt Gutes und Schlechtes auf beiden Seiten. Auch diese Trivialität harrt noch allgemeiner Anerkennung.

§ 181. Die positive oder negative Bewertung eines literarischen Textes kann kein Anlaß sein, ihn zum Gegenstand der Literaturwissenschaft zu rechnen oder nicht.

Ob ein Text ein literarischer Text ist, das läßt sich anhand der Kennzeichen und gegebenenfalls mit einem ehrlichen Test der Lese-Einstellung ohne große Gefahr von Meinungsverschiedenheiten feststellen.

Ob aber ein Text gut oder schlecht ist, darüber wird man sich zwar bei einigen Texten sehr schnell, bei anderen jedoch nie einigen können. Und die Einigung hat vor allem überhaupt erst dann etwas zu besagen, wenn man den Text mit aller Sorgfalt gelesen und verstanden hat.

§ 182. Die Frage der Bewertung ist keine Frage der Literaturtheorie, sondern eine der Hermeneutik.

Und dort wird sie denn auch behandelt werden. Gleichwohl ist der Gegenstand der Literaturwissenschaft, die Literatur (§ 174), von derart furchterregendem Umfang, daß kein Literaturwissenschaftler jemals auch nur von fern alle literarischen Texte aller Zeiten und Völker zur Kenntnis nehmen kann. Eine Einschränkung des Gegenstandsumfangs ist also pragmatisch unerläßlich, und es gibt denn auch keinen Literaturwissenschaftler, der die Grenzen nicht noch enger zöge, als sie ihm von den Begrenzungen seiner Leistungsfähigkeit und seines Lebens ohnehin gezogen sind.

Innerhalb der Literatur haben sich, wie gesehen, noch keine Grenzen ziehen lassen, die für diesen Zweck brauchbar wären: Gedichte lassen sich in Dramen verwandeln, und ein Drama in eine Erzählung. Die Qualität der Texte kommt dafür auch nicht in Frage, so daß nur noch eine Möglichkeit offen bleibt.

§ 183. Wenn und weil es nötig ist, den Gegenstand der Literaturwissenschaft pragmatisch einzuengen, kommt dafür als Kriterium nur in Frage, in welcher Sprache die Texte geschrieben sind.

Das ist immerhin eindeutig. Es ergeben sich die bekannten Einteilungen, in denen die Literaturwissenschaft institutionell selbständig (§ 16) ist: eine Wissenschaft von der deutschen Literatur, die mit einem leichten Beziehungsfehler «deutsche Literaturwissenschaft» genannt wird, usw.

Diese diversen Literaturwissenschaften haben natürlich allesamt denselben Gegenstand, die Literatur, nur eben einzelsprachlich differenziert. In diesem Sinne ist es zu verstehen, daß ich ungeniert über *die* Literatur rede und doch nur Beispiele aus der deutschen bringe: Folge des Umstandes, daß ich nicht alle kenne und in der deutschen am ehesten zu Hause bin.

Die pragmatischen Einteilungen sind schon häufig angegriffen worden, allerdings mit Argumenten, die mir durchaus nicht stichhaltig zu sein scheinen. Das Hauptargument lautet: die Literaturen der verschiedenen Sprachen, etwa der deutschen und der französischen, ständen untereinander zum Teil in sehr engem Zusammenhang, und es gehe daher nicht an, sie ohne Berücksichtigung des Zusammenhanges einfach auf verschiedene nationalsprachliche Literaturwissenschaften zu verteilen.

Nicht schlüssig ist für mich dieses Argument einerseits, weil die Ergebnisse einer bestimmten Literaturbetrachtung (z. B. Lessing hat Diderot gelesen, und das merkt man seinen Werken an) zum Kriterium für die Gegenstandsbestimmung gemacht werden sollen, obwohl sie wenigstens mir keineswegs über jeden Zweifel erhaben zu sein scheinen; und schlüssig erscheint mir jenes Argument andererseits nicht, weil es nicht konsequent angewandt wird und werden kann.

Daß Lessing Diderot gelesen hat, mag für seine Werke wichtig sein; aber daß Goethe Newton gelesen hat, ist dann für seine Werke sicher nicht weniger wichtig, ebenso E. T. A. Hoffmanns Lektüre von Büchern über Zaubertricks, Brentanos Lektüre der Kirchenväter, Novalis' Fichtelektüre usw., um nur einmal in dieser Gegend zu bleiben.

Zweifellos besteht ein Zusammenhang zwischen der Literatur und allen möglichen Texten, nicht nur zwischen der Literatur einer Sprache und derjenigen einer benachbarten. Aber das kann kein Anlaß sein, all diese Texte zum Gegenstand der Literaturwissenschaft zu zählen, es sei denn, man wolle die Literaturwissenschaft zu einer universalen Textwissenschaft ausweiten, in der es keine Grenzen gibt außer denjenigen, die jedermann nach Lust und Laune, nach Interesse und Geschmack zieht, weil ja nun einmal die Kapazität eines Einzelnen nicht unbegrenzt ist.

Im Gegensatz dazu ist die pragmatische Eingrenzung nach Sprachen eine, die *vor* der Arbeit gezogen wird und nicht dem subjektiven Belieben *bei* der Arbeit überlassen bleibt. Vor allem aber geht sie nicht von dem aus, was irgendwoher über die Autoren bekannt ist, sondern von den Texten selbst, von dem also, das ich vor mir habe, und das scheint mir das einzig Sichere zu sein.

Denn gegenwärtig sind mir allein die Texte, nicht die Zusammenhänge, aus denen sie stammen, nicht die Autoren, die sie geschrieben haben, nicht die Situationen, in denen sie geschrieben worden sind. Wie und ob und inwieweit man zu all dem auch noch kommt, das ist eine Frage, die erst bei der wissenschaftlichen Arbeit beantwortet werden kann. Sie gehört daher nicht in die Literaturtheorie, sondern in die Hermeneutik.

Daß ich also jetzt noch keinerlei Aussagen über besagte Zusammenhänge riskiere, kommt nicht daher, daß ich keine machen könnte, sondern daher, daß ich sie nach dem Stand der Dinge innerhalb der Literaturtheorie nicht begründet machen könnte. Und wenn ich keine begründeten Aussagen machen kann, dann halte ich lieber den Mund. Das sei zur Nachahmung empfohlen.

ZWEITER TEIL: POETIK

Die Aufgabe der Poetik

§ 184. Die Poetik ist eine Gegenprobe auf die Literaturtheorie.

In der Literaturtheorie haben wir die Literatur sozusagen von vorn betrachtet: wie sie sich dem Leser, unsereinem, darbietet. Von Kennzeichen war die Rede, und um aus den sehr unterschiedlichen Kennzeichen doch die eine Bezeichnung «Literatur» zu begründen, habe ich eine Differentialdiagnose angestellt (§ 162). Deren Ergebnis war, daß all die Kennzeichen – mit gewissen Vorbehalten bei denen der Poesie (§ 159) – auf eine gemeinsame Ursache zurückzuführen sind: auf eine in sich widersprüchliche Haltung, auf das Rollenspiel der Spaltung beim Schreiben (§ 167), auf das man lesend antwortet, indem man es mitspielt (§ 170).

Poetik als Gegenprobe kann daher nur heißen, daß man die Literatur «von hinten» betrachtet: aus der Sicht des Autors, und aus dieser Sicht ist der Text etwas Ungewordenes und Werdendes.

§ 185. Die Poetik ist Gegenprobe auf die Literaturtheorie, weil sie als Theorie des Machens die Texte theoretisch selbst produziert, die in der Literaturtheorie als Literatur identifiziert worden sind.

Dabei wird sich dann wohl herausstellen müssen, ob und wie man bei der Herstellung der Kennzeichen wirklich die besagte Spaltung vollzieht. Sich von anderen Leuten etwas darüber erzählen zu lassen, taugt nicht viel. Man muß es selbst ausprobieren und sich dabei beobachten, um mitreden zu können. Dafür ist die Poetik da.

§ 186. Poetik ist die Reflexion auf das Schreiben von Literatur beim theoretischen Schreiben von Literatur.

Wie man theoretisch Literatur schreibt, werden Sie gleich erfahren. Ich erinnere nur beiläufig an das Projekt des Tunnelbaus (§ 38).

Vorher aber möchte ich noch ausdrücklich darauf hinweisen, daß Sie im Begriffe sind, sich an einer Première zu beteiligen. Experimentelle Poetik, wie wir sie gleich in Angriff nehmen werden, hat es meines Wissens bisher noch nicht gegeben. Poetik pflegte entweder Vorschrift zu sein, wie das Schreiben und vor allem sein Ergebnis auszusehen habe, oder aber Referat über Vermutungen und über Meinungen zur Sache vom Hörensagen.

Ich werde auch nicht aus irgendeiner Werkstatt plaudern, sondern versuchen, Sie die Erfahrungen zum reflexiven Gebrauch selbst machen zu lassen. Naturgemäß ginge das einfacher, wenn wir miteinander reden könnten. Aber trotzdem:

§ 187. Poetik ist ein Mitmachkabinett.

Zu entdecken gibt es darin mancherlei, aber wegen der Bindung an die Literaturtheorie (§ 184) werden zwei Fragen im Vordergrund stehen: 1. Was ist und wie funktioniert Poesie? 2. Wie führt eine einheitliche Ursache, daß nämlich ein Autor als er selbst und als ein anderer schreibt (§ 166), zu so unterschiedlichen Symptomen (§ 162) oder Kennzeichen?

Die zweite Frage betrifft übrigens am Rande auch das alte Problem der literarischen Gattungen. Denn wie sich Literatur von anderen Texten durch die Art des Schreibens unterscheidet, durch das sie produziert wird, so wird auch die Einteilung literarischer Texte in Gattungen nur aus Differenzierungen des literarischen Schreibaktes begründet werden können und aus nichts sonst.

§ 188. Die experimentelle Poetik hat die Aufgabe, das poetische und literarische Schreiben reflexiv, also im theoretischen Machen, zu begreifen und die Kennzeichen theoretisch zu erzeugen.

Poetik, so gesehen, hat mit einer Psychologie dichterischen Schaffens nichts gemein. Sie bleibt nämlich ihrer Voraussetzung treu, daß unsereiner als Leser über Literatur redet und daher über die Vorgänge «hinter» den Texten nur etwas Vernünftiges aussagen kann, wenn er sie am Leitfaden der literaturtheoretischen Erkenntnisse *selbst* simuliert und reflektiert.

§ 189. Dementsprechend ist die experimentelle Poetik keine Sammlung von Aussagen über die wirklichen Vorgänge beim Schreiben literarischer Texte, sondern eine systematische Erkundung der Möglichkeiten solchen Schreibens.

Ohnehin kann eine Poetik nicht mehr bieten und hat noch nie eine Poetik mehr geboten. Wer das nicht weiß und daher beim Unternehmen Poetik beansprucht, die wirklichen, also vergangenen Vorgänge beim Schreiben literarischer Texte zu beschreiben, der wird durch die Logik der Sache früher oder später gezwungen, die Partialität und Beliebigkeit seiner Behauptungen zu verraten, indem er dogmatisch wird. In solchen Fällen ist dann unversehens vom «echten» oder «wahren» Dichter die Rede oder, wie im Buch von Hans Dieter Zimmermann nüchterner heißt, vom «ernsthaften Autor». Das ist nur ein ganz zufälliger Beleg, dem ähnliche aus anderen alten und neuen Büchern in beliebiger Zahl an die Seite gestellt werden könnten. Wo immer Sie solche Formulierungen finden, da können Sie sicher sein, daß etwas nicht stimmt, daß z. B. moralische Wertungen, auf die man in der Literaturtheorie noch verzichtet hat (sofern überhaupt die Unterscheidung bekannt ist), durch die Hintertür der Poetik wieder ins Spiel kommen, ohne als solche bemerkbar werden zu sollen.

Hans Dieter Zimmermann, Vom Nutzen der Literatur. Vorbereitende Bemerkungen zu einer Theorie der literarischen Kommunikation. (edition suhrkamp. 775) Frankfurt 1977, S. 91

§ 190. Die Poetik hat die Aufgabe, dasjenige Wissen, das in der Wahrnehmung der Kennzeichen und in der Wahl der Lese-Einstellung ungewußt enthalten ist (§ 62), zur Ausdrücklichkeit zu erheben (§ 69b).

Falls Sie also gelegentlich den Eindruck haben sollten, es würden Sachen ausgebreitet, die gar nicht so übermäßig neu sind, dann halten Sie das, bitte sehr, für eine Bestätigung des glücklichen Fortgangs der Poetik.

Nur noch eine Anmerkung zur Sprachregelung: bei der Auswertung der Experimente in der Poetik (wie auch sonst in diesem Buch) sage ich «ich», wenn ich nur meine eigenen Eindrücke, Behauptungen und Meinungen vorbringe, und ich sage «man», wenn ich aufgrund meiner Erfahrungen (§ 6) sicher bin, einen höheren Grad von Allgemeinheit beanspruchen zu dürfen.

Theorie der Poesie

§ 191. Als Kennzeichen der Poesie waren festzustellen: Reim (§ 100), Rhythmus (§ 104), Abweichungen von der normalen Grammatik (§ 108) und Zeileneinteilung (§ 112), alles mit dem Vorzeichen «mutmaßlich absichtlich» und gegebenenfalls noch mit Ergänzungen (§ 113).

Wenn Sie sich selbst einmal im Gedichteschreiben versucht haben, dann werden Sie wissen, daß so etwas gar nicht so einfach ist, falls man die traditionellen Kennzeichen einarbeiten will. Die Zeileneinteilung hat man schnell einmal aufgezeichnet, aber Rhythmus und Reim nach Wunsch hinzubringen, braucht doch einigen Aufwand. Und man merkt, daß man doch längst nicht alles so sagen kann, wie man eigentlich möchte; denn das an sich einzig passende Wort würde vielleicht den Rhythmus holperig machen oder reimt sich beim besten Willen nicht auf ein anderes, sofern man nicht unter der Devise «Reim dich, oder ich freß dich» die Lösung der Schwierigkeiten mit dem Brecheisen erzwingt, auf Kosten der normalen Grammatik:

    In der Kammer, still und donkel,
    Schläft die Tante bei dem Onkel (Wilhelm Busch).
So etwas kann man, wenn man's kann, für komische Effekte ausnutzen.

Aber sobald es wieder ernst wird, ist man geneigt, vor den Schwierigkeiten zu resignieren, weil man merkt:

§ 192. Die Erfordernisse bei der Herstellung der Kennzeichen vertragen sich nicht ohne Weiteres mit den vertrauten Sprech- und Schreibgewohnheiten.

Um den Gründen und der Natur dieser Schwierigkeiten auf die Spur zu kommen, nehme ich ein kurzes gereimtes Gedicht, das Sie ganz sicher nicht kennen, und entferne aus ihm mechanisch fast alle Reimwörter, annehmend, daß sich bei Manipulationen an dem deutlichsten Kennzeichen der Poesie schon einiges zeigen wird.

Ich bitte Sie, beim Lesen genau aufzupassen, welche Gedankenoperationen Sie vornehmen, sobald Sie auf die Lücken stoßen und die Reimwörter wieder ergänzen wollen. Es läuft da nämlich einiges, und zwar ziemlich schnell. Zum Zwecke besserer Beobachtung ist es zu empfehlen, daß Sie einen Bleistift nehmen, das Gedicht langsam durchgehen und nach Möglichkeit einige Reimwörter einsetzen, ohne allzu langes Grübeln. Es kommt nicht darauf an, die richtigen zu finden, sondern nur darauf, sich zu beteiligen.

Der unbequeme Schnee.

Schnee, du bist mir unwillkommen,
    Weil du meinem freien Gang
    Nun die Freiheit hast . . . . ,
    Irr' zu gehn das Feld . . . .
Selbstgetretne Waldespfade,
    Euch nun meiden muß mein . . . . . . ,
    Wenn ich nicht bis an die . . . . . .
    Sinken will mit jedem . . . .
Selbst die Spur auf Schneegefilden,
    Tags gebahnt, ist Nachts . . . . ;
    Denn nie wird ein Weg sich . . . . . . ,
    Den nicht mehr als Einer . . . .

Versuch einer Beschreibung der Gedankenoperationen bei der Ergänzung von Reimwörtern: man orientiert sich zunächst am erwarteten Klang des Wortes, der eine bestimmte Anzahl von Silben und eine bestimmte Betonung einschließt (Ergebnis z. B. in Zeile 3: es wird irgendetwas Dreisilbiges sein müssen, das mit «-ómmen» aufhört). Dann schlägt man in einer Art inneren Reimlexikons nach, in dem alle assoziativ gerade erreichbaren Wörter stehen, die nach Klang, Zahl und Rhythmus der Endsilben gleich sind (die Frommen, beklommen, beklommen, gekommen, willkommen, benommen, genommen, vernommen, geschwommen usw.). Und aus dieser Auswahl sucht man dann das Wort heraus, das nach seiner grammatischen Form («die Frommen» z. B. fällt weg) und nach seiner Bedeutung («geschwommen» geht nicht gut) am besten in den Kontext paßt. Vielleicht schon beim ersten Versuch, vielleicht nach längerem Suchen hat man: «genommen» oder «benommen», welch letzteres auch der Autor des Gedichts gewählt hat.

Neben diesen vielschichtigen und zum Teil sicher nebeneinander ablaufenden Operationen sind aber, wenn man sich's genau überlegt, noch zwei weitere Filter vor dem Reimlexikon eingebaut: daß nämlich die überhaupt aufzunehmenden Wörter grammatisch korrekt gebildet seien (deshalb kommt z. B. nicht «verstommen» hinein) und daß sie wie im normalen Gebrauch betont seien (darum bleibt «Phänómen» draußen).

Sie sehen: es wird bei jedem Reim eine ganze Reihe von Faktoren in Rechnung gestellt, nicht einfach nur die Lautgleichheit der Endsilbe(n).

Friedrich Rückert, Gesammelte Poetische Werke in zwölf Bänden. Neue Ausgabe. Zweiter Band. Frankfurt 1882, S. 583. – Die Reimwörter: benommen, entlang; Schritt, Wade, Tritt; verweht, bilden, geht.

§ 193. Die Anforderungen der Poesie sind höher als die der gewöhnlichen Sprache: ein Wort am Ende einer Zeile muß nicht nur nach Bedeutung und grammatischer Form in den Kontext passen, sondern gegebenenfalls auch nach Klang, Rhythmus und Silbenzahl.

Die Alltagssprache vermag also nicht in jedem Fall den höheren Ansprüchen der Poesie zu genügen. «Höher» meint dabei aber nicht etwa «wertvoller» oder so, sondern nur, daß statt zweier Faktoren deren fünf berücksichtigt sein wollen. Beim Schreiben von Poesie muß man zunächst einmal einfach an mehr denken als sonst.

§ 194. Wie die genannten fünf Faktoren mit- oder gegeneinander wirken, wird durch gezielte Experimente zu untersuchen sein.

Ich werde mich bemühen, die Faktoren möglichst zu isolieren und in wechselnden Kombinationen aufeinander einwirken zu lassen. Die Beobachtungen, die dabei zu machen sind, werde ich erst einmal sammeln und zusammenstellen, bevor ich sie dann auswerte.

Ich beginne mit dem Verhältnis Reim/Bedeutung. – Es hat früher ein Gesellschaftsspiel gegeben, das vor allem in den gebildeten Ständen beliebt war, und in dem einer der Beteiligten dem, der oder den anderen eine Reihe von Reimwörtern «aufgegeben» hat, aus denen dann ein Gedicht zu verfertigen war. Hier ist eine solche Reihe von Reimwörtern.

astlos
mastlos
gastlos
rastlos
bastlos
Last los

Auf dem jetzt folgenden freien Raum haben Sie Gelegenheit, daraus ein Gedicht nach Ihrem eigenen Geschmack zu machen und dabei zu beobachten, *wie* Sie das machen.

Hat's geklappt? Also: man entwickelt aus den gegebenen Reimen ein Gedicht, indem man aus der Bedeutung eines jeden den ungefähren Inhalt der vorhergehenden Zeile erschließt («astlos» wird etwas mit einem Baum zu tun haben, «mastlos» mit einem Schiff usw.) und aus dem Rhythmus des Reimwortes den Rhythmus des Verses (etwa «dámmda dámmda Baum ist astlos»). Bei jedem einzelnen Reimwort mag das noch halbwegs durchführbar sein; die Bemühung um einen sinnvollen Kontext für *alle* Reime kommt aber bald einmal an Grenzen. Das Gedicht nähert sich der Unsinnspoesie. Es kommt nicht mehr darauf an, was gesagt wird, sondern nur noch darauf, daß die Reime untergebracht werden. Das hat sogar ein Profi erfahren müssen, Friedrich Rückert, Verfasser dieses Gedichts:

Aufgegebene Endreime.

Auf dem Berg ein Baum steht astlos,
Auf dem Meer ein Schiff geht mastlos.
Zwischen Berg und Meere lieget
Ein verlass'nes Gasthaus gastlos.
Zwischen Gasthaus, Meer und Berge
schweift ein irrer Wandrer rastlos.
Baum des Lebens, deine Krone
Welke! denn dein Stamm ist bastlos.
Ei, wenn du der Lust verlustig
Gingest, bist du auch der Last los.

All diese Mühsamkeiten rühren natürlich daher, daß wir hier einen extremen Fall von Reimzwang vor uns haben: nicht nur der Klang ist festgelegt, sondern es sind aus dem «Reimlexikon» schon die Wörter herausgesucht und in einer bestimmten Reihenfolge fixiert.

Der Extremfall gibt den Blick frei auf den Normalfall: wenn die Reime vorgegeben sind, zerfällt der Bedeutungsgehalt; wenn umgekehrt die Bedeutung unabänderlich feststeht, wird man sich mit Reimen schwer tun. Sofern überhaupt Reime vorgesehen sind, wird sich die Bedeutung mehr oder weniger den Reimmöglichkeiten anbequemen müssen. Ein Autor, der sein Metier versteht, wird seine Zwangslage zwischen Reim und Bedeutung in seinen Texten nicht mehr spürbar werden lassen; wer es nicht versteht oder die Reibung ausnutzen will, der paukt seine Reime auf Gedeih und Verderb gegen die Bedeutung durch.

Friedrich Rückert, Gesammelte Poetische Werke in zwölf Bänden. Neue Ausgabe. Zweiter Band. Frankfurt 1882, S. 582.

§ 195. Reim und Bedeutung bilden eine latente Opposition, in der im Zweifelsfall der Reim stärker ist als die Bedeutung.

Das nächste Experiment gilt dem Verhältnis von Reim und Rhythmus. Es fängt damit an, daß Sie, wenn's recht ist, sich die folgende Passage laut vorlesen.

Einst sprach der Sultan im Olymp von seinem Wolkenthron zum schönen Sohn der Maja: Herr Sohn, unter uns: der Götterstand, um ihm sein Recht zu geben, ist ein schales Leben, beim Styx! Ja, wer nur nicht dazu geboren wäre, und allenfalls auf acht bis vierzehn Tage, da ließe ich es gelten! Aber mehr wird am Ende Unsrer Deität sehr zur Plage. Man kriegt zuletzt so genug des Weihrauchs! Und für und für die Grazien zum Dudeldum Und Sphären tanzen sehen, die Musen singen hören, und immer Ganymed mit seinem Nektarkrug, – man kriegt's genug, sage ich dir.

Haben Sie etwas von Reimen bemerkt? Oder von einem regelmäßigen Rhythmus? Wohl kaum, oder bestenfalls in Ansätzen. Und doch ist dies ein Abschnitt aus einem gereimten Gedicht von Wieland: der Anfang von *Zweierlei Götterglück* aus den *Gedichten für Olympia*. Ich habe darin – von einigen anderen, gleich noch zu erwähnenden Änderungen abgesehen – die Reimwörter bis auf eines («wäre» statt des originalen «wär'») völlig unangetastet gelassen.

Sie können's selbst überprüfen, Reimwörter suchen und mit dem Bleistift unterstreichen. Wieland hat fünfmal zwei und einmal drei Wörter sich aufeinander reimen lassen, und Sie finden sicher noch mehr – das alles in einem so kurzen Stück!

Daß die vielen Reime beim normalen Lesen praktisch unbemerkt bleiben, hat zwei Gründe: ich habe die Zeileneinteilung beseitigt und durch

Umstellen von Satzgliedern den Rhythmus gestört. Wenn also diese beiden Eingriffe die Reime sozusagen auslöschen, dann ergibt sich in Form eines ganz einfachen Schlusses eine erste Einsicht über das Verhältnis von Reim und Rhythmus.

> C. M. Wieland, Sämmtliche Werke. Zwölfter Band. Leipzig 1839, S. 129. – Die Reimwörter: Wolkenthron, Sohn, geben, Leben, wär', Tage, mehr, Plage, genug, Sphären, hören, Nektarkrug, genug.

§ 196. Der Reim wird durch Rhythmus und Zeileneinteilung unterstützt und hervorgehoben.

Wenn Sie jetzt die richtigen Reimwörter unterstrichen haben und den Text noch einmal laut und langsam durchlesen, dann beginnt ein Rhythmus sich herauszuschälen, an einer Stelle weniger, an einer anderen deutlicher, zum Beispiel:

Ja, wer nur nicht dazu geboren *wär'*, und allenfalls auf acht bis vierzehn *Tage*, da ließe ich es gelten! Aber *mehr* wird am Ende Unsrer Deität sehr zur *Plage*.

Gegen Ende zu holpert's ein bißchen, aber das liegt an meinen Eingriffen in die Reihenfolge der Satzglieder. Doch ich glaube, auch so ist die Sache klar: es gilt ebenso die Umkehrung der Einsicht von § 196, daß der Rhythmus den Reim unterstütze.

§ 197. Der Rhythmus wird durch Reim (und Zeileneinteilung) unterstützt und hervorgehoben.

Diese Leistung der Zeileneinteilung ist uns übrigens schon einmal begegnet, im § 111 beim Bobrowski-Gedicht.

Es bleibt nur noch festzustellen, welcher der Faktoren der stärkste ist, d. h. welcher zur Not ohne die anderen auskommt. Die Zeileneinteilung scheidet da aus; denn obwohl sie ohne Reim und Rhythmus bestehen kann (§ 112), verdankt sie das nur dem Umstand, daß sie optisch wahrgenommen wird, während Reim und Rhythmus akustische Phänomene sind. Der Reim dagegen, so haben wir gesehen (§ 195), geht ohne anderweitige Unterstützung leicht verloren, sofern die Reimwörter nicht sehr nahe beieinander stehen. Wie aber sieht es beim Rhythmus aus? Dazu eine letzte Variante des Wieland-Textes, wiederum laut zu lesen:

Der Götterstand – sprach einst von seinem Wolkensitz der Sultan im Olymp zu Majas schönem Sohn – der Götterstand, Herr Sohn, um ihm sein Recht zu lassen, ist (unter uns) beim Styx! ein schales Leben.

Auch wenn man diese Variante ohne Vorankündigung vorgesetzt bekäme, so kommt man sicher nicht umhin, den regelmäßigen Rhythmus wahrzunehmen, obwohl er ohne Unterstützung durch einen Reim auskommen muß. (Um das zu zeigen, habe ich jeweils das zweite Reimwort verändert). Bevor ich die naheliegende Folgerung formuliere, sei zum Abschluß dieses

Experimentes Wielands malträtierter Text in der Originalfassung zitiert.

Der Götterstand – sprach einst von seinem Wolkenthron
Der Sultan im Olymp zu Majens schönem Sohn –
Der Götterstand, Herr Sohn, um ihm sein Recht zu geben,
Ist (unter uns) beim Styx! ein schales Leben.
Ja, wer nur nicht dazu geboren wär',
Und allenfalls auf acht bis vierzehn Tage,
Da ließ' ich's gelten! Aber mehr
Wird Unsrer Deität am Ende sehr zur Plage.
Man kriegt zuletzt des Weihrauchs so genug!
Und für und für zum Dudeldum der Sphären
Die Grazien tanzen sehn, die Musen singen hören,
Und immer Ganymed mit seinem Nektarkrug,
Ich sage dir, man kriegt's genug.

(Erläuterungen: Sultan im Olymp = Zeus; Majens, d. h. der Maja schöner Sohn
= Apollo; De-ität = Göttlichkeit).

§ 198. Reim, Rhythmus (und Zeileneinteilung) unterstützen
und bestärken einander; der Reim ist auf Unterstützung angewiesen, der Rhythmus kaum (vgl. § 102), die Zeileneinteilung nur,
wenn sie akustisch wahrgenommen werden soll.

Dazu ist allerdings zu bemerken, daß der Rhythmus bei Wieland sich nur
deshalb ohne andere Unterstützung durchsetzen kann, weil Wieland mit
seiner Eleganz seine Verse so formuliert, daß der Rhythmus sich ungezwungen und quasi parlando aus der ganz gewöhnlichen Satzbetonung ergibt.

Auf dieses Verhältnis zwischen *Satzrhythmus* und Versrhythmus möchte
ich mit einem weiteren Experiment Ihre Aufmerksamkeit lenken. Der folgende Text ist ursprünglich ein Gedicht von drei Strophen zu je vier (ungleich langen) Zeilen. Ich habe nur die Zeileneinteilung aufgehoben und
bitte Sie, diese Einteilung wiederherzustellen und dabei gleichzeitig zu
markieren, wie Sie sich die Betonung im Vers vorstellen.

Wenn der Schimmer von dem Monde nun herab in die Wälder sich er-
gießt und Gerüche mit den Düften von der Linde in den Kühlungen
wehn; so umschatten mich Gedanken an das Grab der Geliebten, und
ich seh in dem Walde nur es dämmern, und es weht mir von der Blüte
nicht her. Ich genoß einst, o ihr Toten, es mit euch! Wie umwehten uns
der Duft und die Kühlung, wie verschönt warst von dem Monde, du o
schöne Natur.

Sie werden, so hoffe ich, mir verzeihen, daß ich Sie in eine Falle habe laufen
lassen. Eingestellt darauf nämlich, aus einem fortlaufenden Text Verszeilen
zu bilden, rhythmisiert man hier fast unweigerlich so:

Wénn der Schímmer vón dem Mónde nún heráb
Unbekümmert also darum, daß man, normal sprechend, niemals die Wörter «wenn», «von» und «nun» so betonen würde, räumt man dem taktmäßigen Versrhythmus die Herrschaft über die Satzbetonung ein. Und zwar
auch dann (das ist die Falle), wenn es gar nicht nötig ist. Denn Klopstock,
einer der wenigen wirklichen Meister des Rhythmus in deutscher Sprache,
hat es anders gemeint. Man kommt dem nahe, wenn man versuchsweise
einmal die angegebenen Betonungen übertrieben stark setzt und bei den
Strichen das Sprechtempo sehr verlangsamt, bis hin zu einer kleinen Pause.
Dazu muß man es sich unbedingt selbst vorsprechen.

Wenn der Schímmer / von dem Mónde / nun heráb
  In die Wálder / sich ergíeßt / und Gerűche
    Mit den Dűften / von der Línde
      In den Kűhlungen wéhn;
So umschátten / mich Gedánken / an das Gráb
  Der Gelíebten, / und ich séh / in dem Wálde
    Nur es dámmern, / und es wéht mir
      Von der Blűte nicht hér.
Ich genőß einst, / o ihr Tóten, / es mit eúch!
  Wie umwéhten / uns der Dúft / und die Kűhlung,
    Wie verschőnt warst / von dem Mónde,
      Dú o schőne Natúr!

Das ist, wie jeder hören muß, der Ohren hat, ein ganz anderes, ungleich
subtileres Verfahren: den Satzrhythmus durch den Versrhythmus behut-
sam herauszuarbeiten. Eine Tonbeugung, ein Zurechtbiegen der Satzbetonung durch den Versrhythmus, muß also nicht sein.
   Von solchen und ähnlichen Beobachtungen aus ließe sich zweifellos die
sonst nicht eben schwungvolle Metrik oder Verslehre erheblich beleben
und von einem trockenen Benennungskatalog zu einem wirklichen Be-
schreibungsinstrument ausbauen. Derartiges wäre zwar an dieser Stelle an
sich angebracht, aber ich fühle mich damit zur Zeit überfordert.

F. G. Klopstock, Ausgewählte Werke. München 1962, S. 112f. *(Die Sommernacht).*

§ 199. Versrhythmus und Satzrhythmus bilden eine latente Opposition, in der im Konfliktfalle der Versrhythmus stärker ist als
der Satzrhythmus, während nur in Ausnahmefällen der Versrhythmus den Satzrhythmus unterstützt und verstärkt.

Bei dieser Gelegenheit werde ich darauf aufmerksam, daß auch im Verhältnis Reim/Bedeutung (§ 195) analoge Ausnahmefälle möglich sind, daß
nämlich der Reim die Bedeutung eines Wortes in Übereinstimmung mit der
Bedeutung im Satz besonders hervorhebt. Ebenso kann ein Zeilenende

ohne Reim die Wichtigkeit eines Bedeutungsaspekts, indem es ihn hervorhebt, so sichtbar machen, wie es sonst nur die gesprochene Sprache mit ihren vielfältigen Mitteln affektiven Nachdrucks vermag.

Die Feststellung dieser Parallelen gibt mir Anlaß, den 200. Paragraphen
mit einer Zusammenfassung und Weiterführung der Ergebnisse aus den §§
195, 198 und 199 würdig zu begehen.

§ 200. Reim, Rhythmus und Zeileneinteilung bilden eine Art
System der poetischen Sprache, in dem jeder Faktor die anderen
unterstützt und das als ganzes dazu neigt, Bedeutung und Satzrhythmus zu unterdrücken.

Zur Bestätigung und Ergänzung ein weiteres Experiment, das die Unter-
drückungstendenz im Extrem zeigt und noch einige weitere Aufschlüsse
vermitteln sollte. Es geht los mit einer Zeitungsmeldung, geschrieben im
Stil eines Fernschreibers.

ein «nicht» fehlte in unserem gestrigen bericht ueber die nordseeklinik.
dadurch erhielt ein wesentlicher punkt natuerlich die gegenteilige bedeutung. es musste richtig heissen: vertreter der aerztekammer schles-
wig-holstein hielten sich anlaesslich einer tagung auf der insel sylt auf.
dabei haben sie sich ueber die raeumlichen gegebenheiten in der nordseeklinik nicht orientiert.

Diese Zeitungsmeldung soll in ein Sonett verwandelt werden, und zwar in
ein Sonett nach diesem Schema:

```
_ ´ _ ´ _ ´ _ ´ _ ´ _ ´ _  a
_ ´ _ ´ _ ´ _ ´ _ ´ _ ´    b
_ ´ _ ´ _ ´ _ ´ _ ´ _ ´    b
_ ´ _ ´ _ ´ _ ´ _ ´ _ ´ _  a

_ ´ _ ´ _ ´ _ ´ _ ´ _ ´ _  a
_ ´ _ ´ _ ´ _ ´ _ ´ _ ´    b
_ ´ _ ´ _ ´ _ ´ _ ´ _ ´    b
_ ´ _ ´ _ ´ _ ´ _ ´ _ ´ _  a

_ ´ _ ´ _ ´ _ ´ _ ´ _ ´ _  c
_ ´ _ ´ _ ´ _ ´ _ ´ _ ´    d
_ ´ _ ´ _ ´ _ ´ _ ´ _ ´ _  c

_ ´ _ ´ _ ´ _ ´ _ ´ _ ´    d
_ ´ _ ´ _ ´ _ ´ _ ´ _ ´ _  c
_ ´ _ ´ _ ´ _ ´ _ ´ _ ´    d
```

Zur Erklärung: jeder Strich bedeutet eine Silbe, der Akzent darüber gibt
die betonten Silben an; die Buchstaben bezeichnen die Reimstellen: die erste und die vierte Zeile der ersten Strophe (a) sollen aufeinander reimen,

die zweite und dritte Zeile ebenso, nur mit einem anderen Reim (b), usw. Zusätzlich sollen noch folgende Spielregeln unverbrüchlich eingehalten werden: 1. Die gegebenen Silben der Zeitungsmeldung sollen in das gegebene Sonettschema verteilt werden. – 2. Es darf keine Silbe hinzugetan oder umgestellt werden, aber jede darf beliebig oft wiederholt werden. – 3. Die Reimstellen sind vorgegeben, aber es darf keine Silbe um des Reimes willen verändert werden.

Unter diesen harten Bedingungen also soll aus der Zeitungsmeldung ein Sonett werden. Versuchen Sie einmal Ihr Glück, wenigstens ein paar Zeilen lang.

Sie sehen: bei dieser Versuchsanordnung ist der Konflikt, der in den bisherigen Beispielen tunlichst vermieden wurde, geradezu ein Schicksal, der Konflikt zwischen Reim, Rhythmus und Zeileneinteilung einerseits (weil sie fest vorgeschrieben sind) und Bedeutung sowie Satzrhythmus andererseits, die unter den Bedingungen eines derart festen Systems der poetischen Sprache kaum überleben können. Keinerlei Ausweichmanöver sind erlaubt. Daraus kann sich nur zum Beispiel so etwas ergeben:

Freitag, 1. 8. 69
ein «nicht» fehlte

ein «nícht» nicht féhlte ín in únserúnser-
unsérem géstrigén berícht berícht
uebér die nórdseeklínik. dá- berícht
dadúrch erhíelt ein wésentlícher únser

punkt púnkt natúerlich díe die gégen- únser
teitéiligé bedéutung. és berícht
es músste ríchtig héissen: vér- berícht
vertréter dér der áerztekämmer únser

schlesschléswig-hólstein híelten sích anláesslich-
lich éiner tágung áuf der ínsel sýlt
auf áuf. dabéi haháben síe anláesslich

sich úeber díe, die ráeumlichénchen sýlt
gegébenhéiten in der nórd- anláesslich
seeklínik nícht orí-entíerttiert sýlt.

Aus diesem wunderlichen exercitium erhalten wir reichliche Bestätigung bisheriger Einsicht: Reim, Versrhythmus und Zeileneinteilung, allesamt stur durchgehalten, ruinieren Bedeutung und Satzrhythmus fast restlos.

Doch eben daß die Zerstörung der Bedeutung ihrerseits zur Bestätigung bisheriger Einsichten dienen kann, heißt ja nichts anderes, als daß die Zerstörung von Bedeutung selbst wieder Bedeutung hat. In und mit der Zerstörung jener Zeitungsmeldung zu Zwecken der Poesie entsteht eine neue Bedeutung. Indem die erstarrte poetische Sprache (das Vers- und Reimschema) die alltägliche Sprache bis zur Vernichtung unterdrückt, entsteht ja nicht etwa ein bedeutungsloses Nichts, sondern in Ermangelung geläufiger Alltäglichkeit wird das Funktionieren der poetischen Sprache selbst zum Thema, allerdings zu einem, das *nicht mehr besprochen, sondern vorgeführt* wird.

Aus der Rigorosität, mit der Gerhard Rühm (von ihm stammt das Sonett) die Regeln der poetischen Sprache über diejenigen Regeln herrschen läßt, nach denen eine Zeitungsmeldung formuliert wird, erkennt man sozusagen in einem Punkt zweierlei: die potentielle Unverträglichkeit beider Sprachsysteme (das ist die erwähnte Bestätigung) und die konstruktive Leistung der poetischen Sprache noch in der extremen Destruktion. Und von beidem ist in dem Gedicht mit keinem Wort die Rede, obwohl es (wegen der Vernichtung der Satzbedeutung) den einzigen Inhalt des Gedichts ausmacht.

Gerhard Rühm, Gesammelte Gedichte und visuelle Texte. Reinbek 1970, S. 310 *(Dokumentarische Sonette)*.

§ 201. Die poetische Sprache kennt eine eigene Art der Erzeugung von Bedeutung: Bedeutung als Ereignis in Wörtern.

Mit dieser Einsicht eröffnet sich die Möglichkeit, die poetische Sprache nicht mehr nur als Einschränkung, sondern als *fruchtbare* Einschränkung der Freiheit des Schreibens zu sehen.

Bevor ich diese Möglichkeit weiter verfolge, muß ich aber aus Gründen der Vollständigkeit als letztes noch das Verhältnis zwischen *Versrhythmus* und *Bedeutung* näher untersuchen.

Stellen Sie sich vor, Sie sollten aus oft genannter Zeitungsmeldung ein Gedicht mit beliebigem regelmäßigem Rhythmus und mit irgendwelchen Reimen machen, also unter erheblich liberaleren Bedingungen arbeiten als vorhin. Einiges aus dem vorgegebenen Text läßt sich fast ohne Schwierigkeiten rhythmisieren, zum Beispiel:

dadurch erhielt ein wesentlicher Punkt natuerlich
die gegenteilige bedeutung. richtig musste
es heissen . . .

Anderes ist auch durch Umstellungen nicht für diesen Rhythmus zu gewinnen, und mit Reimen steht es ganz schlecht.

Falls man die Aufgabe lösen will, bleibt nichts anderes übrig, als den Ausgangstext zum Nutzen der Poesie umzuformulieren, ihn so zu bearbeiten, daß der sachliche Kern der Mitteilung erhalten bleibt und «nur» eine poesiegerechte Fassung bekommt. Dafür gibt es Dutzende von Möglichkeiten.

> ein «nicht» wohl fehlt' im gestrigen bericht,
> der von der nordseeklinik handelt schlicht.
> dadurch erhielt ein anderes gesicht
> ein punkt, der so der wahrheit nicht entspricht.

Oder:

> es fehlte uns ein «nicht»
> im gestrigen bericht,
> der von der klinik spricht,
> die an der nordsee licht.

Und was dergleichen Unsinn mehr ist. Eines aber ist all diesen Möglichkeiten gemeinsam: da es im strengen Sinne keine zwei Wörter gibt, die genau denselben Bedeutungsgehalt haben, und da auch die Satzstellung nicht angetastet werden kann, ohne daß sich Bedeutungsnuancen verschieben, darum bringt jede, auch die unscheinbarste Umformulierung eine Bedeutungsveränderung mit sich.

Auf diese Weise bestimmt der Versrhythmus, schon bevor das Gedicht fertig ist, beim Schreiben die Auswahl der Wörter und damit die Bedeutung des Textes wenigstens in Nuancen: Füllwörter kommen herein (wohl, uns usw.), verkürzte, ungewöhnliche, «poetische» Wörter, die rhythmisch besser passen, und anderes mehr.

§ 202. Auch der Versrhythmus steht, wie der Reim (§ 195), in Opposition zur Bedeutung, allerdings sozusagen unsichtbar, als Filter beim Schreiben, aber auch er im Konfliktfalle stärker als die Bedeutung.

Bis hierher habe ich die Beziehungen zwischen den Konfliktparteien mit einiger Vollständigkeit ausgeleuchtet und dabei versucht, Ihnen durch Experimente die *Erfahrung* zu vermitteln, daß die poetische Sprache der Feind der normalen Sprache ist. Diese Erfahrung der Destruktivität und Negativität der poetischen Sprache halte ich für unabdingbar, damit das Konstruktive und Positive nicht allein erscheint und dadurch als billige Verklärung der Poesie wirkt. Erst wenn man die Widerstände sozusagen am eigenen Leib erfahren hat, wird man ihre Überwindung nicht mehr als bequeme Selbstverständlichkeit konsumieren.

Immerhin ist schon sichtbar geworden, daß selbst in dem Moment (§ 200), da die normale Sprache fast vollständig unter die Räder der Poesie geraten ist, die siegreiche Poesie in aller Destruktion noch ihre Konstruktivität erweist (§ 201).

Ich beginne mit dem Herausarbeiten der Konstruktivität genau an diesem Nullpunkt, indem ich die Einsicht aus dem Experiment am Rühmschen Sonett wiederhole und erweitere an einem befremdlichen, weil ebenfalls extremen Beispiel der Abweichung von der normalen Grammatik, das von Helmut Heißenbüttel stammt.

> überall: immer und überall: je und je: morgens mittags und abends sogar im büro: ein dies ist ein: wasfürein: wie am wenn auf oder in das heißt als was andersartiger als: und das was wenn nichts als dies und so fort: Fixierung fixiert: in der Lage ich man leit genau ins man: chanisch chanisiert pfern: meta fern: Domizil mizivil zivil: ein Zel mir griffig mir greifend mir Kiel

Ich weiß, solche Texte sind nicht jedermanns Sache (vgl. § 107). Aber das für einmal beiseite gesetzt – die Zertrümmerung der normalen Grammatik und damit der Verständlichkeit könnte kaum weiter gehen. Es beginnt mit Satzanfängen (*Einsätze* lautet die Überschrift), und nach der Zwischenfrage *wasfürein* geht ein heilloses Durcheinander los, das sich am Ende in Reim *(zivil/mir Kiel)* und Rhythmus *(ein Zél mir gríffig mir gréifend mir Kíel)* nur scheinbar auflöst.

Ohne darüber gleich tiefsinnig werden zu wollen, kann man doch feststellen, daß dieser Text nicht ohne (poetisch erzeugte) Bedeutung ist. Obwohl er keine sachliche Mitteilung zu enthalten scheint, ist doch das Fehlen einer Mitteilung seinerseits Mitteilung genug. Auch ein hilf- und erfolgloses Suchen nach Wörtern ist eine Mitteilung, allerdings nicht über irgendeine Sache, sondern über den Suchenden oder über das Suchen selbst: wiederum Bedeutung, die mit keinem Wort angesprochen wird, sondern Bedeutung als Ereignis in Wörtern. Daß Reim und Rhythmus am Ende als eine ebensolche prozeßhafte Aussage über die Scheinlösungen in der traditionellen (mit Reim und Rhythmus arbeitenden) Poesie aufgefaßt werden *können*, will ich nur beiläufig erwähnen.

Helmut Heißenbüttel, Das Textbuch. (Sammlung Luchterhand. 3) Neuwied/Berlin 1970, S. 201.

§ 203. Die poetische Sprache kann auch dem Unterdrücken (§ 200) von sachlicher Bedeutung noch prozeßhafte Bedeutung (§ 201) verleihen.

Zugegeben, wenn die prozeßhafte Bedeutung sich der Einsicht erschlossen hat, dann braucht man den Text eigentlich nicht mehr, dem sie sich verdankt. Es ist ein Verbrauchstext, aber deswegen besteht noch kein Anlaß, ihn zu verachten oder den Autor zu verdächtigen.

Die jetzt vollzogene Wendung ist erst der Anfang der Untersuchung, was poetische Sprache ist und was sie leistet, außer daß sie sich an der normalen

Sprache reibt. Auszumachen war bisher, daß die Zerstörung von Bedeutung durch extreme Abweichungen von der normalen Grammatik doch plötzlich auf neue Weise Bedeutung produzieren kann. Zur Fortsetzung setze ich noch einmal bei den Abweichungen von der normalen Grammatik an, um dann zu sehen, ob auch die Zeileneinteilung (ein weiteres Kennzeichen und Element der Poesie) ähnlich konstruktiv wirken kann.

Ich nehme also zuerst einen grammatisch korrekten Satz:

du warst zu mir ein gutes mädchen.

Diesen Satz deformiere ich, indem ich –ähnlich wie im Kinderlied von den zwo Chonosen – die Vokale verändere und «abdunkle».

do worst zo mür eun gotes mödchen.

Ähnliche Vokalveränderungen gibt es ja auch in der normalen Sprache: schwimmen/schwamm/geschwommen, Bogen/Bögen usw. Dort haben sie allerdings jeweils genau bestimmte Funktion: den Unterschied der Tempora oder den zwischen Singular und Plural anzuzeigen.

Ich habe also ein funktionstragendes Element der normalen Sprache seiner Funktion entkleidet und so übernommen. Damit aber wird es nicht funktionslos, sondern erhält eine ganz andere Funktion, diejenige nämlich, meine Privatsprache oder kindliche Geheimsprache von der Normalsprache zu unterscheiden. Analoges läßt sich von den Texten Rühms und Heißenbüttels sagen, und auch die früheren Beispiele bestätigen das (§§ 107, 108).

§ 204. Abweichungen von der normalen Grammatik entfunktionalisieren normalsprachliche Fuktionen und geben ihnen dafür wenigstens *eine* ganz andersartige neue Funktion: den Unterschied zwischen poetischer und normaler Sprache zu markieren.

Innerhalb dieser Privatsprache kann man auch neue Regeln des Satzbaus aufstellen. Es soll die Spielregel gelten, daß aus dem grammatisch korrekten Satz «du warst zu mir ein gutes mädchen» und aus seiner privatsprachlichen Variante «do worst zo mür eun gotes mödchen» ein Gedicht gemacht wird, indem man beide miteinander abwechseln läßt und bei jeder Wiederholung ein Wort wegläßt, beim normalsprachlichen Satz hinten und bei der privatsprachlichen Variante vorn: auch das ein Kinderliedverfahren (z. B. «Auf der Mauer, auf der Lauer sitzt ein kleiner Wanzen» oder «Jetzt fahrn wir übern See, übern See»). Daraus ergibt sich:

du warst zu mir ein gutes mädchen
worst zo mür eun gotes mödchen
du warst zu mir ein gutes
zo mür eun gotes mödchen
du warst zu mir ein
mür eun gotes mödchen

```
du warst zu mir
eun gotes mödchen
du warst zu
gotes mödchen
du warst
mödchen
du
```

Das Vergnügen an einer solchen Spielerei, sofern vorhanden, beschränkt sich immer noch auf das Auskosten der Abweichungen von der normalen Sprache (Vokalveränderungen, mechanische Satzbildung durch Reduktion des dauernd wiederholten Wortbestandes). Es ist das Vergnügen an der Unsinnspoesie, in diesem Fall wohl eher bescheiden.

Aber die Übung ist nicht ganz im Sinne des Erfinders; denn der, Ernst Jandl, hat aus Satz und Variante Folgendes gemacht:

```
du warst zu mir  ein  gutes mädchen
   worst zo mür eun gotes mödchen
du warst zu mir  ein  gutes
   zo mür eun gotes mödchen
du warst zu mir
                 ean gotes mödchen
du warst zu
                   got   mödchen
du warst
      zo mür
      zu          gut
                       mödchen
   worst zo          got
      zu
         mür
```

Der Unterschied zu meiner eigenen Veranstaltung ist, wie Sie sehen, ein doppelter: zum einen hat Jandl die Stellung eines jeden Wortes auf der Fläche fixiert (Kolonnenbildung) und zum anderen die Spielregel von der Mitte an zum Teil durchbrochen (zwar noch Abwechslung zwischen den beiden Sprachen, aber nicht mehr mechanische Reduktion des Wortbestandes).

Dieser doppelte Unterschied ist von einigem Interesse; denn er zeigt, daß zum einen die Verteilung der Wörter auf der Fläche ein Gliederungsmittel ist und daß zum anderen sowohl aus der Reibung zwischen poetischer und normaler Sprache (das ist uns bekannt) als auch aus der Flächengliederung Bedeutung hervorspringen kann.

Aber eins nach dem anderen. Jandls Kolonnenbildung ist, wie man sieht, ein Extremfall der sonst üblichen Zeileneinteilung oder umgekehrt: die Zeileneinteilung ist ein konventioneller Sonderfall der Verteilung der Wörter auf der Fläche. Die konstruktive Leistung dieses Kennzeichens der

Poesie wird an diesem Extrembeispiel ohne weitere Umwege sehr deutlich: Gliederung und Herstellung von Zusammenhang. Und das ist, in Begriffen der normalsprachlichen Grammatik, eine syntaktische Funktion.

§ 205. Die Verteilung der Wörter auf der Fläche (Zeileneinteilung) bekommt in der poetischen Sprache syntaktische Funktion.

Darüber hinaus leistet sie aber noch ein Zweites, das ich mit einigen Hinweisen verdeutliche. Wenn man von der linken oberen Ecke des Textes die privatsprachlichen Zeilenanfänge nach rechts unten hin verbindet und von rechts oben nach links unten dasselbe macht, dann schneiden sich die Verbindungslinien im Mittelpunkt, sozusagen im Herzen des Gedichts (angezeigt durch *ean*, was kein Druckfehler ist), also an dem Ort, wo sich aus der verstümmelten Allgemeinsprache und aus der verstümmelten Privatsprache ein vollständiger «gemischter» Satz bildet *(du warst zu mir/ean gotes mödchen)*.Und von da an wird aus der mechanischen Abwechslung beider Sprachen der stockende Versuch, aus dem vorhandenen Wortmaterial neue Sätze zu bilden, Sätze, die dem Bedeutungsgehalt des Ausgangssatzes auf den Grund gehen. So gesehen wird eine scheinbar mehr oder weniger kindische Sprachspielerei zu einem ergreifenden Gedicht über eine Trennung, dessen Ende auf mich jedenfalls wie eine abgebrochenes Schluchzen wirkt.

Über diese Interpretation kann man streiten, gewiß. Es kommt mir auch nicht darauf an, daß sie in allen Einzelheiten unbedingt richtig ist, sondern nur darauf, daß sie offensichtlich möglich ist. Und das meint: daß man die Verteilung der Wörter auf der Fläche (eine syntaktische Funktion der poetischen Sprache) im Verein mit den unterschiedlichen Lautqualitäten als Erzeugerin einer ganz neuen, nirgends direkt ausgesprochenen Bedeutung auffassen kann.

Ich sage «auffassen kann», meine damit aber eigentlich «produzierend benutzen kann»; nur kann ich diese Differenz nicht mehr durch Experimente überbrücken. Die Poetik (Theorie des Machens) verwandelt sich unversehens in die Hermeneutik (Theorie des Auffassens/Verstehens), ein bemerkenswertes Ereignis, das uns später an geeignetem Ort noch zu denken geben wird. Einstweilen aber sei, ungeachtet ihres Zustandekommens, diese neue Einsicht festgehalten.

§ 206. Die poetische Sprache kann durch Verteilung der Wörter auf der Fläche (Zeileneinteilung) prozeßhafte Bedeutung (§ 201) hervorbringen.

Zu untersuchen bleibt nur noch die konstruktive Leistung von Reim und Rhythmus. Da muß ich eines vorwegschicken: wie die Zeileneinteilung sich als Spezialfall der Verteilung der Wörter auf der Fläche erwiesen hat, so ist auch der Reim ein Spezialfall der Lautübereinstimmung. Der Reim ist die Übereinstimmung von Vokalen und Konsonanten der Endsilbe(n) (Herz/Schmerz). Daneben gibt es aber auch die Alliteration (Übereinstimmung der Anfangskonsonanten: Mann und Maus) oder – im Deutschen ungewöhnlich – die Assonanz, die Übereinstimmung nur der Vokale der Endsilbe(n).

Ich lege Ihnen ein Beispiel für Assonanz (auf ü und auf a am Zeilenende) vor, und weil Reim und Rhythmus einander unterstützen (§ 198), wird sich an diesem Beispiel die konstruktive Leistung von Lautübereinstimmung und Rhythmus zugleich beobachten lassen.

In des ernsten Tales Büschen
Ist die Nachtigall entschlafen,
Mondenschein muß auch verblühen,
Wehet schon der Frühe Atem.

Jetzt auch hält auf stummen Hügeln
Einsam freudig seine Wache
Phosophoros, der Held der Frühe,
Strahlend, ernsthaft, sinnend, harrend.

Und es geht mit leisen Füßen,
Daß der Vater nicht erwache,
Rosablanka aus der Hütte,
Um die Sonne zu erwarten.

Nieder sitzt sie an der Türe
Und blickt betend in den Garten,
Ehe noch mit grauem Flügel
An dem Dach die Schwalbe raschelt.

Auf den Schattenkelchen glühen
Milden Taues Diamanten;
Sind es Tränen, sind es Küsse,
Ist's der Glanz prophet'scher Flammen?

Und so geht es fort mit demselben Vokalwechsel, noch durch fünfzig weitere Strophen. – Hand aufs Herz: können Sie wirklich nach einmaligem Lesen sagen, was Sie da gelesen haben? Versuchen Sie es doch einmal, ohne den Text noch einmal anzusehen.

Wenn Sie jetzt Ihre Inhaltsangabe mit dem Text vergleichen, werden Sie merken, daß Ihnen wohl doch einiges entgangen ist. Man muß sich schon sehr gut konzentrieren, um nicht fortgetragen zu werden von dem ungemein regelmäßigen Rhythmus und den Assonanzen, um also überhaupt noch mitzubekommen, wovon da gesprochen wird.

Fast wie in der Musik sind Gliederung und Zusammenhang des Textes kaum noch durch die (durchaus vorhandene und weitgehend respektierte) normalsprachliche Syntax gewährleistet, sondern durch Rhythmus und Lautqualität.

§ 207. Lautübereinstimmung (Reim) und Rhythmus bekommen in der poetischen Sprache syntaktische Funktion.

Sie können daraufhin noch einmal die früheren Gedichtbeispiele von Rükkert bis Rühm ansehen, und Sie werden überall dort die syntaktische Funktion, die Gliederungs- und Zusammenhangsfunktion von Lautübereinstimmung (Reim) und Rhythmus bestätigt finden, nur nicht in so extremer Weise wie bei Brentano.

Das Extrem bei Brentano beruht indessen noch auf etwas Zweitem. Falls man auf romantische Gedichte nicht ausgesprochen allergisch reagiert, wird man sich beim Lesen der *Romanzen vom Rosenkranz* (das Zitat ist der Anfang der ersten) eines Eindrucks nicht erwehren können, der sich ungefähr so formulieren läßt: nur ruhig, es ist alles gut. Dieser Eindruck bleibt auch, wenn in den Romanzen dann später von den unschönsten Dingen die Rede ist. Und das ist wieder das uns mittlerweile bekannte Phänomen: die Herstellung einer Bedeutung, die nirgends formuliert wird, sondern sich mit Rhythmus und Assonanz als Ereignis einstellt.

§ 208. Die poetische Sprache kann durch Lautübereinstimmung und Rhythmus prozeßhafte Bedeutung hervorbringen.

Eine Zwischenbilanz ist fällig. Ich habe zuerst in Experimenten erklärt, wie sich die Kennzeichen der Poesie (§ 191) als Elemente der poetischen Sprache der normalen Sprache gegenüber verhalten, potentiell feindlich nämlich, und daß sie einander stützen (§ 200).

Und jetzt ist sichtbar geworden, daß untrennbar mit den destruktiven Tendenzen verbunden konstruktive Funktionen an denselben Kennzeichen der Poesie und Elementen der poetischen Sprache erscheinen können: zum mindesten die Funktion, Distanz zur normalen Sprache anzuzeigen (Abweichungen von der normalen Grammatik, § 204), sonst aber eine syntaktische Funktion bei Lautübereinstimmung, Rhythmus und Verteilung der Wörter auf der Fläche (§§ 205, 207), und in allen vier Fällen zusätzlich noch die Erzeugung einer anderen Art von Bedeutung (§§ 203, 206, 208). Schreiten wir zur Zusammenfassung.

§ 209. Poesie ist eine Sprache mit eigenen Regeln, welche der normalen Sprache mit ihren Regeln (gegen einen gewissen Widerstand) vorgeschaltet werden.

Ich bin mir der Schwierigkeit oder gar Unmöglichkeit bewußt, «normale Sprache» materialiter zu definieren. Glücklicherweise ist das aber in der Poetik auch gar nicht nötig. Es genügt eine negative Definition: normale Sprache ist diejenige, in der die Regeln der poetischen Sprache *nicht* gelten. Und im Übrigen kann man die normale Sprache umgangssprachlich definiert sein lassen.

Gleichwohl ist darauf hinzuweisen, daß die negative Definition immerhin einer Zirkeldefinition gleicht; denn die Regeln der poetischen Sprache beschreiben das Funktionieren der Kennzeichen, und die Kennzeichen wiederum wurden in der Literaturtheorie ermittelt in Absetzung gegen «normale» Texte, also gegen etwas, das jetzt seinerseits in Absetzung gegen die poetische Sprache definiert worden ist.

So unangenehm das sein mag: diese petitio principii läßt sich unmöglich vermeiden, sondern nur bewußt machen. Und erst bei völliger Bewußtheit hört sie auf, dogmatisch zu sein, weil nämlich leer und offen bleibt, was «normal» ist, so daß einem zeit- und situationsbedingten Wandel des Normalen von der Definition aus nichts entgegensteht.

Und in der Tat kann man sich ja ohne allzu großen Phantasieaufwand zum Beispiel einen Zustand ausmalen, in dem die heute noch normale Grammatik derart verlottert ist, daß selbst kühne Abweichungen von ihr gar nicht mehr auffallen und damit dann auch die Fähigkeit verlieren, poetische Sprache zu konstituieren.

§ 210. Die poetische Sprache bildet ihre Regeln, indem sie funktionslosen Elementen der normalen Sprache syntaktische Funktion verleiht und auch der latenten Entfunktionalisierung von funktionellen Elementen der normalen Sprache noch eine abgrenzende Funktion erteilt, sobald sie aktuell wird.

Lautübereinstimmung, Rhythmus und Verteilung der Wörter auf der Fläche kommen auch in normalsprachlichen Texten vor, aber ohne Funktion. Alle drei mit ihrer syntaktischen Funktion in der poetischen Sprache (§§ 205, 207) haben die Tendenz, normalsprachliche Funktionen zu unterdrücken und zu entfunktionalisieren (§ 200), eine Tendenz, die sich in offenkundigen Abweichungen von der normalen Grammatik aktualisieren kann, aber auch dann noch in die Funktion umschlägt, die Distanz zwischen poetischer und normaler Sprache zu markieren (§ 204).

§ 211. Mit jeder ihrer Funktionen (§ 210) kann die poetische Sprache Bedeutung als Ereignis in Wörtern erzeugen (§§ 206, 208).

Dieser Aspekt wird nachher noch etwas ausführlicher zu behandeln sein. Ich knüpfe wieder an den Gedankengang von § 210 an, wende mich der Frage zu, was denn die Regeln der poetischen Sprache von denen der normalen Sprache unterscheidet, und beantworte sie so:

§ 212. Die poetische Sprache bildet ihre Regeln, indem sie ihre syntaktischen Funktionen (§ 210) nach Maß und Zahl normiert.

Der hochkomplizierte Satzrhythmus normaler Sprache wird vereinheitlicht zum taktmäßig wiederkehrenden Versrhythmus, der nach einem Metrum gemessen ist. Die normalsprachliche Sprecheinheit (in Texten: das Kolon) wird vereinheitlicht zu Zeilen, deren Länge bis vor nicht allzu langer Zeit durchwegs nach der Silbenzahl bemessen wurde (die «freien Rhythmen» bilden eine noch zu erläuternde Ausnahme). Und die Übereinstimmung der Laute, in normaler Sprache ein bloßer Zufall, wird in bestimmten, mehr oder weniger wohl bemessenen Abständen gesucht und wenn schon nicht gefunden, so doch erzwungen.

Daß die Welt nach Maß und Zahl geordnet sei, ist ein uralter Traumwunsch, der meist im Indikativ in die Welt getreten ist, unter Berufung auf das Buch der Weisheit Salomonis (Kapitel 11, Vers 20). Die poetische Sprache erschafft eine solche Welt, sofern sie die Kraft ihrer syntaktischen Funktionen ausnützt, unter denen uns ja der Rhythmus als die stärkste aufgefallen ist (§ 198). Besonders der Rhythmus prägt denn auch die Eigenart der poetischen Welt: er bewältigt das unfaßbare Kontinuum der Zeit und all ihre Unsicherheiten und Bedrohungen durch einen regelmäßig wiederkehrenden Takt und bildet so, ähnlich wie die Musik, in jedem Sinne des Wortes eine neue Zeit, die ich anläßlich der Romanze Brentanos beschrieben habe (§ 207).

Begreiflich wird man es aber auch finden, daß diese Real-Utopie einer neuen Zeit und Welt für viele, Poeten und Leser, mittlerweile ihren verführerischen Reiz verloren hat. Denn einerseits gibt es «praktischere» Utopien und andererseits wird ohnehin, auf ganz andere Weise zwar, immer mehr nach Maß und Zahl quantifizierend geordnet und verwaltet. 1984 rückt näher.

Die poetische Sprache ist also eine künstliche, nach den nicht-sprachlichen Normen von Maß und Zahl gemachte Sprache. Darin liegt das tiefe Recht der Bezeichnung Poesie begründet; denn *poiesis* heißt ja schließlich Machen.

§ 213. Poesie ist eine gemachte Sondersprache mit eigenen Regeln auf der Basis der normalen Sprache.

Das Schreiben von Poesie ist deshalb eine besondere Art des Schreibens, ein simultanes Schreiben in zwei Sprachen. Man schreibt als einer, für den die Regeln der normalen Sprache gelten, und als ein anderer, für den die Regeln der poetischen Sprache verbindlich sind, für den die poetische Sprache die Normalsprache ist: also in einer Rolle. Diese Aussage, im § 159 noch in der Schwebe gelassen, darf nunmehr als experimentell erhärtet gelten.

§ 214. Das Schreiben von Poesie hat dieselbe Struktur wie das Schreiben von Literatur überhaupt (§ 171): man schreibt als man selbst und als ein anderer, nur daß die Spaltung beim Schreiben von Poesie nicht als eine personale erscheint (Autor/Erzähler, Autor/ Beteiligter), sondern als eine sprachliche.

Darum kann die Poesie zur Not auch ohne die manifesten Kennzeichen der personalen Spaltung auskommen, also z. B. ohne Titel als Zeugnis der Autorenhaltung, und doch als Literatur identifiziert werden, – dies im Unterschied zu literarischen Texten in Prosa (§§ 134, 146). Und deshalb wiederum wird Poesie oft für einen unmittelbaren Herzenserguß gehalten, obwohl sie doch in einer Rolle geschrieben ist.

Jene Rolle des Poeten läßt sich sogar nach jedermanns Erfahrung beschreiben: es ist die Freiheit des Spielers und der Maske. Maskierung bewirkt ja oft eine gewisse Enthemmung, Maskierten wird eine gewisse (Narren-)Freiheit der Äußerung zugebilligt. Im Cabaret und vollends an der Basler Fasnacht wird gereimt; in poetischer Sprache kann man sich mehr leisten als in prosaischer, und Gereimtes wirkt weit weniger verletzend als Ungereimtes. Der Poet und sein mitspielender Leser oder Hörer begegnen einander als literarische Personen (§ 171), und unter literarischen Personen gelten offenbar andere Umgangsformen als unter biographischen. Man redet einander z. B. ohne Umschweife mit Du an. In früheren Jahrhunderten wurden Fürsten in Prosa mit umständlichen Titulaturen bedacht, in poetischer Sprache (z. B. in Widmungsgedichten) dagegen schlicht per Du angeredet. Und noch heute wird bei Jubiläen oder Betriebsfeiern der Jubilar oder Chef von jedem Poeten ungeniert geduzt. Schließlich noch kennen Sprachheilpädagogen das gar nicht so seltsame Phänomen, daß Stotterer beim Sprechen poetischer Sprache (wie auch beim Singen) häufig aufhören zu stottern, weil ihre Aufmerksamkeit vom eigenen Sprechen auf die Regeln der künstlichen Sprache abgelenkt wird: weil sie in einer Rolle als ein anderer sprechen.

§ 215. Die sprachliche Spaltung beim Schreiben von Poesie kann entweder als Verdoppelung auf die personale Spaltung beim

Schreiben von Literatur aufgesetzt werden (§ 160) oder aber wegen der Strukturgleichheit (§ 214) die personale Spaltung ersetzen.

Wie der Poet mit den Kräften, die er beim Schreiben von Poesie entfesselt hat, fertig wird, und ob sie ihn beherrschen oder er sie, das betrifft nicht mehr die Natur der Poesie, sondern es ist eine Frage des Könnens. Wenn jemand die Kräfte der poetischen Sprache beherrscht, die destruktiven wie die konstruktiven, dann ist sein Schreiben *Kunst*, welches Wort bekanntlich von Können kommt. Kunst ist Prädikat einer Tätigkeit, nicht Eigenschaft eines Werkes, und Kunst ist deshalb in jeder Tätigkeit denkbar, sogar beim Turnen. Man spricht auch von Kunsttischlern oder Kunstschlossern, und das mit Recht. Und man weiß auch: die Ergebnisse dieser Kunst müssen durchaus nicht immer das Prädikat Schönheit verdienen. Daß Kunst am Werke war, sagt noch nichts über den Wert des Werkes aus.

Die sattsam bekannte Frage angesichts eines Werkes, das einem nicht gefällt: «Ist das noch Kunst?», diese Frage ist deshalb auf fatale Weise falsch gestellt und kann prinzipiell nicht und in keinem Fall so beantwortet werden, wie sie gestellt wird. Die deutsche Sprache hat auch da noch Reste früherer Vernunft bewahrt: ein Kunstwerk ist nach allen Regeln der Grammatik ja nicht ein Werk, das selbst Kunst *ist*, sondern ein Werk *der* Kunst, ein Werk, das mit Kunst *gemacht ist*. Den deutschen Juristen und Gerichten sei beiläufig der gute Rat gegeben, in dieser Sache einmal die Logik der Sprache zu bedenken; es könnte ihnen aus mancher Klemme helfen.

Kunst ist in all den genannten Fällen die vollkommene Beherrschung oder gar Überwindung der Natur, hier: der Natur der poetischen Sprache.

§ 216. Das Schreiben poetischer Texte kann zur Kunst ausgebildet werden, zur Kunstpoesie oder Sprachkunst.

Man erwarte nur nicht, jetzt doch auf Umwegen ein hübsches «objektives» Wertkriterium zu bekommen. Ich habe den § 180 nicht vergessen. Und auch sonst ließe sich ja gar nicht übersehen, daß Produkte der Kunstpoesie, daß poetische Kunstwerke nicht unbedingt Meisterwerke sein müssen, sondern auch bloße, nette Kunststücke sein können. Ebenso wenig ist kunstlose Poesie etwas Minderwertiges. Unbeschadet dessen wird natürlich bei der Bewertung eines poetischen Textes auch der Aspekt Kunst gewürdigt sein wollen.

Die Möglichkeiten der Kunstpoesie sind vielfältig und in gewisser Weise unvorhersehbar, deshalb auch nicht durch Experimente reproduzierbar, sondern nur durch Interpretation nachzuweisen. Immerhin scheinen mir alle Möglichkeiten der Kunstpoesie je nach ihrer Leistung zwei Gruppen zuzuordnen zu sein: der Beherrschung und der Überwindung der Natur poetischer Sprache. So daß eine gewisse systematische Vollständigkeit, wenn auch niemals eine Vollständigkeit der Beispiele erreicht werden kann.

§ 217. Beherrschung der poetischen Sprache zeigt sich erstens darin, daß der Konflikt zwischen ihr und der normalen Sprache (§ 200) keine Spuren im Text hinterlassen zu haben scheint.

Wenn ein Text mit den Kennzeichen der Poesie ungezwungen wie normale Sprache wirkt, dann weiß ich das aufgrund meiner experimentellen Erfahrung als höchst beachtliche Kunstleistung mit Vergnügen zu schätzen, etwa bei Wieland im zitierten Gedichtanfang (§ 197) und auch sonst.

§ 218. Beherrschung der poetischen Sprache kann sich zweitens darin äußern, daß die destruktiven Tendenzen ihrer syntaktischen Funktionen (§§ 200, 210) konstruktiv gewendet werden, also nicht mehr gegen die normale Sprache, sondern zu ihren Gunsten arbeiten.

Klopstocks Behandlung des Versrhythmus (§ 198) ist ein solcher Fall, ebenso die Zeileneinteilung bei Bobrowski (§ 111), und auch für den Reim läßt sich Gleiches denken (vgl. § 199). Immer wird die konstruktive Wendung so aussehen, daß durch kunstmäßig beherrschten Einsatz der Mittel poetischen Sprechens irgendwelche Aspekte der gesprochenen Sprache, die sonst in Texten notwendigerweise verloren gehen, poetisch wiederhergestellt werden (Stimmführung, Betonung, Nachdruck usw.). Der Verzicht auf (Reim und) taktmäßigen Rhythmus, das Schreiben in «freien Rhythmen» also (§ 212), dient häufig der Erreichung dieses Zieles, seit Klopstock über Goethe, Hölderlin, Novalis bis in unsere Tage.

Soweit einige Beispiele zur kunstmäßigen Beherrschung der poetischen Sprache. Unter der zweiten Leistung der Kunstpoesie, unter der Überwindung der Natur poetischer Sprache, verstehe ich etwas anderes. In allen Experimenten am Anfang dieses Kapitels war zu erfahren, daß die Bedeutung am meisten der Gefahr der Schädigung durch die poetische Sprache ausgesetzt ist: der Schädigung durch den Reim (§ 195), den Versrhythmus (§ 202) und sicher auch durch die Zeileneinteilung, die ja beide unterstützt (§§ 196, 197).

Während also die Beherrschung der poetischen Sprache auf Unterstützung der normalen Sprache und Wiederherstellung der gesprochenen Sprache angelegt ist, besteht die Überwindung der Natur poetischer Sprache darin, etwas Zusätzliches zu leisten: sozusagen kompensatorisch Bedeutung zu produzieren, und zwar auf andere Weise als in der normalen Sprache. Dazu sind mir drei Möglichkeiten bekannt.

§ 219. Die erste Möglichkeit zur Überwindung der Natur poetischer Sprache und zur poetischen Erzeugung von Bedeutung besteht darin, den syntaktischen Funktionen der poetischen Sprache (§§ 205, 207) zusätzlich eine semantische Funktion zu geben.

Die Versuche, dem *Versrhythmus* eine Bedeutung beizulegen, welche die Bedeutung der Wörter untermalt oder verdoppelt, sind bekannt. Sie werden häufiger von Interpreten als von den Autoren selbst stammen und auf jeden Fall keinen großen Kunstaufwand erfordern. Trivial z. B. erscheint mir der Einsatz von Daktylen (dámdada dámdada) bei der Schilderung von Pferdegetrappel, um einiges raffinierter – weil verbunden mit einer gleichsinnigen Abweichung von der normalen Grammatik – Goethes Variation im Gedicht *An Schwager Kronos:*
Frisch den holpernden
Stock Wurzeln Steine den Trott.
Ähnlich liegen die Dinge bei der Belastung von *Lauten* oder *Lautübereinstimmungen* mit einer den Worten korrespondierenden Bedeutung. Zweifellos gibt es so etwas, aber es steht zu befürchten, daß der bekannte Vokaltiefsinn (Häufung von u für dunkle Stimmung usw.) nicht selten auf die Rechnung der Interpreten geht. In den offensichtlichen Fällen einer solchen Lautbedeutung wird man es jedenfalls nicht immer mit den allerbesten Gedichten des betreffenden Autors zu tun haben. Nur zur Illustration die Anfangszeilen aus einem beiläufigen Kunststückchen Brentanos, aus dem «Geschwätz der Schwalbe» im Märchen vom *Murmeltier:*
I, wie ziehn die Winde
So geschwinde durch die Linde,
Daß die Blätter zwitschern
Und die Grasspitzen glitzern . . .
Altbekannt sind auch die Unternehmungen, der poetisch normierten *Fläche* Bedeutung abzugewinnen, wie sie z. B. in barocken Figurengedichten vorkommen: die Umrisse des Druckbildes geben die Konturen des besungenen Gegenstandes wieder (Pokal, Herz, Kreuz usw.). Längere Zeit hat diese Technik den Poeten nicht mehr gefallen, bis sie in den letzten Jahrzehnten eine Auferstehung in der konkreten Poesie erlebt hat, wofür man als Beispiel unweigerlich Gomringer zitieren muß:

schweigen schweigen schweigen
schweigen schweigen schweigen
schweigen   schweigen
schweigen schweigen schweigen
schweigen schweigen schweigen

Dieser Text besagt durch die ausgesparte Fläche in der Mitte sinnenfällig nicht mehr und nicht weniger, als daß Schweigen durch die Sprache nicht beschrieben werden kann, auch nicht durch das Wort «schweigen», sondern durch ein Loch zwischen den Wörtern.

Goethes Werke. Hamburger Ausgabe. Band 1. 6. Aufl. Hamburg 1962, S. 47.

Clemens Brentano, Werke. Dritter Band. München 1965, S. 239.
Hellmut Rosenfeld, Das deutsche Bildgedicht. (Palaestra. 199) Leipzig 1935,
Neudruck 1967.
Eugen Gomringer, worte sind schatten. die konstellationen 1951–1968. Reinbek
1969, S. 27.

§ 220. Die zweite Möglichkeit zur Überwindung der Natur poetischer Sprache und zur poetischen Erzeugung von Bedeutung besteht darin, einen poetisch beschriebenen Gegenstand zum Bedeutungsträger (Symbol) zu machen.

Das war einmal originell, hat sich aber mittlerweile zu einem heiklen Unterfangen entwickelt, das sehr schnell zum Wink mit dem Zaunpfahl wird. Übrigens kann man diese Technik natürlich auch in literarischer Prosa einsetzen, wie Ihnen denn sicher auch aus Romanen das Gewitter als «unauffällige» Ankündigung von inneren Katastrophen oder reinigenden Konflikten bekannt sein wird. Ich versuche an einem kurzen Gedichtbeispiel von C. F. Meyer zu zeigen, wie ein Könner diese Technik handhabt.

Zwei Segel

Zwei Segel erhellend
Die tiefblaue Bucht!
Zwei Segel sich schwellend
Zu ruhiger Flucht!

Wie eins in den Winden
Sich wölbt und bewegt,
Wird auch das Empfinden
Des andern erregt.

Begehrt eins zu hasten,
Das andre geht schnell,
Verlangt eins zu rasten,
Ruht auch sein Gesell.

Stellen Sie sich vor, Sie sähen auf einem See zwei Segel, die in unverabredeter Überinstimmung immer genau gleich auf den wechselnden Wind reagieren, und Sie sollten den Anblick beschreiben. Die Beschreibung würde zweifellos ganz anders ausfallen als das Meyersche Gedicht, und zwar nicht nur so unterschieden, wie sich eben immer zwei Beschreibungen des Gleichen voneinander unterscheiden, sondern in der ganzen Sicht- und Wahrnehmungsweise.
Die erste Strophe des Gedichts unterscheidet sich von einer ganz gewöhnlichen Beschreibung wohl nur in Formulierungsfragen, in einzelnen Wörtern *(erhellend)* und in gewählten Wortverbindungen *(ruhige Flucht).*

Ebenso die erste Hälfte der zweiten Strophe. Aber ab Zeile 7 ändert sich das: da wird plötzlich dem einen Segel *Empfinden* zugeschrieben, also etwas Menschliches.

Falls man vermuten sollte, es handle sich vielleicht um Reimzwang, wird man in der dritten Strophe gründlich eines anderen belehrt: da sind sämtliche Bewegungen der Segel (jedenfalls der Formulierung nach) nicht mehr vom Wind, sondern von einem Willen motiviert *(begehrt, verlangt),* und die Bewegungen selbst (hasten, gehen, rasten, ruhen) sind gleichfalls nicht mehr solche, wie man sie sonst Segelbooten zuschreiben würde, sondern recht eindeutig menschliche Bewegungen, auf Emotionen und Entschlüssen beruhend.

Das letzte Wort des Gedichts *(Gesell)* beseitigt dann die letzten Zweifel: es sind zwar zwei Segel gemeint, zugleich aber auch zwei Menschen. Meyer hat das ganz natürliche Bild zweier Segel durchsichtig werden lassen auf eine Bedeutung hin, indem er Wörter aus der Bedeutungsebene *(Empfinden* usw.) langsam in die Bildebene hat einwandern lassen, ohne doch die Beschreibung des Bildes irgendwo zu unterbrechen.

Die Bedeutung, die so in das Bild hineinkommt, wird man unschwer erraten. Meyer hat das Gedicht in seiner Gedichtsammlung im Abschnitt «Liebe» plaziert.

In einem Text auf solche Weise die Erzeugung von Bedeutung zu vollziehen und vorzuzeigen, das ist Poesie als Kunst.

Es wird wohl auch niemand kommen und sagen wollen, es sei keine Kunst, so etwas zu machen. Es ist!

An diesem Beispiel eines gekonnten Symbolismus, der nicht einfach einen Gegenstand mit einer Bedeutung unvermittelt gleichsetzt, – an diesem Beispiel einer gekonnten Semantisierung des Gegenstandes läßt sich auch schon ansatzweise eine weitere Möglichkeit der Kunstpoesie studieren. Denn Meyer hat ja nicht nur einfach einem Gegenstand eine Bedeutung zugesprochen, sondern den Prozeß des Zusprechens sich im Gedicht abspielen lassen. Und diesen Prozeßcharakter des Textes meine ich mit der erwähnten dritten Möglichkeit der Kunstpoesie.

Üblicherweise gelten ja Gedichte als Beschreibung oder Ausdruck von etwas, sei das nun ein Erlebnis, ein Gefühl, eine Stimmung, eine Landschaft, ein Ding oder was auch immer. Für viele Gedichte, wohl für die meisten, wird diese Einschätzung auch zutreffen (unter Vorbehalt des § 214 natürlich). Daneben aber gibt es, was selbst unter Literaturwissenschaftlern weitgehend unbekannt ist, zahlreiche Gedichte, in denen nicht in erster Linie etwas über etwas anderes mitgeteilt wird: in ihnen wird vielmehr etwas praktiziert oder demonstriert. Der Fortgang des Textes selbst ist die Mitteilung, aber eine, die man mitmachen muß, an der man sich beteiligen muß, um sie zu bemerken und zu verstehen. Die Texte selbst pflegen einem diese Mitteilung nicht aufzudrängen, sie haben nur ein gewisses Etwas an sich, ein Timbre, an dem man sie erkennt.

Conrad Ferdinand Meyer. Werke. Band 1. Stuttgart 1960, S. 102.

§ 221. Die dritte Möglichkeit zur Überwindung der Natur poetischer Sprache und zur poetischen Erzeugung von Bedeutung besteht darin, Bedeutung als Ereignis in Wörtern geschehen zu lassen.

Auch dies eine Möglichkeit, die nicht nur in poetischer Sprache realisiert werden kann, sondern auch in literarischer Prosa. Manche Kurzgeschichten Robert Walsers etwa demonstrieren mehr, als sie sagen.

Wie die poetische Sprache mit ihren syntaktischen Funktionen prozeßhafte Bedeutung erzeugen kann, habe ich bereits gezeigt: für die Zeileneinteilung (§ 206) am Text von Jandl, für Reim und Rhythmus (§ 208) an der Romanze von Brentano. Daß die Abweichungen von der normalen Grammatik dasselbe leisten können, war an Beispielen von Rühm (§ 201) und Heißenbüttel (§ 203) zu sehen.

Ich möchte zum Abschluß der Theorie der Poesie noch eine weitere Variante vorstellen, die nicht mit den syntaktischen Funktionen der poetischen Sprache arbeitet und deshalb auch in der Prosa (z. B. in Kafkas Erzählung *Der Bau*), aber sicher häufiger in der Poesie anzutreffen ist: die Erzeugung von Bedeutung durch Wechsel der Sprechsituation. Was damit gemeint ist, sollen einige Bemerkungen zu einem Gedicht von Eduard Mörike erklären.

Früh im Wagen

Es graut vom Morgenreif
In Dämmerung das Feld,
Da schon ein blasser Streif
Den fernen Ost erhellt;

Man sieht im Lichte bald
Den Morgenstern vergehn,
Und doch am Fichtenwald
Den vollen Mond noch stehn:

So ist mein scheuer Blick,
Den schon die Ferne drängt,
Noch in das Schmerzensglück
Der Abschiedsnacht versenkt.

Dein blaues Auge steht
Ein dunkler See vor mir,
Dein Kuß, dein Hauch umweht,
Dein Flüstern mich noch hier.

An deinem Hals begräbt
Sich weinend mein Gesicht,
Und Purpurschwärze webt
Mir vor dem Auge dicht.

Die Sonne kommt; – sie scheucht
Den Traum hinweg im Nu,
Und von den Bergen streicht
Ein Schauer auf mich zu.

Beschrieben ist in den ersten beiden Strophen in genauer Symmetrie zweimal jener eigenartige Zustand zwischen Nacht und Tag, wenn die Nacht noch nicht vergangen ist (Z. 1–2 und 7–8) und der Tag sich schon ankündigt (Z. 3–4 und 5–6). Beschrieben wird dieser Zustand, um ihn ausdrücklich mit dem Zwischensein des Ichs zwischen Vergangenheit und Zukunft zu vergleichen (3.Strophe, beginnend mit *So*), wobei wie vorher für das Schon (Z. 9–10) und für das Noch (Z. 11–12) je zwei Zeilen reserviert sind. Die vierte Strophe, ganz dem Noch gewidmet, schließt sich im genau gleichen Sinne an die dritte Strophe an wie die zweite an die erste: Wiederholung und Ausmalung des zuletzt Gesagten. Und nach dem Gesetz der Symmetrie müßte in der fünften Strophe die sich schon ankündigende Zukunft zur Sprache kommen. Statt dessen ereignet sich etwas, man mag es nennen, wie man will: die imaginierte Vergangenheit übermächtigt den Sprechenden oder er schlüpft in sie hinein. Auf jeden Fall, die Gegenwart, vorher der ausdehnungslose Schnittpunkt zwischen Noch und Schon, wird zum Ganzen; gegenwärtig zu sein, gelingt im stehenden Bild der Imagination von Vergangenheit, wo die Zeit aufgehoben, d. h. die Zukunft ausgeschlossen ist. Trotzdem ist dieser zum stehenden Moment geronnene, verewigte Abschied kein Glück; trotzdem wagt es der Sprechende selbst in dieser fünften Strophe nicht, «Ich» zu sagen; trotzdem vergeht die Zeit. Bis endlich die Sonne, schon in der ersten Strophe das Bild der heraufkommenden Zukunft, das Ereignis der fünften Strophe als einen flüchtigen Traum entlarvt und verscheucht, den Versuch, sich durch imaginative Selbstverewigung, durch den Wechsel der Sprechsituation, der drängenden Zukunft zu entziehen und alles Gegenwart sein zu lassen.

Diese knappen Hinweise mögen einigermaßen ausreichen, um zu erläutern, was ich meine: dieses Gedicht ist nicht nur Mitteilung über Gedanken während einer Wagenfahrt in den Morgen, es ist als Ganzes die Erprobung einer Möglichkeit, mit der Zukunft und dem Leben fertig zu werden, sozusagen ein existentielles Experiment, sorgfältig vorbereitet in vier Strophen, durchgeführt in der fünften und ausgewertet in der letzten. Die Bedeutung dieses Experiments für den Experimentierenden ist nirgends ausdrücklich formuliert, sie stellt sich als Ereignis ein, wenn man der Bewegung des Gedichtes folgt.

Eduard Mörike, Sämtliche Werke. 5.Aufl. München 1976, S.95.

§ 222. Alle Kennzeichen der Literatur waren darauf zurückzuführen, daß ein Autor literarischer Texte als er selbst und als ein anderer schreibt.

Getreu der Devise, daß in der Poetik die literarischen Texte als etwas Ungewordenes und Werdendes zu betrachten seien (§ 184), werde ich mich daran machen, so zu schreiben, daß dann im fertigen Text die Kennzeichen der Literatur anzutreffen sind. Ich werde also versuchen, als ich selbst und als ein anderer zu schreiben.

Um das machen zu können, muß ich erst einmal wissen, wie das ist, wenn ich «nur» als ich selbst schreibe. Das will zuerst einmal ausprobiert sein, damit sich dann absehen läßt, wo und wie ich mich in dieses Schreiben auch noch als ein anderer einmischen kann.

§ 223. Die Theorie des Schreibens ist Vorbereitung zur Theorie des literarischen Schreibens; theoretische Produktion eines Textes, den man nur als man selbst und nicht auch als ein anderer schreibt.

Und da ist es wieder wie beim Lesen: das Schreiben nur als man selbst, das ganz normale Schreiben, ist einem trotz seiner Kompliziertheit so geläufig, daß man gar nicht weiß, was man da eigentlich macht. Und nicht anders als beim Lesen kann man auch beim Schreiben nicht so recht sagen, worauf man eigentlich achten soll, wenn man wissen will, was man da macht. Immerhin, so viel dürfte klar sein: bloßes «Theoretisieren» nützt nichts.

§ 224. Da man des Schreibens als eines Untersuchungsgegenstandes nicht habhaft werden kann, man betreibe es denn (vgl. § 53), kann die Theorie des Schreibens nur Reflexion auf das Schreiben im Vollzug sein.

Es wäre überhaupt kein Problem, so etwas sofort zu veranstalten, aber dabei würde nichts herauskommen, weil, wie gesagt, die Gesichtspunkte fehlen. Ähnlich wie beim Lesen den Telephonbuchwitz (§ 54) schicke ich jetzt eine Passage voraus, welche die nötigen Gesichtspunkte liefern soll. Denn – noch einmal – wie beim Lesen (§ 53) geht es auch diesmal um Phänomene «am Anfang» des Schreibens. Ich wähle diesmal den Einstieg so, daß ich Sie die Entstehung eines Textes miterleben lasse, theoretisch, versteht sich.

§ 225. Die Theorie des Schreibens beginnt mit dem theoretischen Schreiben eines Textes; die Ergebnisse werden am praktischen Schreiben zu überprüfen sein.

Was wir jetzt betreiben werden, ist ein Schreibprojekt (§ 38). «Wir» sage ich, weil ich Sie daran beteiligen werde, indem ich Sie als Hauptperson des Projekts anrede.

Stellen Sie sich vor: Sie haben die Aufgabe, als Photograph möglichst unauffällig und doch dokumentarisch reichhaltig eine Prominentenhochzeit zu filmen. Sie packen also Ihre gesamte Ausrüstung ein, begeben sich an den Tatort und filmen bei der Trauung, beim Bankett und beim anschließenden Ball, was das Zeug nur hält. Weil Sie noch nicht lange im Metier sind, haben Sie die Verwunderung darüber noch nicht verlernt, daß die Leute «ungezwungen» so tun, als bemerkten sie die Kamera nicht. Und wenn Sie dann gelegentlich eine Pause machen, um einen neuen Film einzulegen, um sich auszuruhen oder um etwas zu essen und zu trinken, dann merken Sie es noch deutlicher: die Gäste behandeln Sie nicht als ihresgleichen, sondern nur als den Kameramann. Und Sie fragen sich: ist der Kameramann nicht genau so gut Teilnehmer des Festes wie die anderen Gäste und das Hochzeitspaar?

Sicher, er ist zwar beim Ereignis dabei, aber doch anders als die Gäste, die am Ereignis teilnehmen. Denn für den Kameramann *sind* die Gäste und das Hochzeitspaar das Ereignis, während er für sie eben doch nur der aufdringliche Kameramann ist, den man geflissentlich übersieht. Natürlich, es gibt auch einige darunter, für die ein richtiger, lebendiger Kameramann ein Ereignis ist, aber das ist wieder etwas anderes.

Ich unterscheide also zwischen dem Kameramann, den ich den *Beobachter* nenne, und den *Ereignisteilnehmern*, die für ihn das *Ereignis* sind.

§ 226. In der ersten Vorbereitungsphase des theoretischen Schreibens kommen ein Beobachter und beliebig viele Ereignisteilnehmer vor, die für ihn das Ereignis sind.

Es spielt nämlich keine Rolle, wie viele Teilnehmer ein Ereignis hat, einen oder tausende, ja, es gibt bekanntlich Ereignisse ohne jeden Teilnehmer, Naturereignisse wie ein Bergsturz oder eine Sonnenfinsternis oder auch nur eine Biene auf einer Blume: all das kann für den Kameramann zum Ereignis werden, an dem er nicht als Teilnehmer, sondern eben nur als Beobachter beteiligt ist.

Der Film vom Hochzeitsereignis ist also abgedreht. Sie haben nicht das ganze Ereignis einfangen können, sondern nur kleine Teile, wegen der Pausen, die Sie gemacht haben, und weil Sie nicht an mehreren Orten zugleich haben filmen können.

Sie sehen sich den entwickelten Film an, um ihn zusammenzuschneiden; denn Ihr Auftrag lautet ja, einen etwa einstündigen Film abzuliefern, und Sie haben Material für mindestens fünf Stunden. Einiges muß auf jeden Fall wenigstens ausschnittweise in die endgültige Fassung eingehen, z. B. die Trauungszeremonie, anderes ist entbehrlich oder auswechselbar. Sie beginnen auszuwählen, d. h. aus der vorliegenden Auswahl des Beobachters eine noch engere Auswahl herzustellen, die Ihren Eindruck vom Ereignis möglichst gut wiedergibt.

Dabei beginnen Sie sich zu ärgern, daß an einigen Stellen, auf die es Ihnen ankommt, die Tonqualität wegen des allgemeinen Lärms beim Fest miserabel ist oder daß dummerweise gerade die Tonspur ausgefallen ist. Und da nicht jeder der zukünftigen Zuschauer jeden Festteilnehmer im Film sogleich erkennen wird, wäre es vielleicht überhaupt günstig, kurz zu sagen, who's who.

Daher entschließen Sie sich, Einleitungen («Viele Gäste waren geladen, und alle, alle kamen zur Hochzeit des Jahres»), Überleitungen («die Gäste begeben sich still ergriffen zum Bankett») und Kommentare («rechts an der Säule steht Herr X neben Frau Y») zu sprechen und mit Originalton zu mischen. Endlich liefern Sie den Film ab, in dem dann neben all den anderen auch Ihre sonore Stimme vorkommt.

Und damit haben Sie sich, nachdem Sie beim Ereignis Beobachter waren, für den Film und im Film in einen *Erzähler* verwandelt. Sie haben aus dem Auswahlmaterial des Beobachters eine noch engere Auswahl getroffen und das Ereignis in Sprache gefaßt, sofern der Originalton und die Bilder nicht für sich selbst sprechen.

§ 227. In der zweiten Vorbereitungsphase des Schreibens kommt ein auswählender und redender Erzähler vor.

Der Film kommt gut an, Sie selbst finden ihn bedeutend und es schade, daß er nur einem recht kleinen Privatpublikum zugänglich sein soll. Deshalb beschließen Sie, aus der Kopie, die Sie behalten haben, aber nicht verleihen dürfen, ein dokumentarisches Buch zu machen.

Ihr erster Gedanke ist es, einfach den Ton, die Mischung aus ihrem Kommentar und dem Originalton, abzuschreiben. Das geht natürlich eigentlich nicht, weil Sie ja Musik und Geräusche überhaupt gar nicht abschreiben können, und auch sonst wäre es ganz nützlich, wenn Sie für die schriftliche Fassung noch manche Zusätze unterbrächten (Angaben, wer zu wem spricht und wo man sich gerade befindet usw.), die im Film nicht nötig sind, weil die entsprechende Information durch das Bild geliefert wird, und die auch auf dem Tonband allein zum Teil noch entbehrlich sind, weil man z. B. die Stimmen akustisch unterscheiden kann.

Aber weil die ersten Gedanken immer die besten sind, verzichten Sie auf jegliche Zusätze, zumal Sie mit Befriedigung feststellen, daß die geschriebene Fassung wegen des Mangels an eigentlich unentbehrlichen Informationen leicht unsinnig wirkt und damit ohne Worte Ihr Urteil über den Charakter des Ereignisses recht gut wiedergibt.

Kurzum: Sie verzichten darauf, sich noch einmal zum Erzähler zu machen und nachzutragen, was Sie versäumt haben und versäumen durften, solange Sie nicht wußten, daß die Erzählung nicht nur gehört und die Bilder nicht nur gesehen, sondern das Ganze gelesen werden würde. Sie beschränken sich darauf, die mündliche Erzählung und den Originalton einfach abzuschreiben, so gut das eben geht.

Und damit haben Sie dann doch Ihren bisherigen Arbeiten als Beobachter und als Erzähler eine weitere hinzugefügt: das Schreiben. Sie haben sich sozusagen als Sekretär des Erzählers betätigt, der stur nach Diktat aufschreibt. Sie sind zum Verfasser des Buches, zum *Autor* geworden.

Aufgabe des Beobachters war das Sehen des Ereignisses, Aufgabe des Erzählers das Sprechen des Gesehenen, Aufgabe des Autors ist das Schreiben des Gesprochenen.

§ 228. In der dritten Phase, beim Schreiben selbst, kommt ein schreibender Autor vor.

Weil Ihr Meisterwerk schließlich unter die Leute zu kommen verdient, setzen Sie einen verkaufswirksamen Titel («Wenn sich Herz zu Herzen findet») und einen dito Untertitel («Die Hochzeit des Jahrhunderts») vor das Manuskript, und dann schreiben Sie stolz Ihren Namen über den Titel, damit jedermann weiß, daß dieses Buch von Ihnen stammt.

Indem Sie nun das Manuskript verpacken, an einen Verlag adressieren und zur Post bringen, wird Ihnen immer seltsamer zumute. Es ist Ihnen, als gäben Sie einige Wochen Ihres Lebens weg, ein Stück Ihrer selbst, in ein Paket verschnürt. Zugleich aber beginnt dieses Stück Ihrer selbst Ihnen merkwürdig fremd zu werden, Sie sehen es plötzlich mit anderen Augen, z. B. mit den Augen des Verlagslektors, der vielleicht eine unzarte Bemerkung darüber machen wird.

Spätestens beim Lesen der Korrekturfahnen, wenn also Ihre persönliche Schrift in unpersönliche Druckschrift überführt worden ist, spätestens dann fühlen Sie sich vom Text fremdartig berührt: manches finden Sie unglaublich gelungen, bei anderen Stellen müssen Sie sich im Manuskript vergewissern, ob Sie sie wirklich so geschrieben haben. Es ist wie beim Ansehen von Kindheitsphotos: man kann es manchmal kaum glauben, daß man selbst einmal so entzückend oder so abscheulich ausgesehen hat.

Der Text, dieses Stück Ihrer selbst, ist Ihnen fremd geworden. Sie entdecken, freudig oder peinlich berührt, daß Sie zwar selbst der *Autor des Textes* sind, aber mittlerweile doch ein bißchen anders, als wie Sie sich als *Autor im Text* damals gegeben haben. Und vielleicht wäre es Ihnen jetzt gar nicht unrecht, wenn Sie noch ein Pseudonym wählen könnten, damit niemand merkt, daß Sie effektiv derselbe sind, den man sich beim Lesen des Textes vorstellt, aber eben doch ein bißchen anders vorstellt, als es Ihnen lieb ist.

Mit anderen Worten: es drängt sich Ihnen die Unterscheidung auf zwischen der *biographischen Person*, die Sie nach wie vor sind (Autor des Textes), und der *Textperson*, wie sie sich damals beim Schreiben im Text darge- stellt hat (Autor im Text). Und dieser Unterschied wird Ihnen schmerzlich oder freudig spätestens dann bewußt, wenn Sie der *Leser des Textes* sind.

§ 229. Wenn man der Leser des (eigenen) Textes wird, wird ei- nem der Unterschied zwischen einem selbst als biographischer Person (Autor des Textes) und einem selbst als Textperson (Autor im Text) bewußt.

Das ist das Befremden darüber, einen vergangenen Zustand seiner selbst, den man im Erleben durchlaufen und inzwischen hinter sich gelassen hat, ein für allemal fixiert und dann noch von außen zu sehen. Die biographische Person unterscheidet sich von der Textperson so, wie sich eben ein lebendi- ger Mensch von Fleisch und Blut von einem Bündel bedruckten Papiers un- terscheidet, selbst wenn das gegenwärtige Papier Überbleibsel der eigenen Vergangenheit ist: das Leben ist zu einem toten Ding und Text geworden (§§ 84, 85).

Damit ist das Schreiben beendet, der Text ist fertig und hat seine ersten Leser gefunden, den Lektor, den Setzer, vielleicht auch den Drucker und vor allem den Autor.

Dieses Gedankenexperiment, das werden Sie gemerkt haben, war na- türlich ein leicht künstliches, nicht unrealistisch, aber wegen der Zerdeh- nung des Schreibprozesses zumindest mit einer ungewöhnlichen Optik ge- sehen, sozusagen eine Zeitlupenaufnahme. Immerhin hat uns die Übung mit Gesichtspunkten ausgestattet, unter denen wir jetzt das «richtige» Schreiben betrachten können.

§ 230. Die Reflexion auf das Schreiben im Vollzug muß den Nachweis liefern, daß das praktische Schreiben dieselbe Struktur hat wie das theoretische Schreiben.

Ich nehme zu diesem Zwecke einen Text, der nicht in den Verdacht geraten wird, wegen seines literarischen Charakters oder wegen seiner Ähnlichkeit zum hypothetischen Filmbuch gewählt zu sein. Es ist der Text: «Zwei mal zwei ist vier».

Wenn Sie diesen Text, was Sie unbedingt tun sollten, jetzt gleich auf die- ser Seite selbst niederschreiben, dann achten Sie, bitte sehr, darauf, welche Gedankenoperationen Sie dabei vollziehen. Sie werden sie wahrscheinlich nicht gleich formulieren können, weshalb ich Ihnen Ihre Schreiberfahrung zu erklären und zu erhellen versuche, wobei die Reihenfolge meiner Erklä- rungen, wie schon seinerzeit beim Lesen (§ 65), weniger als zeitliches Auf- einander, denn als logisches Bedingungsverhältnis zu verstehen sind. Also, hier ist Platz zum Schreiben:

Zuerst ist, um ihn wenigstens zu erwähnen, der Vorsatz zum Schreiben da gewesen. Dann haben Sie den Satz, den ich Ihnen vor-geschrieben habe, nicht etwa hier aus dem Buch kopiert, sondern ihn sich als einen Sachverhalt vorgestellt, der Ihnen vermutlich schon früher bekannt gewesen war. Sie werden sich den Sachverhalt in Zahlen oder in Wörtern vergegenwärtigt haben, und dann haben Sie ihn für sich noch einmal in Wörter gefaßt, sozusagen abgesprochen. Schließlich haben Sie die Wörter in Buchstaben transponiert und den Satz geschrieben. Wie er jetzt da steht, sehen Sie ihm ohne Weiteres an, daß *Sie* ihn geschrieben haben, und ebenso jeder, der Ihre Handschrift kennt. Falls aber später einmal Ihr Exemplar dieses Buches im Antiquariat landet, wird sich der nächste Leser beim Durchblättern fragen, was Sie denn für ein eigenartiger Typ sind, daß Sie einfach so in ein Buch hineinschreiben.

Dasselbe in den Begriffen des theoretischen Schreibens von vorhin: «am Anfang» des Schreibens stellt man sich das Ereignis (den Sachverhalt «Zwei mal zwei ist vier») vor und wird damit zum Beobachter des Ereignisses. Dann faßt man das sprachliche und sprachlich wahrgenommene Ereignis als Erzähler in *bestimmte* Wörter («Zwei mal zwei ist vier» und nicht z. B. «Zwei multipliziert mit zwei macht vier»), und schließlich schreibt man sie als Autor in Buchstaben, die persönlich geprägt sind. Wer Ihre Schrift nicht kennt, weiß nicht, daß Sie der Autor sind. Vielleicht schreiben Sie deshalb besser noch Ihren Namen dahinter. Doch auch dann, wenn Sie als Autor im Text genannt sind, können Sie nicht verhindern, daß ein Leser sich möglicherweise einen ganz anders konstruierten Menschen als Autor des Textes vorstellt, als Sie es sind.

§ 231. Im Schreiben eines jeden Textes kommen Ereignis(teilnehmer) (§ 226), Beobachter (§ 226), Erzähler (§ 227) und Autor (§ 228) vor, und «spätestens» mit dem Abschluß des Textes beginnt sich der Autor im Text vom Autor des Textes, beginnt sich die Textperson von der biographischen Person zu unterscheiden (§ 229).

Der Unterschied zwischen dem Text «Zwei mal zwei ist vier» und dem theoretisch geschriebenen Filmbuch reduziert sich also darauf, daß das Ereignis «Zwei mal zwei ist vier» gedacht wurde und zwischen ihm und dem Text nur ein «winziger Moment» lag, während das Hochzeitsereignis mit leibhaftigen Augen gesehen wurde und erst nach längerer Zeit bei der Endstation Text ankam.

Dieser Unterschied ließe sich noch um einiges genauer fassen, d. h. komplizierter, und dabei würde er sich auflösen. Aber das ist jetzt noch nicht wichtig. Wichtig ist nur, daß zwar Unterschiede da sein mögen, wie immer man sie formuliert, daß aber die Struktur des Schreibens, beschrieben in Phasen und Personen, beide Male dieselbe ist.

Die Unterschiede betreffen die Verhältnisse der Personen untereinander und zwischen Personen und Ereignis (gedacht/gesehen, gleichzeitig/später und vielleicht noch anderes), aber es läßt sich kein Schreibakt denken, in dem nicht Ereignis, Beobachter, Erzähler und Autor vorkommen, und zwar in dieser «Reihenfolge». Denn damit ist die innere Struktur des Schreibens beschrieben, wie Sie sie eben erlebt haben.

Der Text «Zwei mal zwei ist vier» müßte nämlich eigentlich in präziserer Fassung des Ablaufs und des Anspruchs, mit dem er geschrieben wird, ungefähr so lauten: «Ich stelle mir den Sachverhalt ‹Zwei mal zwei ist vier› vor, fasse ihn in die Worte ‹Zwei mal zwei ist vier› und schreibe ihn mit den Buchstaben ‹Zwei mal zwei ist vier›». Oder mit unseren Begriffen: «Ich nehme das Ereignis als Beobachter wahr, formuliere es als Erzähler und schreibe als Autor: ‹Zwei mal zwei ist vier›». Und das ist haargenau die Struktur des theoretischen Schreibens.

§ 232. Das praktische Schreiben hat genau dieselbe Struktur wie das theoretische Schreiben (§ 230).

Daß von dieser Prozeßstruktur nur ein schlichter Satz wie «Zwei mal zwei ist vier» auf dem Papier landet, hat seine einfachen Gründe: alle anderen Elemente aus der eben formulierten Langfassung sind überflüssig, und zwar nicht nur aus Gründen der Sprachökonomie, sondern weil sie im bloßen Faktum Text schon mitenthalten sind, sofern er überhaupt als Text wahrgenommen wird.

Die unregelmäßig verteilte Druckerschwärze auf dem Papier erhebt ja, sobald sie als Schrift wahrgenommen wird, den *Anspruch*, schriftliche *Mitteilung* eines Menschen (der zu sich selbst «Ich» sagt) über etwas (ein Ereignis) zu sein, das er zuvor gedacht (beobachtet), formuliert (erzählt) und «dann» geschrieben hat.

Und weil das jedermann völlig klar ist, auch wenn er's nicht weiß, wäre es unsinnig, vor jeden Text zu schreiben: «Diese Mitteilung ist eine schriftliche Formulierung meiner Gedanken zur Sache». Denn wer das nicht von allein merkt, dem nützt auch diese ausdrückliche Umschreibung der Mitteilungsstruktur nichts, weil er nämlich nicht nur nicht lesen kann, sondern gar nicht weiß, daß es überhaupt so etwas wie Schreiben und Lesen gibt.

Eine analoge Selbstverständlichkeit praktiziert man auch beim Sprechen. Man sagt ja nicht: «Ich denke den Sachverhalt ‹ich gehe› und spreche die Mitteilung ‹ich gehe› », sondern man sagt einfach nur: «Ich gehe», und der Rest wird unausdrücklich mitgeliefert dadurch, daß man es sagt.

§ 233. Die Struktur des Schreibens ist die Mitteilungsstruktur der (geschriebenen) Sprache.

Und weil man nichts sagen oder schreiben kann, ohne etwas mitzuteilen, und sei es auch nur die ausdrückliche oder unausdrückliche Weigerung, etwas mitzuteilen, die ja selbst doch wieder Mitteilung ist, – weil das so ist, kann es kein Schreiben welches Textes auch immer geben, das nicht diese Struktur hätte. Denn Schreiben ist eine sprachliche Aktivität.

§ 234. Weil die Struktur des Schreibens, wie ich sie theoretisch und praktisch ermittelt habe, die Mitteilungsstruktur der (geschriebenen) Sprache ist, kann kein Schreiben nicht diese Struktur aufweisen.

Wenn man also darauf verzichten kann, jedes Mal «ich denke, ich formuliere, ich schreibe» mitzuschreiben, weil all das überflüssig ist, dann sieht es fast so aus, als würden damit gewohnheitsmäßig der Beobachter (ich denke), der Erzähler (ich formuliere) und der Autor (ich schreibe) ausgeschlossen. Im Text scheint nur noch das Ereignis Platz zu haben: «Zwei mal zwei ist vier».

Trotzdem, ganz so einfach kann es ja doch nicht sein. Denn wenn die Textpersonen Beobachter, Erzähler und Autor nicht ausdrücklich im Text genannt werden, dann ja nur deshalb, weil das *überflüssig* wäre, und das heißt: weil jeder Text die Informationen «ich denke, ich formuliere, ich schreibe» bereits irgendwie enthält, nur nicht gerade ausdrücklich. Weil also jeder Text Beobachter, Erzähler und Autor irgendwie enthält, müssen sie nicht mehr selbst mit ihren Slogans «ich denke, ich formuliere, ich schreibe» zu Wort kommen (zu Text kommen).

§ 235. Weil die Struktur des Schreibens die Mitteilungsstruktur der geschriebenen Sprache ist (§ 234), muß sie irgendwie in jedem Text aufbewahrt sein, müssen Ereignis, Beobachter, Erzähler und Autor in jedem Text irgendwie vorkommen.

Es wäre auch ein Wunder, wenn es anders wäre. Sogar den Pinselstrich des Malers erkennt man in seinem Gemälde, wenn man nur hinlänglich genau hinsieht, zur Not mit dem Mikroskop. Bevor ich das selbst gegebene Stichwort aufgreife und Textmikroskopie betreibe, nur noch eine kurze Vorüberlegung, worauf man dabei wird achten müssen.

Wenn jeder Text eigentlich nur eine Kurzversion der «ursprünglichen» Langfassung ist, gekürzt nämlich um «ich denke, ich formuliere, ich schreibe», dann läßt sich der Autor jedes Textes vergleichen mit einem Mann, der von einer Tafel Schokolade ein mehr oder weniger großes Stück abbricht und nur den Rest dem Leser überreicht. Er braucht gar nicht mehr extra zu sagen, daß er etwas abgebrochen hat; der Leser sieht die Bruchstellen und weiß Bescheid. (Der Vergleich funktioniert übrigens nur für diesen einen Punkt «Bruchstellen», für andere sofort nicht mehr).

Auf solche Bruchstellen haben wir also bei der Textmikroskopie vor allem zu achten, wenn wir Beobachter, Erzähler und Autor finden wollen, sprachliche Bruchstellen, wohlverstanden.

§ 236. Die Textpersonen Beobachter, Erzähler und Autor müssen in jedem Text zumindest in Form von Auslassungen vorkommen.

Um das zu überprüfen, brauchen wir einen Text. Ich entnehme ihn einer Zeitschrift.

> Renate war rundherum ganz schön kompakt. Sie trug klassische Kleider, Röcke und Pullover. Darin wirkte sie mit all ihren Pfunden viele Jahre älter, als sie war. Heute sieht Renate viel jünger aus und kann alles tragen, wozu sie Lust hat . . . Overalls im lässigen Fliegerstil, gerade geschnittene Jeans und große Pullover, und auch im Rock macht sie eine gute Figur.

Das ist ein redaktioneller, nicht namentlich gezeichneter Begleittext zu zwei Bildern. Oben links ein kleineres: die kompakte Renate, rechts ein großes: Renate, die im Rock eine gute Figur macht.

Wo in diesem Text das Ereignis steckt, ist ja klar: Renate vor und nach der Diät, also eigentlich ein Doppelereignis. Aber die leibhaftige Renate vorher/nachher *ist* ja nicht im Text, im Text sind nur Wörter.

Brigitte, Heft 20/79, 19. 9. 79, S. 107.

§ 237. Im Text ist das Ereignis vertreten durch Wörter.

Genauer kann man da nicht sein, d. h. es geht nicht, nur einzelne Wortarten für das Ereignis zu reservieren. Aber bei den Ereignisteilnehmern läßt sich das machen: Renate, die einzige Ereignisteilnehmerin, die selbst das Ereignis ist, kommt im Text mit ihrem Namen vor und auch als Personalpronomen (*«Sie* trug klassische Kleider»). Denkbar ist es auch, sie mit einem anonymen Substantiv im Text repräsentiert sein zu lassen (*«Die junge Frau* war rundherum . . .»).

§ 238. Im Text sind die Ereignisteilnehmer vertreten durch Eigennamen, Pronomina und Nomina.

Renate, das Ereignis, kann natürlich auch reden. Hier im Text tut sie es nicht, aber über den Bildern oben auf der Seite ist dasselbe Doppelereignis noch einmal in ihre eigenen Worte gefaßt:

> 25 Kilo haben mein Leben verändert. Als ich sie noch drauf hatte, haben sie mich deprimiert. Als ich sie runter hatte, war ich unendlich erleichtert.

Das riecht zwar stark nach Redaktionsstube, aber was tut's. Der ganze Text muß sowieso vom Autor geschrieben werden, und ob er solche Aussprüche erfindet oder sie der lebendigen Renate vom Munde ab-schreibt, läuft aufs Gleiche hinaus. Vor dem Text sind alle Reden gleich; denn im Text werden sie, erfunden oder nicht, dem *Eigennamen*, der Textperson Renate zu-geschrieben.

Und wenn die Aussprüche im Text stehen, dann kommt auf jeden Fall die Ereignisteilnehmerin im Text zu Wort, auch wenn ihr das im Ereignis nicht oder nicht so gelungen sein sollte.

§ 239. Ereignisteilnehmer können im Text zu Wort kommen: durch direkte Reden.

Wie der Kameramann erleben mußte, daß er bei seiner Arbeit als Unperson behandelt wurde, so geht es auch dem Beobachter im Text: die Wörter sind für das Ereignis reserviert (§ 236), für ihn bleibt nichts; man tut so, als sei er nicht da. Und doch ist er da.

Man kann ja über das Ereignis Renate überhaupt und sogar nach den beigegebenen Bildern mehr sagen, als im Text steht. Auf den Bildern kann man z. B. auch noch Frisur, Gesichtsausdruck, Körperhaltung und Schuhe besichtigen. Der Beobachter hat seinen Blick aber, nach Ausweis des Textes, selektiv nur auf Figur und Kleidung konzentriert. Darüber wollen wir nicht mit ihm rechten. Aber, wie man sieht, seine Perspektive auf das Ereignis, seine Auswahl des Wahrzunehmenden im Ereignis findet sich sozusagen negativ im Text wieder, in dem ja z. B. die Schuhe nicht erwähnt sind.

§ 240. Der Beobachter ist unsichtbar im Text vertreten durch die Auswahl der Wörter (Perspektive auf das Ereignis, Auswahl im Ereignis).

Auch unter der engen Perspektive des Beobachters wäre immerhin sicher noch einiges über Renates Kindheit und Jugend zu sagen. Und überhaupt: kein Ereignis, auch Renate nicht, ist allein auf der Welt, wie denn auf dem oberen Bild gleich noch der Handgriff eines Kinderwagens (mit einem freudigen Ereignis als Inhalt) und auf beiden Bildern ein Hintergrund zu sehen ist.

Der Text aber hat, im Gegensatz zu den Ereignissen, scharfe Grenzen. Er fängt mit dem ersten Wort an und hört mit dem letzten auf, als gebe es vorher und nachher und daneben im Hintergrund nichts mehr. Da ist der Beobachter mit seiner Kamera am Werke gewesen.

§ 241. Der Beobachter ist im Text vertreten durch die Grenzen des Textes.

Die Grenzen des Textes entsprechen zwar willkürlichen Begrenzungen im Ereignis, dem Ein- und Ausstellen der Kamera, aber die Essens- und Filmwechselpausen zwischendrin werden im Text (im Gegensatz zum Film) ebenso wenig manifest wie die Filmschnitte, oder doch nur per Zufall einmal, wenn etwa eine Pause im Aufnehmen des Ereignisses oder ein Wechsel von einem Ereignis zu einem anderen mit einer Absatz- oder Kapitelgrenze zusammenfällt.

Ansonsten aber sind solche Schnitte, von Zooms und Schwenks ganz zu schweigen, nicht im Text angezeigt, und es ist nur eine Frage der Lesegenauigkeit, ob und wie viele man entdeckt.

Stellt man sich den Text über Renate als Film vor, dann merkt man natürlich gleich, daß in der Mitte, vor dem Wort «Heute» ein Schnitt liegen muß, der Wechsel vom ersten Teil des Ereignisses (Renate vorher) zum zweiten Teil (Renate nachher).

Doch wenn man beim Lesen den Blick schärfer einstellt, dann wird's schlimm. «Sie trug klassische Kleider, Röcke und Pullover»: doch wohl nicht alles auf einmal und schon gar nicht im Plural! Das heißt, man müßte mitten im Satz und sogar mitten im Wort schneiden: erst schnell nacheinander Renate ein paarmal in einem jeweils anderen klassischen Kleid, dann ein paarmal (um den Plural einzufangen) in Rock und Pullover.

Die Feststellung von «Leerstellen», wie Wolfgang Iser solche Schnitte genannt hat, hängt also von der Aufmerksamkeit und der bildlichen Phantasie beim Lesen ab. Und daß die «Leerstellen», wie Iser meint, eine spezifische Eigenschaft literarischer Texte seien, wird man jetzt auch nicht mehr gut behaupten können. Wenn ich danach suche, finde ich sie in jedem Text, sogar im Fahrplan.

Wolfgang Iser, Die Appellstruktur der Texte. In: Rainer Warning (Hrsg.), Rezeptionsästhetik. Theorie und Praxis. (UTB 303) München 1975, S. 235.

§ 242. Der Beobachter kann im Text vertreten sein durch Kapitel-, Abschnitts- und Absatzgrenzen (Perspektivenwechsel und Auswahl im Ereignis); auf semantischer Ebene kann man weitere Beobachterspuren dieser Art finden.

Daß der Erzähler die begrenzte Auswahl des Beobachters weiter bearbeitet, zusammenfaßt und einengt, war bei den Kleidern im Plural schon zu bemerken. Auch die Reihenfolge «klassische Kleider, Röcke und Pullover» muß nicht vom Beobachter vorgegeben sein. Im Prinzip aber erscheint die Leistung des Erzählers auf gleiche Weise im Text wie die des Beobachters, als Auswahl der Wörter nämlich, und um einen gewissen Unterschied wenigstens anzudeuten, setze ich noch hinzu: auch als Anordnung der Wörter.

§ 243. Der Erzähler ist unsichtbar im Text vertreten durch die Auswahl und Anordnung der Wörter.

Der Erzähler kann sich aber im Text auch selbst zu Wort melden. In unserem Falle beschränkt er sich zwar auf Auswahl und Anordnung, aber der Renatentext könnte z. B. auch so anfangen: «Photodokumente enthüllen die Wahrheit: Renate war . . .». Der Erzähler kann sich in allgemeinen Betrachtungen ergehen, er kann seine Meinung über das Ereignis mitteilen, offen («Sie trug langweilige Kleider») oder versteckt («Sie trug klassische Kleider»). Eine Beschreibung kann, wie man so sagt, mehr oder weniger «objektiv» sein, aber nie subjektlos. Irgendwie ist der Erzähler immer dabei, was ja auch kein Wunder ist.

§ 244. **Der Erzähler kommt offen oder versteckt im Text zu Wort: durch die Bedeutung der Wörter.**

Wenn man sich schon so auf die beigegebenen Bilder bezieht, dann wird man auf eine weitere Merkwürdigkeit aufmerksam. Der Autor des Textes wird die Bilder beim Schreiben vor sich liegen gehabt haben, und in der Zeitschrift stehen sie neben dem Text. Die Photos von Renate in allen Stadien liegen also beim Schreiben und auch beim Lesen *nebeneinander und gleichzeitig* vor, und trotzdem beginnt der Text: «Renate *war*». Etwas Gegenwärtiges, ein Bild, wird also im Präteritum beschrieben, und niemand stößt sich daran.

Das ist das Bemerkenswerte: Vergangenes kann man nicht beschreiben, sondern nur die gegenwärtige Vorstellung, die man vom Vergangenen hat. Wer ein vergangenes Ereignis beschreiben will, muß es – in Bildern oder in Gedanken – gegenwärtig haben, befindet sich also in genau derselben Lage wie einer, der ein gegenwärtiges Ereignis beschreibt; auch der muß es – in optisch oder gedanklich wahrgenommenen Bildern – gegenwärtig haben.

In jedem Fälle legt der Beobachter dem Erzähler die direkt wahrgenommenen oder im Gedächtnis (Bildspeicher) aufbewahrten Bilder vor, und der Erzähler entscheidet dann, in welchem Verhältnis das Ereignis auf dem gegenwärtigen Bild zu seiner, des Erzählers, Gegenwart stehen soll. Beim einen Bild sagt er: «Renate *war*», beim anderen, gleichzeitig daneben liegenden: «Heute *sieht* Renate».

Das Verhältnis ist demnach ausgedrückt im Tempus des Verbs, wobei immer die Gegenwart des Erzählers («ich sage») der Bezugspunkt ist, der Punkt, in Bezug auf den der «war» oder «ist» gesagt wird. Die Tempora der Verbformen geben daher immer auch das Verhältnis des Ereignisses zur Gegenwart des Erzählers an, und zwar als *temporales* Verhältnis, was nicht dasselbe ist wie ein *zeitliches* Verhältnis; denn man kann ohne Schwierigkeiten über ein vergangenes Ereignis im Präsens, über ein gegenwärtiges oder zukünftiges im Präteritum schreiben. Tempus ist die *Zeit im Text*, die nicht mit der Uhr, sondern mit dem Verb gemessen wird, mit dem «ich sage» des Erzählers als Bezugs- und Fixpunkt. Und deshalb ist der Erzähler unausdrücklich in jedem Verbtempus enthalten.

§ 245. Der Erzähler kommt im Text unausdrücklich vor als der Bezugspunkt der Tempora.

Wie man aus dem vorhin zitierten Ausspruch Renates («Als ich sie noch drauf hatte») im Vergleich zum redaktionellen Text («Renate war . . .») ersehen kann, kann man zur abgebildeten Person ein unterschiedliches Verhältnis einnehmen. Man kann sie als «ich» bezeichnen oder als «Renate» und «sie». Beides hängt nicht unbedingt davon ab, wer man ist. Auch der Autor des Begleittextes könnte sprachlich behaupten, Renate zu sein, und von ihr per Ich reden. Die personale Identität wird im Text, anders als außerhalb des Textes, durch das Pronomen hergestellt.

Immer aber ist dabei nicht nur das Präsens des Erzählers («ich *sage*»), sondern auch das Ich des Erzählers («*ich* sage») unausdrücklich mit in den Pronomina enthalten. Das Pronomen «ich» sagt ja, ohne daß es formuliert zu werden brauchte, daß die redende und die besprochene Person als dieselbe ausgegeben werden; und das Pronomen «sie» sagt auf gleich indirekte Weise, daß die redende und die besprochene Person *nicht* als dieselbe gelten sollen. Und so durch alle Pronomina hindurch. Nur beim «wir» ist eine gewisse Vorsicht angebracht, weil es mit sehr verschiedenen Bedeutungen gehandhabt werden kann, von «ich und kein anderer» (der Majestätsplural: «Wir, Kaiser Wilhelm») über «die anderen und ich» (das Wir des Politikers: «Wir wollen mehr Demokratie wagen») bis hin zu «ich nicht, aber die anderen» (das Krankenschwestern-Wir: «So, und jetzt wollen wir noch die Medizin nehmen»).

Immer aber ist das Ich des Erzählers der unausdrückliche Bezugspunkt für die Setzung des Pronomens. Wo immer also ein Pronomen (oder ein Eigenname oder ein Nomen, die durch ein Pronomen ersetzt werden können) im Text steht, da ist der Erzähler unausdrücklich mit dabei.

§ 246. Der Erzähler kommt im Text unausdrücklich vor als der Bezugspunkt der Pronomina.

Das ist im Prinzip derselbe Sachverhalt wie bei den Tempora, nur unter anderem Aspekt (personal statt temporal); denn schon die Verbformen allein (bin, bist, ist / war, warst, war) enthalten ja mehr oder weniger unverwechselbar schon den Hinweis auf die Person, im Deutschen jedenfalls.

Etwas anderes soll aber nicht vergessen sein, daß nämlich der Erzähler auch ausdrücklich «ich» sagen kann und im Text als «ich» auftauchen kann. «Ich habe einige Photodokumente vor mir, die die Wahrheit enthüllen: Renate war . . .».

§ 247. Der Erzähler kann im Text durch das Pronomen «ich» (mit entsprechenden Verbformen) vertreten sein.

Nachdem so auch der Erzähler versorgt ist, fehlt vom ganzen Personal nur noch der Autor, und für den bleiben lediglich die Buchstaben übrig, gemäß der Einsicht aus der Schreibübung «Zwei mal zwei ist vier» (§ 230), daß der Autor in der Handschrift erscheine.

§ 248. Der Autor ist im Text vertreten durch die Buchstaben.

Im gedruckten Beispieltext über das doppelte Renatchen ist das natürlich, eben weil es gedruckte Buchstaben sind, wesentlich weniger anschaulich. Um den Autor noch deutlicher hervortreten zu lassen, erweitere ich den Text um einen Titel «die wiedergeborene Renate» und erinnere noch daran, daß das Sprechen das Amt des Erzählers und das Schreiben die Aufgabe des Autors ist (§ 228), der darum eben auch durch die Buchstaben vertreten ist.

Nach dieser Vorbereitung erbitte ich mir von Ihnen die Begleitung bei der Vorstellung, daß dieser Text im Radio vorgelesen werden sollte (es wird ja noch ganz anderes vorgelesen). Ob nun die Autorin selbst rezitiert oder eine Sprecherin, eines wird immer gleich sein: sie lesen *nur* den Text vor, wie er in der Zeitschrift steht, Titel und Autorennamen übernimmt der Ansager («Die Journalistin N. N. liest jetzt ihre Glosse ‹Die wiedergeborene Renate›»). Sie können die Probe aufs Exempel machen, es stimmt; nur bei literarischen Texten wird gelegentlich der Titel vom Rezitator mitgelesen, mit einiger Regelmäßigkeit bei Gedichten.

Sobald also die Schriftlichkeit rückgängig gemacht wird, sobald der Autor sich in den Erzähler zurückverwandelt, werden auch Titel und Autornamen ausgeklammert. Sie gehören nicht dem Erzähler – wem sonst als dem Autor?

Der Titel hat dabei einen eigenartigen Charakter. Er ist sozusagen direkte Rede des Autors im Text; man kann ihn in Anlehnung an den linguistischen Begriff der Metasprache (Sprache über Sprache) auch *Metatext* nennen. Der Titel ist zwar auch Text, aber Text über einen Text, also eben Metatext: mit dem Titel, einem Teil des Textes, gibt der Autor dem ganzen Text einen Namen.

Und auch der Autorname ist nicht von gewöhnlicher Art. Er hat eine geradezu chamäleontische Natur; je nach Umgebung wechselt er die «Farbe». Beim Schreiben benennt der Autor *des* Textes mit dem Autornamen sich selbst, aus der Leserperspektive dagegen ist er die Selbstbenennung des Autors *im* Text. Einmal also ist der Autorname die Selbstbenennung einer biographischen Person und einmal die einer Textperson. Das ist nur eine etwas ungewöhnliche Umschreibung des Sachverhalts, daß der Autor *des* Textes (biographische Person) und der Autor *im* Text (Textperson) zwei Personen sind, die sich durch den Namen als miteinander identisch erklären. Daß es dennoch zwei Personen sind, merkt man daran, daß mancher Autor des Textes als Autor im Text einen anderen Namen, ein Pseudonym trägt.

§ 249. Der Autor kann im Text zu Wort kommen mit dem Titel des Textes, und er kann im Text vertreten sein durch seinen Autornamen.

Der Autor *des* Textes und der Autor *im* Text, so hatte ich gesagt, sind zwei Personen, die miteinander identisch sind, weil beide sich mit einem und demselben Namen benennen. Aber der Autor im Text «lebt» innerhalb des Textes, der Autor *des* Textes außerhalb des Textes. Der Autor *im* Text wird der Zeitlosigkeit des Textes teilhaftig (§ 84), er kann gegenwärtig sein, wo der Autor des Textes niemals war und wenn der Autor des Textes längst gestorben ist: das repräsentative Schicksal eines, der in einen Text eingeht.

Durch das Schreiben werden alle Personen und Ereignisse verwandelt: im Text finden sich alle als Wörter, Grenzen oder Bezugspunkte wieder, ganz gleich, ob sie außerhalb des Textes Allgemeinbegriffe, Hirngespinste, Dinge oder Menschen von Fleisch und Blut waren. Und wenn der Text fertig ist, gibt der Autor (zu deutsch «der Urheber») ihm noch einen Namen (den Titel), setzt vielleicht seinen eigenen dazu und trennt sich dann von seinem Werk, das ihm fremd wird. Der Gott des Textes zieht sich aus seiner Schöpfung zurück, nachdem er sein Benennungsrecht an ihr ausgeübt und vielleicht noch sein Werkzeichen zurückgelassen hat, wenn er die Schöpfung für seiner selbst würdig befunden hat.

§ 250. Durch das Schreiben wird alles, ungeachtet seiner Herkunft, in Wörter oder Textpersonen verwandelt.

Die Relationen zwischen Textpersonen funktionieren deshalb auch anders als die zwischen lebendigen Menschen; sie sind im Text nicht durch soziale Normen und Bedürfnisse bestimmt (wie sie im erzählten Ereignis gelten), sondern durch grammatische Regeln.

Von allen Textpersonen hat aber nur der Erzähler Zugang zu grammatischen Regeln: er bestimmt die Anordnung der Wörter (§ 243) und deren Bedeutung (§ 244), er ist Bezugspunkt der Tempora (§ 245) und der Pronomina (§ 246). Die Anordnung der Wörter ist Sache der Syntax, die Bedeutung Sache der Semantik, und Tempora wie Pronomina bilden je ein Paradigma, d. h. eine geschlossene Reihe von Formen (ich, du, er, sie, es usw.; bin, war, bin gewesen usw.). Was im Schreiben geregelt wird, ist also das Verhältnis des Erzählers zu Personen und Ereignissen.

§ 251. Durch das Schreiben wird das Verhältnis des Erzählers zu Ereignissen und Personen syntaktisch, semantisch und paradigmatisch (personal/temporal) geordnet.

Wenn also Schreiben immer diese Verwandlung der Welt in Wörter und die grammatische Neuordnung der Welt durch den Erzähler ist, dann kann die manifeste Verschiedenheit der Texte ihren Grund nur darin haben, daß in diesem Neuordnungsakt die Ordnungsprinzipien unterschiedlich gehandhabt werden können, was ja offensichtlich der Fall ist.

Syntax und Semantik haben zwar eine endliche Zahl von Regeln, aber sie werden von jedem Schreibenden wieder etwas anders gehandhabt, und niemand verwendet alle in einem Text, so daß es gleich viel unterschiedliche Texte geben muß wie Schreibakte. Auch das stimmt, denn man weiß ja, daß kein Text genau gleich ist wie ein anderer. Die Individualität der Texte ist also in der Syntax und Semantik begründet.

Da aber manche Texte bei aller Verschiedenheit doch etwas Gemeinsames haben, bestimmte Kennzeichen zum Beispiel, muß im dritten Ordnungsprinzip, in den Paradigmen, die Besonderheit des Textes begründet sein, diejenige «Eigenschaft» also, die es erlaubt, unterschiedliche Texte ohne Mißachtung ihrer Individualität zu Gruppen oder Gattungen zusammenzufassen.

Und in der Tat läßt sich diese Begründung finden in den Paradigmen, die das Verhältnis des Erzählers zu Ereignissen und zu Personen temporal und personal regeln. Denn einerseits ist es unmöglich, sie beim Schreiben nicht irgendwie zu verwenden (darüber gleich), andererseits sind sie schon je in sich recht eng begrenzt (im Deutschen gibt es sechs Tempora und acht Personalpronomen oder neun, falls das «man» mitgezählt wird).

Die Zahl der Möglichkeiten reduziert sich weiter, weil beide Paradigmen nur miteinander kombiniert auftreten (Pronomen + Verb bzw. Pronomen schon im Verb enthalten). Und schließlich wird die Zahl der Möglichkeiten noch einmal kleiner, weil die kombinierten Paradigmen immer auf einen und denselben Bezugspunkt ausgerichtet sind: auf Person und Präsens des Erzählers, auf das «ich sage».

In Bezug auf dieses «ich sage» gibt es nun lediglich *zwei* Tempora, Präsens und Nicht-Präsens; denn Präteritum, Futur usw. sind trotz ihrer Unterschiede doch hinsichtlich des «ich *sage*» darin gleich, daß sie *nicht* Präsens sind. Desgleichen gibt es in Bezug auf das «ich sage» nur zwei Pronomina, Ich und Nicht-Ich, weil du, er, sie usw. bezüglich des «*ich* sage» doch allesamt darin gleich sind, daß sie *nicht* Ich sind (zum «wir» vgl. § 245). Der Verzicht auf finite Verbformen (ohne Personalendung) oder auf Verben überhaupt, z. B. in einer Logarithmentafel, ist gleichbedeutend mit dem Setzen des Präsens, und der Verzicht auf Personalpronomen oder die Verwendung infiniter Verbformen (Infinitiv oder Partizip) ist ja ein Verzicht darauf, «ich» zu sagen und läuft daher aufs Gleiche hinaus wie die Benutzung von Nicht-Ich-Pronomina.

Zwei Pronomina, zwei Tempora – die Zahl möglicher Kombinationen ist vier (§ 230). So daß es nur vier Möglichkeiten gibt, das Verhältnis des Erzählers zu Ereignissen und Personen paradigmatisch zu regeln, umschrieben in den Formeln «Ich + Präsens», «Ich + Nicht-Präsens», «Nicht-Ich + Präsens», «Nicht-Ich + Nicht-Präsens».

§ 252. Es gibt nur vier Möglichkeiten, im Schreiben das Verhältnis des Erzählers zu Ereignissen und Personen (§ 251) paradigmatisch (personal/temporal) zu ordnen.

Das kommt jetzt wahrscheinlich eher überraschend, und deshalb werde ich Ihnen die vier Möglichkeiten nacheinander vorführen, an Texten und dazu noch graphisch, und es wird sich dabei noch einmal anders herum zeigen lassen, daß es nicht mehr als vier gibt.

Zur Veranschaulichung also werde ich graphisch und stelle Ihnen deshalb erst einmal die beteiligten Personen vor, von denen bisher immer schon die Rede war:

Ereignisteilnehmer: Beobachter:

Erzähler: Autor im Text:

Autor des Textes: Leser des Textes:

Ihr Zusammenhang untereinander im Ablauf des theoretischen Schreibens ist, schematisch geschildert, dieser gewesen:
– der Beobachter, vom Ereignis ausgeschlossen, nimmt Informationen über das Ereignis und die Ereignisteilnehmer auf und gibt sie dem Erzähler;
– der Erzähler bearbeitet die Informationen des Beobachters, spricht sie und gibt sie dem Autor im Text weiter;
– der Autor im Text, identisch mit dem Autor des Textes, schreibt die Informationen auf, macht sie zum Text und gibt den Text weiter an die Leser des Textes.
Das sieht graphisch so aus:

Dieser schematische und abstrakte Ablauf, wie er aufbewahrt ist im Text (§ 234), muß also auf viererlei Weise gestaltet werden können. Zu diesem Zweck bemühe ich noch einmal Renate. Ich werde die vier Möglichkeiten durch Umarbeiten des Textes über sie verwirklichen und jeweils anschließend mit den kleinen Männchen graphisch veranschaulichen. Ich beginne mit der übersichtlichsten Variante.

§ 253. Die erste Möglichkeit des Schreibens ist umschrieben durch die Formel «Nicht-Ich + Nicht-Präsens».

Genau mit dieser Variante beginnt auch der besagte Text:

Renate war rundherum ganz schön kompakt. Sie trug klassische Kleider, Röcke und Pullover. Darin wirkte sie mit all ihren Pfunden viele Jahre älter, als sie war.

Über das personale Verhältnis zwischen Beobachter, Erzähler und Autor läßt sich dem Text nichts entnehmen: es wird kein Ich ausgesprochen. Nur daß die Ereignisteilnehmerin nicht mit diesen drei identisch ist, wird durch Eigennamen (Renate) und Pronomen (sie) sehr deutlich.

Das temporale Verhältnis in graphischen Termini: der Beobachter (nur ein leerer Umriß) ist temporal gleich mit dem Ereignisteilnehmer (schwarze Hose), und beide zusammen sind temporal *nicht* gleich (wegen des Präteritums) mit Erzähler (schwarze Weste) und Autor (schwarzes Hemd). Alle vier sind Textpersonen, deshalb eingerahmt, und der Autor im Text ist identisch mit dem Autor des Textes (daher das Gleichheitszeichen über die Grenze des Textes hinaus). Der gestrichelte Pfeil innerhalb des Textes bezeichnet übrigens die Text«zeit» t (Tempus).

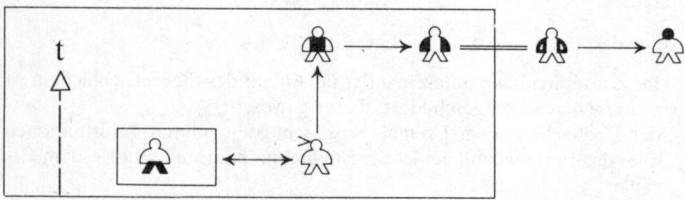

Nicht-Ich + Nicht-Präsens

Von dieser Machart sind alle ich-losen Texte, die nicht im Präsens geschrieben sind. Mein Beispiel ist zwar im Präteritum geschrieben, aber es könnte auch das Perfekt, Plusquamperfekt oder Futur sein, – die Struktur bliebe die gleiche. Denn all diese Tempora zeigen eine temporale Differenz zwischen Erzähler und Ereignis an.

Perfekt und Plusquamperfekt vergrößern die Differenz nicht, sondern geben ihr nur eine andere (quasi emotionale) Färbung als das Präteritum. Beim Erzählen im Perfekt ist die Betroffenheit größer, nicht die temporale Differenz. Darüber kann man Ausführliches bei Harald Weinrich nachlesen (vgl. die Angaben am Ende von § 244).

Auch das Futur («Renate wird sein») gehört zu dieser Möglichkeit des Schreibens; man müßte in der Graphik nur den Tempuspfeil umkehren. Dem Futur zugeordnet sind die beiden Konjunktive («Renate sei» und «Renate wäre») und der Imperativ («Renate, sei rundherum») auf ähnliche Weise wie das Perfekt dem Präteritum. Vom Imperativ über Futur, Konjunktiv I (sei) und Konjunktiv II (wäre) geht die Abstufung des Interesses am Eintreffen des Ereignisses abwärts.

Das Futur II («Renate wird gewesen sein»), um damit die Parade zu schließen, paßt ebenfalls in dieses Schema. Man müßte den Pfeil vom Beobachter aus zum Erzähler nur zuerst in die entgegengesetzte Richtung laufen und dann in einer Kurve zurück am Beobachter vorbei zum Erzähler gehen lassen.

§ 254. Die zweite Möglichkeit des Schreibens ist umschrieben durch die Formel «Nicht-Ich + Präsens».

Auch dafür bietet der Beispieltext einen Originalbeleg.
> Heute sieht Renate viel jünger aus und kann alles tragen, wozu sie Lust hat ... Overalls im lässigen Fliegerstil, gerade geschnittene Jeans und große Pullover, und auch im Rock macht sie eine gute Figur.

Die Verhältnisse zwischen den Personen ändern sich offensichtlich nicht gegenüber der Präteritumsvariante im vorigen Paragraphen, nur daß jetzt Erzähler/Autor und Beobachter/Ereignis allesamt temporal auf derselben Stufe sehen. Graphisches Ergebnis:

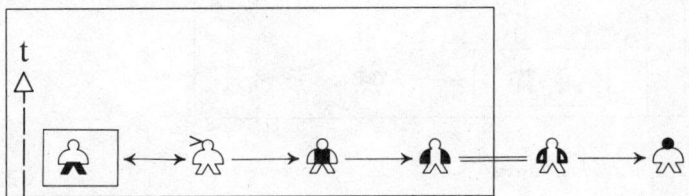

Nicht-Ich + Präsens

Dieses Muster dürfte das gängigste sein. Es führt zu Beschreibungen, allerdings meistens nicht von Personen, sondern von Sachen. Alle Sachtexte (außer den historischen natürlich, die zur ersten Möglichkeit des Schreibens gehören) sind so gemacht, Texte, die nicht immer «sachlich» geschrieben sein müssen, in denen aber das Ereignis eine Sache, keine Person ist (§ 226). Und solche Sachereignisse gibt es unendlich viele; sie werden beschrieben in einer Vielzahl von Sachtexten, vom behördlichen Merkblatt über die Reklame für Waren bis hin zu wissenschaftlichen Abhandlungen. Auch unser Text «Zweimal zwei ist vier» gehört dazu (§ 230).

§ 255. Die dritte Möglichkeit des Schreibens ist umschrieben durch die Formel «Ich + Nicht-Präsens».

Um diese Variante zu demonstrieren, erlaube ich mir Eingriffe in den Beispieltext. Er sei von Renate selbst geschrieben.

141

Ich war rundherum ganz schön kompakt. Ich trug klassische Kleider, Röcke und Pullover. Darin wirkte ich mit all meinen Pfunden viele Jahre älter, als ich war.

Eine ganz einfache Umformulierung, in der sich nunmehr die Erzählerin als mit der Ereignisteilnehmerin identisch erklärt. Daraus ergibt sich von selbst, daß auch die Beobachterrolle bei ihr liegt, und des weiteren, daß sie mit der Autorin ebenfalls identisch ist, nur eben im Text «ich» sagt (als Erzählerin) und im Titel (also als Autorin) die Möglichkeit hätte, wahlweise «Renate» («Die wiedergeborene Renate»)oder «ich» zu sagen («Ich war mal richtig dick» – so der redaktionelle Originaltitel über dem ganzen Artikel). Diese Identitätsverhältnisse deute ich dadurch an, daß ich Autor, Beobachter und Ereignisteilnehmer mit der schwarzen Weste des Erzählers bekleide, zusätzlich zu ihrer sonstigen Ausstattung. In temporaler Hinsicht ändert sich nichts gegenüber der ersten Möglichkeit des Schreibens (§ 253).

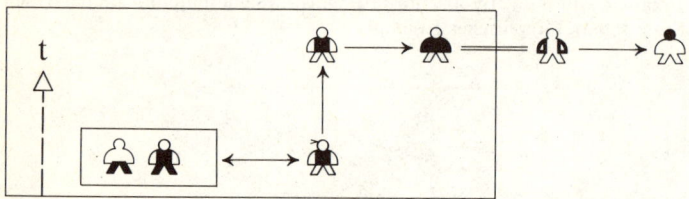

Ich + Nicht-Präsens

Der zweite Ereignisteilnehmer steht im Ereignis nur pro memoria: auch in einem Text nach der dritten Möglichkeit des Schreibens können mehrere Ereignisteilnehmer vorkommen. In unserem Beispiel könnte schon im nächsten Satz Renates Mann vorkommen («Das fand auch mein Mann»). «Ich + Nicht-Präsens» heißt also nicht, daß *nur* daß Ich vorkommt, sondern daß es *auch* vorkommt.

Und daß Beobachter, Erzähler und Autor außerhalb des Ereignisrahmens stehen, obwohl sie mit der Ereignisperson Erzähler identisch sind, hat ebenfalls einen einfachen Grund, wie im § 232 erläutert. Der Satz «Ich wirkte viele Jahre älter» lautet ja in der Langfassung: Ich (Beobachter) stellte fest, daß ich (Ereignisteilnehmer) viele Jahre älter aussah, formuliere es (als Erzähler) und schreibe es auf (als Autor).

Realisationen dieser dritten Möglichkeit des Schreibens finden sich in Erlebnisberichten, Briefen, Autobiographien usw. Daß hinsichtlich der Struktur andere nicht-präsentische Tempora keine Änderung erbringen, habe ich schon erwähnt (§ 253), – diesen letzten Satz («habe ich schon erwähnt») als zusätzlichen Beleg dafür, wie ein nach dieser dritten Möglichkeit gemachter Text aussehen kann.

§ 256. Die vierte Möglichkeit des Schreibens ist umschrieben durch die Formel «Ich + Präsens».

Voraussetzungen wie eben (Renate als Autorin), angewandt auf des Beispieltextes zweiten Teil.

> Heute sehe ich viel jünger aus und kann alles tragen, wozu ich Lust habe ... Overalls im lässigen Fliegerstil, gerade geschnittene Jeans und große Pullover, und auch im Rock mache ich eine gute Figur.

Nach den bisherigen Übungen nichts prinzipiell Neues mehr. Die temporalen Verhältnisse sind uns bekannt (§ 254), die personalen und die graphische Darstellung der Identität ebenfalls (§ 255).

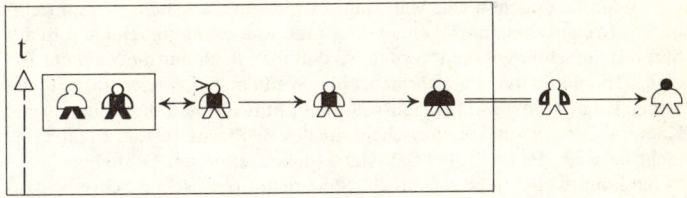

Ich + Präsens

Texte, die sich dieser Schreibmöglichkeit verdanken, gibt es wahrscheinlich nicht so besonders viele: Briefe, Tagebücher, Niederschriften von Reden vielleicht, und Sie werden gemerkt haben, daß ich mich bisweilen auch dieser Möglichkeit bediene, in diesem Satz zum Beispiel.

Es gibt wohl nicht sehr viele Leute, die sich schriftlich und gedruckt als Ich bezeichnen (warum wohl?), dafür aber umso mehr, die das im Sprechen tun. So etwas kommt dann in Texten als direkte Rede, als Zitat von Gesprochenem vor (Zeitungen, historische Bücher, Wahlpropaganda usw.), also als Reden von Ereignisteilnehmern. In diesem Fall verdoppelt sich die Struktur des Textes innerhalb des Textes: die Ereignisteilnehmer besprechen sich selbst, sie werden für sich selbst zum Ereignis und fungieren als dessen Beobachter und Erzähler, und der Erzähler des Textes setzt dann noch ihre Autornamen dazu («*Ich* sagte» bzw. «*Renate* sagte: ‹Heute sehe ich viel jünger aus›»). Innerhalb solcher direkter Reden von Ereignisteilnehmern können natürlich alle Möglichkeiten des Schreibens verwirklicht werden.

§ 257. Andere als die vier Möglichkeiten des Schreibens kann es nicht geben.

Tempora und Personalpronomina regeln das Verhältnis zwischen Erzähler und Ereignis(teilnehmern), und der Beobachter wird von der jeweiligen Regelung sozusagen mitgezogen. Allerdings nur in personaler Hinsicht: wenn der Erzähler sich mit einem Ereignisteilnehmer durch den Gebrauch von «Ich» identifiziert, dann folgt der Beobachter dem Erzähler wie ein Schatten in diese Identität hinein. Andererseits bleibt er temporal immer auf derselben Stufe wie das Ereignis, sozusagen als Stellvertreter des Erzählers am Tatort. Daran läßt sich nichts ändern.

Aber es wäre immerhin noch als weitere Möglichkeit denkbar, daß man den Beobachter auch personal vom Erzähler trennen könnte, indem man ihn als Er in das Ereignis hineinnimmt. Das sieht dann so aus:

Er stand da und sah, daß Renate rundherum ganz schön kompakt war.

Sie trug klassische Kleider usw.

Und siehe da: es geht nicht. Man kann zwar einen anonymen Voyeur sichtbar ins Ereignis hineinbringen, aber er muß wiederum von einem unsichtbaren Beobachter gesehen werden, so daß man doch nur die Zahl der Ereignisteilnehmer um einen vermehrt hat. Wenn man den Kameramann mit seiner Kamera ins Bild bringen will, dann braucht man dazu eine zweite Kamera. Die personale Unterscheidung des Beobachters vom Erzähler ist nicht möglich. Es bleibt bei den vier Möglichkeiten des Schreibens.

Ich könnte mich jetzt eigentlich sofort dem literarischen Schreiben zuwenden, wenn da nicht vorsichtshalber noch ein Nachtrag anzubringen wäre, damit nicht ein bestimmter Aspekt von Texten nachher für speziell literarisch gehalten wird.

§ 258. Keine der vier Möglichkeiten des Schreibens schließt notwendig die Behauptung ein, daß das beschriebene Ereignis sich auch tatsächlich ereignet hat oder ereignet.

Es ist zwar eine Gewohnheit, jeden Text unter dem Vorzeichen «Tatsachenbehauptung» aufzufassen, sofern nicht ausdrücklich Gegenteiliges vermerkt ist oder das Ereignis allzu unwahrscheinlich wirkt. Es mag auch lebenswichtig für eine Gesellschaft sein, daß möglichst alle Schreibenden diese Gewohnheit der Leser nicht mißbrauchen.

Aber es gibt kein Tempus, kein Personalpronomen, überhaupt keine grammatische Form, deren Gebrauch nicht anders möglich wäre als in der Meinung, sich auf Tatsächliches zu beziehen. Die Grammatik kennt die Unterscheidungen Präsens/Nicht-Präsens, Ich/Nicht-Ich und manche andere, aber nicht die zwischen erfunden und nicht erfunden. Wahrheit und Lüge haben dieselbe grammatische Form, und auch das Phantasieren kann in ihr Unterschlupf finden.

Das kommt daher, daß jede Lüge der Schreibstruktur nach aufgefaßt werden kann als beruhend auf einer Halluzination oder einem Irrtum des Beobachters (vgl. § 244), weshalb sich ja ertappte Lügner oft damit herauszureden versuchen, sie hätten sich halt (als Beobachter, nicht als Erzähler!) getäuscht. Und der Beobachter kommt im Text nur als Auswahl, Perspektive (§ 240) und Grenze (§ 241) vor, hat also selbst keinerlei grammatische Form.

Wer lügt, der macht sich die Uneindeutigkeit der Grammatik zunutze, weiß aber genau, daß er sich schreibend (redend) auf ein erfundenes Ereignis bezieht und daß der Leser sich gewohnheitsmäßig auf ein tatsächliches bezieht. Der sogenannte «Wirklichkeitsbezug» der Sprache ist eine gutgläubige Gewohnheit der Leser (und Hörer), nicht aber eine notwendige Intention der Schreiber (und Sprecher).

§ 259. Einzig für das Phantasieren steht eine eindeutige grammatische Form zur Verfügung.

Das sind die Konjunktive, sofern man sie in Hauptsätzen verwendet und nicht, wie meist, in Bedingungssätzen oder in indirekter Rede. Ich verbinde die Konjunktive, um auch das noch zu erledigen, mit dem Pronomen «man», mit dem man (je nach Kontext) die Identität oder Nichtidentität von Erzähler und Ereignisteilnehmer dahingestellt sein lassen kann. Also noch eine letzte Umformulierung des Beispieltextes – Abschied von Renate.

Man wäre rundherum ganz schön kompakt. Man trüge klassische Kleider, Röcke und Pullover. Darin würde man mit all seinen Pfunden viele Jahre älter wirken, als man wäre.

Zweiter Teil, etwas anders:

Heute sehe man viel jünger aus und könne alles tragen, wozu man Lust habe . . . Overalls im lässigen Fliegerstil, gerade geschnittene Jeans und große Pullover, und auch im Rock mache man eine gute Figur.

Der Charakter solcher Texte ist eindeutig: Phantasie, Hypothese (zwei mal zwei sei vier). In temporaler Hinsicht entsprechen sie dem Nicht-Präsens (§§ 253, 255). Die Zuordnung in personaler Hinsicht hängt von der Auflösung des Pronomens «man» ab, hinter dem sich ja alle Personalpronomina verbergen können. Im Zweifelsfall, wenn also der Kontext keine zusätzliche Indizien liefert, geht die Auflösung in Richtung Ich (Man = jedermann, ich eingeschlossen).

Der Verbalmodus Konjunktiv und das unpersönliche Pronomen «man» schaffen also keine neuen Möglichkeiten des Schreibens, sondern nur Modifikationen der bereits geschilderten vier.

Theorie des literarischen Schreibens

§ 260. Die vier Möglichkeiten des Schreibens können auch beim literarischen Schreiben nicht verlassen, sondern nur modifiziert werden.

Das sollte nach dem eben beendeten Kapitel ohne Weiteres klar sein. Schreiben bleibt Schreiben, ob literarisch oder nicht (§ 257). Jeder Möglichkeit des Schreibens entspricht eine *Gattung* von Texten, und zwar jeweils literarischer und nicht-literarischer im Rahmen derselben Möglichkeit des Schreibens. So gesehen gibt es nur vier Gattungen literarischer Texte.

Mit einer solchen Wendung wäre immerhin die Gattungstheorie aus dem Himmel der Begriffe und Ideen auf den Boden des Schreibens und der Texte zurückgebracht, was für mich wenigstens schon einen anständigen Vorteil und Fortschritt darstellt. Unmöglich wäre es auch, eine Gattung zu verfehlen oder nicht «rein» zu realisieren. Die Wahl der Schreibmöglichkeit ist gleichbedeutend mit deren kompletter Realisierung. Denkbar ist nur der Wechsel der Möglichkeiten beim Schreiben und damit die Zugehörigkeit eines Textes zu mehr als einer Gattung.

Die vier Gattungen literarischer Texte entsprächen dem, was man leider «Ich-Erzählung» und «Er-Erzählung» zu nennen sich gewöhnt hat, beide natürlich je in präsentischer und nicht-präsentischer Form. Aber vor diesen Bezeichnungen möchte ich ausdrücklich warnen, weil sie trotz der scheinbaren Parallelität ganz unterschiedlichen Sichtweisen entstammen. Mit «Ich-Erzählung» sind ja Texte gemeint, in denen der Erzähler als Ereignisteilnehmer unter dem «Namen» Ich auftritt; der Grund dieser Benennung ist also die Art, wie der Erzähler von *sich* redet, per Ich nämlich, wobei daneben natürlich alle anderen Pronomina auch noch vorkommen. «Er-Erzählung» benennt dagegen die Art, wie der Erzähler von *anderen* Ereignisteilnehmern redet, per Er nämlich (sofern es männliche sind), was er aber genau so auch in der «Ich-Erzählung» tut. Unbrauchbare Bezeichnungen also.

Wenn man analoge Bezeichnungen überhaupt beibehalten will, und ganz ohne geht's wohl nicht, dann müßten sie erstens erkennen lassen, worauf sie sich eigentlich beziehen, und zweitens müßte der Benennungsgrund (ratio nominandi) für beide derselbe sein. Der Grund der Benennung kann nur der sein, wie der Erzähler im Text in Erscheinung tritt, entweder als «ich» oder gar nicht (also mit einem Nullmerkmal). Deshalb kommen eigentlich nur «Ich-Erzähler-Erzählung» und «Null-Erzähler-Erzählung» in Frage. Wenn es nötig ist, werde ich mich dieser Bezeichnungen bedienen, die zwar ungewohnt sind, aber gerade deshalb zum Denken anregen.

All das scheint mir indessen eher nebensächlich zu sein. Zwar meine ich, mit den vier Möglichkeiten des Schreibens zugleich auch die vier möglichen Gattungen literarischer Texte als deren Ergebnis fixiert zu haben, und es wird auch noch zu zeigen sein, daß wirklich alle literarischen Texte (wie die nicht-literarischen) präsentische bzw. nicht-präsentische Ich-Erzähler-Erzählungen oder Null-Erzähler-Erzählungen sind. Aber mein Interesse an der Benennung der Gattungen ist einstweilen gering.

Denn der Sinn der Theorie des Schreibens liegt nicht darin, Texte klassifizieren und mit Namen etikettieren zu können. Damit ist nichts gewonnen, vielmehr manches verloren. Die Theorie des Schreibens soll die Begriffe bereitstellen und ein Anreiz sein, zum Zwecke der Gattungsbestimmungen den temporalen und personalen Verhältnissen im Text nachzuspüren, wobei das Nachspüren wichtiger ist als das Ergebnis der Gattungsbestimmung. Erst wenn die Gattungstheorie zur Theorie des Schreibens wird, erst dann wird sie von einem äußerlichen Klassifikationssystem zu einem Instrument der Untersuchung von Texten, und erst wenn sie auf diese Weise praktisch wird, zur Theorie der Praxis des Schreibens wird, erst dann wird sie auch in der Praxis der Interpretation brauchbar.

§ 261. Die literarischen Modifikationen des Schreibens können nicht die Art des «Wirklichkeitsbezugs» beim Schreiben betreffen.

Denn der Konjunktiv ist der einzige Modus, mit dessen Benutzung man die Wirklichkeit des Ereignisses dahingestellt sein lassen kann, und zwar auch in nicht-literarischen Texten (§ 258). Beim Schreiben *aller* Texte hat man die Wahl, entweder die Wirklichkeit des Ereignisses dahingestellt sein zu lassen oder das Ereignis als wirklich zu vermeinen oder es als nicht-wirklich zu vermeinen. Historische Erzählungen, Tatsachenromane, politische Gedichte oder das Dokumentartheater, sie alle zehren ja davon, daß gegebenenfalls auch der Autor literarischer Texte sich beim Schreiben auf die Ereignisse als wirkliche bezieht und beziehen kann.

Noch einmal ist also, diesmal von «hinten» her, zu betonen, daß die Art des Gegenstandsbezugs und der dargestellten Gegenständlichkeit sich in literarischen Texten in keiner Weise von der in nicht-literarischen unterscheiden muß (§ 172), wenn auch jederzeit zuzugestehen ist, daß in der Mehrzahl der literarischen Fälle für den *Leser* die Entscheidung über die Wirklichkeit des Ereignisses unerheblich ist (§ 257).

§ 262. Die literarischen Modifikationen des Schreibens können nur das Verhältnis *Erzähler/Autor* betreffen.

Irgendwelche anderen Relationen zwischen Textpersonen kommen nämlich einfach nicht mehr in Frage. Die möglichen Relationen zwischen Erzähler und *Ereignis* sind in den Paradigmen der Verbaltempora und Personalpronomina definitiv geregelt (§ 252), da gibt es nichts zu modifizieren, ebenso wenig wie in den Relationen, in denen der *Beobachter* steht: er ist temporal nicht vom Ereignis und personal nicht vom Erzähler zu trennen (§ 257). Zwischen Erzähler und Ereignis sind zwar personale («man») und modale Varianten (Konjunktiv) möglich, aber eben nicht nur in literarischen Texten, sondern in allen (§ 259).

§ 263. Die literarischen Modifikationen des Schreibens können nur das *personale* Verhältnis Erzähler/Autor betreffen.

Denn das Schreiben (Leistung des Autors) ist ja beim Schreiben von Texten nur die schriftliche Form des Redens (Leistung des Erzählers), und deshalb kann zwischen beiden keinerlei temporale Differenz installiert werden. Es bleibt also effektiv nur das personale Verhältnis Autor/Erzähler als das einzige, das sich zu Zwecken der Literatur noch modifizieren ließe. Allerdings nicht mehr durch Pronomina, denn die sind bereits anderweitig vergeben (§§ 238,246): durch Pronomina wird die Identität oder Nicht-Identität zwischen Erzähler und *Ereignisteilnehmern* geregelt, wovon das Verhältnis Erzähler/Autor nicht direkt betroffen ist.

Sagt nämlich der Erzähler «ich», so wird der Autor in die dadurch hergestellte Identität von Erzähler und Ereignisteilnehmer unausdrücklich einbezogen (vgl. die graphischen Darstellungen in den §§ 254, 256), genau so wie der Beobachter (§ 257). Sagt der Erzähler aber nicht «ich», so ändert sich dadurch sein Verhältnis zum Autor nicht grundsätzlich: die Identität wird sozusagen nur noch um einen Grad unausdrücklicher.

Unausdrückliche Identität von Autor und Erzähler ist also der Normalfall. Man kann sie auch zur Ausdrücklichkeit erheben, indem man z. B. in einem Erlebnisbericht einen Ereignisteilnehmer einen anderen mit demselben Namen anreden läßt, der als Name des Autors auf dem Titelblatt steht («Er sagte zu mir: ‹Herr Weimar, was Sie da sagen, das stimmt›»). Auch *ausdrückliche Identität* von Autor und Erzähler ist also in allen Texten möglich.

So daß nur noch eines übrig bleibt: statt die Differenz von Erzähler und Autor (von Reden und Schreiben) in unausdrücklicher oder ausdrücklicher Identität aufzuheben, kann man auch den Spieß umkehren und ohne Erwähnung der Identität *die Differenz ausdrücklich oder unausdrücklich hervorheben.* Und das muß, weil es keine andere mehr gibt, die gesuchte literarische Modifikation des Schreibens sein.

§ 264. Die literarische Modifikation des Schreibens besteht darin, das Verhältnis Erzähler/Autor als unausdrückliche oder ausdrückliche Differenz zu gestalten.

Aufatmen, Erleichterung; wir haben das Ergebnis der Literaturtheorie, daß nämlich der Autor literarischer Texte als er selbst und als ein anderer schreibe (§ 166), jetzt von der anderen Seite her, aus dem Schreiben heraus als dessen Modifikation erreicht. Die Gegenprobe der Poetik (§ 184) ist gelungen.

Literarische Texte schreibt man wie alle anderen Texte als Autor und als Erzähler, nur daß der Erzähler in literarischen Texten sich unausdrücklich oder ausdrücklich als ein anderer ausgibt, als es der Autor ist, während sonst die unausdrückliche oder ausdrückliche Identität zwischen beiden im Vordergrund steht.

Wie ich in der Literaturtheorie das Schreiben als man selbst und als ein anderer differentialdiagnostisch als Ursache der Kennzeichen (Symptome) ermittelt habe (§ 162), so wird es jetzt auch ein Leichtes sein, die Kennzeichen der Literatur zu produzieren, indem man im Schreiben den Erzähler vom Autor differenziert.

§ 265. Es gibt fünf Mittel, das Verhältnis Erzähler/Autor als unausdrückliche oder ausdrückliche Differenz zu gestalten.

Ich werde diese fünf Mittel nacheinander ableiten und vorstellen, indem ich einen nicht-literarischen Text mit ihnen *um*schreibe, wobei sich auch ergeben wird, daß es nicht mehr als fünf sein können. Beim *Um*schreiben werde ich außerdem noch alle vier Möglichkeiten des Schreibens (§ 252) durchspielen, und an den sehr unterschiedlichen Ergebnissen wird sich dann ablesen lassen, daß effektiv alle literarischen Texte zu den vier Gattungen gehören, die aus den vier Möglichkeiten des Schreibens entstehen (§ 260). Hier ist der nicht-literarische Text, an dem ich experimentiere, ein Zeitungsartikel:

Die Feuerwehr «hereingeleimt»
Vor verklebten Türen standen kürzlich Feuerwehrmänner und Polizisten der Schwyzer Gemeinde Schindellegi: «Alleskleber» in den Schlüssellöchern ihres Feuerwehrlokals mußten ihre aufgeregten Brandwächter diagnostizieren. Der Schaden wurde auf der Stelle behoben, der Saboteur nach umfangreichen Ermittlungen schließlich gefunden: Treuherzig und mit einem Feuerwehrauto in der Hand erklärte der «jüngste Feuerwehrmann der Schweiz», ein Kindergartenschüler, er habe eben beim nächsten Brand der erste am Schauplatz sein wollen, und zwar mit seinem eigenen Auto. (E.E.)
Das Wort «hereingeleimt» im Titel der Geschichte ist übrigens eine nicht ganz astreine Übersetzung des Dialektausdrucks «ine-gliimet», was so viel heißt wie «hineingelegt» oder «angeschmiert», aber eben mit Leim.
Tages-Anzeiger vom 7. 10. 79, «zwölfte Seite».

§ 266. Zur Herstellung unausdrücklicher Differenz zwischen Erzähler und Autor kann man erstens das Verhältnis Erzähler/Ereignis einsetzen.

Das ist ein temporal bestimmtes Verhältnis (§ 244), das nur in zwei Varianten vorkommt, umschrieben durch die Tempora Präsens und Nicht-Präsens (§ 251): der Erzähler kann sich als gleichzeitig oder als nicht-gleichzeitig mit dem Ereignis setzen . Und da es keine dritte Variante gibt, kann man nur zwischen diesen beiden innerhalb eines Textes abwechseln und damit den Erzähler zu einem machen, der mit einem und demselben Ereignis einmal gleichzeitig und im nächsten Augenblick wieder nicht-gleichzeitig zu sein behauptet. Ob diese Behauptung stimmt, ist eine andere Frage, aber indem der Erzähler sie aufstellt (durch die Wahl entsprechender Tempora), behauptet er unausdrücklich, ein anderer zu sein als der Autor, denn der Autor besitzt die Fähigkeit zum Wechsel zwischen Gleichzeitigkeit und Nicht-Gleichzeitigkeit zweifellos nicht. – Indem ich aufgrund dieser Überlegungen den Ausgangstext nach der ersten Möglichkeit des Schreibens nach meiner Façon neu schreibe, ergibt sich Folgendes (ich wähle «E.E.» als mein Pseudonym):

E.E.

Die verklebte Feuerwehr

Die Feuerwehrleute von Schindellegi im Kanton Schwyz standen aufgeregt vor verklebten Türen; alle Schlüssellöcher des Feuerwehrhauses waren mit Alleskleber verstopft. Sie kratzten das Zeug mühsam heraus, und schließlich *wurde* nach umfangreichen Ermittlungen auch der Saboteur gefunden. Treuherzig *steht* der fünfjährige Fritzli da, mit seinem Feuerwehrauto in der Hand. «Wenn's wieder brennt, wär' ich dann der erste gewesen», *sagte* er.

Damit habe ich das Kennzeichen im Text untergebracht, das ich damals bei den *Wahlverwandtschaften* das erste Kennzeichen der Erzählung genannt habe (§ 149), den Wechsel zwischen Präteritum und Präsens, dessen Kurzfassung das «epische Präteritum» ist (§ 152): «Treuherzig stand jetzt Fritzli da».

§ 267. Zur Herstellung unausdrücklicher Differenz zwischen Erzähler und Autor kann man zweitens das Verhältnis Erzähler/Ereignisteilnehmer einsetzen.

Also nach den temporalen (§ 266) auch den personalen Aspekt der Relation zwischen Erzähler und Ereignis, in welchem nur die beiden Pronomina Ich und Nicht-Ich vorkommen können (§ 251). Ein Abwechseln zwischen beiden (wie bei den Tempora zwischen Präsens und Nicht-Präsens) bringt nichts ein, weil es ohnehin stattfindet (§ 260, Abs. 3). Man ist also darauf angewiesen, die Unterscheidung zwischen Ich und Nicht-Ich irgendwie zu unterlaufen. Der Weg dazu: man läßt die Ereignisteilnehmer lange direkte Reden halten oder, besser noch, man läßt den Erzähler ihre Gedanken referieren. Und wer in dieser Art lange Reden aus dem Gedächtnis wiedergeben zu können und in die Köpfe fremder Menschen hineinsehen zu können behauptet, der verfügt, wenn die Behauptung stimmt, über übermenschliche Fähigkeiten, beansprucht also, ein anderer zu sein als der Autor. – Ich erhebe jetzt beim Umschreiben der Geschichte in der zweiten Möglichkeit des Schreibens (Nicht-Ich + Präsens) genau diesen Anspruch.

E.E.

Die verklebte Feuerwehr

Die Feuerwehrleute von Schindellegi im Kanton Schwyz stehen aufgeregt vor verklebten Türen; alle Schlüssellöcher des Feuerwehrhauses sind mit Alleskleber verstopft. Sie kratzen das Zeug mühsam heraus, und schließlich wird nach umfangreichen Ermittlungen auch der Saboteur gefunden. Eingeschüchtert steht der fünfjährige Fritzli da. Wenn's das nächste Mal brennt, wär' ich der erste gewesen, denkt er, aber wagt es nicht zu sagen.

Direkte Rede hatte ich als ein Element im Kennzeichen des Dramas erwähnt (§ 133). Sie ist, wie man jetzt sieht, nur ein Spezialfall desselben Phänomens, das im Gedankenreferat deutlicher zum Ausdruck kommt: unausdrückliche Unterlaufung der Unterscheidung zwischen Ich und Nicht-Ich durch den Erzähler.

Anhangsweise kann ich bei dieser Gelegenheit noch zwei weitere Spezialfälle vorführen, die womöglich noch deutlicher sind als das eben gezeigte Gedankenreferat und wohl auch nur in literarischen Texten vorkommen: «inneren Monolog» und «erlebte Rede».

Einen inneren Monolog macht man aus dem Gedankenreferat im letzten Satz der eben geschriebenen Geschichte, indem man ganz einfach den Kommentar des Erzählers («denkt er, aber wagt es nicht zu sagen») wegläßt. Das ist alles.

Für die erlebte Rede braucht man als Ausgangsmaterial ein Gedankenreferat, das der Erzähler im Nicht-Präsens einleitet, etwa so:

Fritzli dachte: jetzt stehe ich aber dumm da; dabei habe ich mich für raffiniert gehalten; wenn es wieder brennen wird, wollte ich als erster auf dem Schauplatz sein und löschen.

Daraus wird durch einige einfache Transformationsregeln folgende erlebte Rede:

jetzt stand er aber dumm da; dabei hatte er sich für raffiniert gehalten; wenn es wieder brennen würde, hatte er als erster auf dem Schauplatz sein und löschen wollen.

Die Transformationsregeln betreffen allein die Pronomina und Tempora: der Erzählerkommentar wird gestrichen («Fritzli dachte»), die erste Person (ich) in die dritte (er) verwandelt, und alle Tempora werden verschoben: Präsens zu Präteritum («stehe» zu «stand»), Präteritum (wollte) und Perfekt (habe gehalten) gemeinsam zu Plusquamperfekt (hatte wollen, hatte gehalten) und Futur (brennen wird) zu Konjunktiv II (brennen würde). Auch dieser Spezialfall der Unterlaufung der Ich/Nicht-Ich-Unterscheidung ist also leicht zu bewerkstelligen.

§ 268. Zur Herstellung unausdrücklicher Differenz zwischen Erzähler und Autor kann man drittens das Verhältnis Erzähler/Autor selbst einsetzen.

Die Initiative dazu muß vom Autor ausgehen, und wenn die Differenz unausdrücklich bleiben soll, darf er sich nicht über den Erzähler äußern, sondern nur über den Text als ganzen. Dafür steht ihm nur ein Mittel zur Verfügung, allerdings ein bequemes: sein Metatext, der Titel des Textes (§ 248). Und er kann den Titel auch nur auf eine Weise als Mittel einsetzen, indem er nämlich im Titel behauptet, der Text sei – Literatur. Und damit wiederum wird der Erzähler, ohne gefragt zu werden und ohne sich wehren zu können, zu einem anderen gemacht, als es der Autor ist: zu einem nämlich, der – scheinbar, ohne es zu wissen – nur im literarischen Text (als Erzähler) vorhanden ist, während der Autor gleichzeitig durch seinen Namen beansprucht, auch außerhalb des Textes vorhanden zu sein. – Zur Demonstration dieses Mittels der Herstellung unausdrücklicher Differenz bediene ich mich noch einmal der zweiten Möglichkeit des Schreibens (Nicht-Ich + Präsens) und lasse diesmal den Erzähler etwas anders als eben reden, sozusagen im Telegrammstil.

E.E.

Die verklebte Feuerwehr

Ein Dorfschwank

Personen: Erster Feuerwehrmann
    Zweiter Feuerwehrmann
    Müller, Schulhauswart
    Fritzli, fünfjährig

Ort der Handlung: vor dem Feuerwehrhaus in Schindellegi

1. Feuerwehrmann (steht links, vor der Tür des Feuerwehrhauses): Du Josef, komm mal her.

2. Feuerwehrmann: Was ist?

1. Feuerwehrmann: Da hat doch so ein . . . *(Kraftausdruck)* die Schlüssellöcher mit Klebstoff gefüllt.

2. Feuerwehrmann: . . . *(Kraftausdruck)*, bis wir den wieder draußen haben!

Müller (kommt herbei und zieht Fritzli hinter sich her): Ich hab' genau gesehen, daß der das gemacht hat.

1. Feuerwehrmann (zu Fritzli): Bist du's gewesen?

Fritzli: Ja.

2. Feuerwehrmann: Und warum?

Fritzli (treuherzig): Wenn's das nächste Mal brennt, wollte ich schneller da sein als ihr und selber löschen *(zeigt auf sein Feuerwehrauto)*.

Einsichten aus dem Schreiben dieses kleinen literarischen Kabinettstücks: ich habe im Text das Kennzeichen des Dramas produziert (literarischer Titel + direkte Reden, § 133) und beiläufig noch ein weiteres (literarischer Titel + Präsens, § 150), wobei ich mich streng im Rahmen der zweiten Möglichkeit des Schreibens gehalten habe. Ein Drama ist demnach eine präsentische Null-Erzähler-Erzählung, was eigentlich nicht besonders überraschend ist, da ja das Kennzeichen des Dramas auch in manchen Erzählungen anzutreffen war (§ 138). Das Drama zeichnet sich innerhalb der Gattung Null-Erzähler-Erzählung durch einen gewissen sprachlichen

«Tick» des Erzählers aus (Telegrammstil im Personenverzeichnis, konsequente Plazierung der Personennamen an den Anfang des Satzes, konsequente Auslassung der Verben des Redens wie «sagt, erwidert» usw.). Es kann noch hinzukommen, daß schon der Erzähler das Ereignis auf einer Bühne situiert und z. B. statt «links, vor der Tür» «links, an die Kulisse gelehnt» sagt. Aber das muß nicht sein.

Weil es so einfach ist und sich gerade gut anschließt, will ich noch kurz beschreiben, durch welche Operationen man aus einem Dramentext eine Dramenaufführung macht. Wie bei der Lesung eines Textes der Autoranteil (Autorname und Titel) ausgeklammert wird, so auch bei der Aufführung eines Dramas. Und weil auf der Bühne vom ganzen Text nur die direkten Reden der Ereignisteilnehmer zu hören sind, wird zusätzlich auch noch der Erzähleranteil eliminiert, der in meinem Originalschwank kursiv gedruckt ist. Autor- und Erzähleranteil gehen aber nicht verloren, sondern werden zum Teil durch die Institution Theater als Text nachgeliefert (Autorname, Titel, Personenverzeichnis, Ortsangabe auf dem Programmzettel) und zum Teil durch Bühnenbild und Schauspieler verkörpert (Nennung der Personen und Beschreibung von Handlung und Schauplatz durch den Erzähler). Die unausdrückliche Differenz zwischen Autor und Erzähler wandert dabei sozusagen durch den Erzähler und Beobachter hindurch in die Ereignisteilnehmer hinein, sie wird sichtbar als die Differenz zwischen Person und Rolle des Schauspielers, zwischen biographischer und literarischer Person: der Schauspieler spricht als er selbst und als ein anderer, wie der Autor als er selbst und als ein anderer schreibt.

§ 269. Zur Herstellung *ausdrücklicher* Differenz zwischen Autor und Erzähler kann man das Verhältnis Autor/Erzähler einsetzen (und auch das Verhältnis Erzähler/Ereignisteilnehmer.)

Und zwar immer auf dieselbe Weise, weshalb ich beides nur als ein Mittel zähle. Der Autor, der Erzähler selbst oder ein Ereignisteilnehmer brauchen dem Erzähler nur einen anderen Namen zu geben, als ihn der Autor trägt. Auch irgendein anderes Merkmal, das der Autor leicht erkennbar nicht haben kann, würde denselben Dienst tun, wie bereits besprochen (§ 157). An sich würde eine der erwähnten Namensnennungen zur Herstellung der Differenz schon genügen. Ich bringe der Vollständigkeit halber alle drei in einem Text unter, den ich diesmal nach der dritten Möglichkeit des Schreibens (Ich + Nicht-Präsens) produziere.

E.E.
Die verklebte Feuerwehr
Aus den Aufzeichnungen des Josef F.
Ich, Josef F., ging kürzlich mit einem Kollegen von der freiwilligen Feuerwehr zu unserem Depot in Schindellegi. Weil ich unterwegs noch einiges zu bereden hatte, war er vor mir da und rief mir gleich zu: «Du, Josef,

komm mal her.» Alle Schlüssellöcher waren mit Alleskleber gefüllt. Als wir noch rätselten, wer das wohl gewesen sein mochte, brachte auch schon der Schulhauswart den Übeltäter, den kleinen Fritzli, der das gemacht hatte, weil er beim nächsten Brand als erster mit dem Löschen anfangen wollte, wie er treuherzig versicherte.

Da haben wir das seinerzeit so benannte zweite Kennzeichen der Erzählung (§ 158), zu dem weiter nichts zu sagen ist.

§ 270. Zur Herstellung unausdrücklicher Differenz zwischen Autor und Erzähler kann man schließlich die Sprache des Erzählers einsetzen.

Man läßt ihn einfach poetische Sprache sprechen. Damit wird er zu einem, der zwei Sprachen simultan spricht (§ 214), und da der Autor sich an diesem doppelzüngigen Sprechen nicht beteiligt (in seinem Text: Autorname und Titel), steht der Erzähler ohne weiteren Aufwand als ein anderer da, so daß der Autor sogar auf seinen eigenen Text verzichten kann. Ich schreibe poetische Sprache in der vierten Möglichkeit des Schreibens (Ich + Präsens), könnte es aber auch in den anderen drei.

Frohen Mutes voll betret' ich Schindellegi,
um am andern Rand des Dorfs die seltne Vegitation des Alpenvorlands zu studieren.
Aber ach, was muß ich observieren:
vor dem Haus der Feuerwehr wogt ein Gedränge,
und es ballt zusammen sich die Menge
um den kleinen Fritzli, der in Treuen
herzig, ohne sichtbar zu bereuen,
alle Schlüssellöcher mit Verstand
zugeklebt hat, um beim nächsten Brand
sich als erster zu bewähren, löschgewandt.

In diesem Text, der für sich selbst spricht, sind aufgrund des simultanen Schreibens in zwei Sprachen alle Kennzeichen der Poesie enthalten: Reim, Rhythmus und Zeileneinteilung (§ 114), nur auf die Abweichungen von der normalen Grammatik habe ich aus naheliegenden Gründen verzichtet (§ 108). – Alle in der Literaturtheorie benannten Kennzeichen der Literatur sind damit durch Differenzierung zwischen Erzähler und Autor produziert worden, und die Diagnose der Kennzeichen-Ursache (§ 166) hat sich folglich bestätigt.

§ 271. Durch den Einsatz eines oder mehrerer der genannten fünf Mittel kann man in jedem nicht-literarischen Text Autor und Erzähler voneinander differenzieren und dadurch den Text zu einem machen, der wenigstens ein Kennzeichen der Literatur aufweist.

Ich bin zwar nur von einer nicht-präsentischen Null-Erzähler-Erzählung (erste Möglichkeit des Schreibens) ausgegangen und habe sie in allen vier Möglichkeiten des Schreibens mit je einem Mittel literarisiert. Aber Sie werden sich unschwer vorstellen können, daß jeder einzelnen meiner Fritzli-Variationen ein nicht-literarischer Originalbericht entsprechen könnte, dessen personale und temporale Mitteilungsstruktur nirgends anders angetastet wäre als beim personalen Verhältnis Erzähler/Autor.

Was dem Erzähler durch diese einfachen Operationen angetan wird, ist dieses: er verliert scheinbar den Kontakt zur biographischen Person (Autor des Textes), der sonst über den Autor im Text gewährleistet ist. Er wird zu einer Person, die nicht mehr im Text Stellvertreter des Autors ist, sondern nur noch dessen Erfindung zu sein scheint. Er scheint sein Leben nur noch im Text zu haben, und sein Schatten, der Beobachter, mit ihm.

Indem so der Lebensfaden zwischen Autor und Erzähler/Beobachter scheinbar durchschnitten wird, scheint der Erzähler ganz in Text verwandelt zu sein und in ewiger Gegenwärtigkeit zu «leben». Aber der Schein der vollständigen Verwandlung, der *Schein der Alteration des Erzählers* (lat. *alter* = der andere) ist doch «nur» Schein.

Denn der Differenzierung zwischen Erzähler und Autor wird ständig widersprochen durch Mitteilungsstruktur und -anspruch des Textes selbst («Diese Mitteilung ist eine Formulierung meiner, des Autors, Gedanken zur Sache», § 232), d. h. die im Text hergestellte Differenz von Autor und Erzähler ist dauernd umfangen durch die Identität von Autor und Erzähler, die der Text durch sich selbst bezeugt.

§ 272. Nach der Differenzierung vom Autor steht der Erzähler in literarischen Texten im Schein der Alteration, der immer begleitet ist von der Wahrheit, daß Autor und Erzähler identisch sind.

Wenn der Leser die Kennzeichen als Kennzeichen der *Literatur* wahrnimmt, nimmt er auch den Schein der Alteration als *Schein* wahr. Und wenn er sich (mit dem unableitbaren Zusatzargument, § 63) dem Schein anpaßt, verwandelt auch er sich in eine Textperson. Der Leser *des* Textes verwandelt sich in den Leser *im* Text, ohne aufzuhören, Leser *des* Textes zu bleiben. Er liest als er selbst und als ein anderer und kann doch die Selbstvergessenheit nicht so weit treiben, daß er sich allen Ernstes für zwei Personen hält (§ 170).

§ 273. Nach der Differenzierung vom Leser *des* Textes steht der Leser *im* Text im Schein der Alteration, der immer begleitet ist vom Bewußtsein, daß der Leser des Textes und der Leser im Text miteinander identisch sind.

Dem Leser, der sich zur Textperson macht, ist im literarischen Text bereits ein Platz reserviert: derjenige des Beobachters, der einzigen Textperson, die von Eigennamen, Personalpronomina und Tempora niemals erreicht wird (§ 239), sozusagen eine Nische, durch die der Schein der Alteration vor sämtlichen allfälligen Angriffen geschützt wäre. Daß man als Leser tatsächlich quasi dem Beobachter über die Schulter sieht, bekundet man damit, daß man vom Ereignis immer im Präsens spricht (§ 169), auch wenn der Erzähler ein Nicht-Präsens benutzt. Der Leser im Text steht temporal auf derselben Stufe wie der Beobachter, er kann sich temporal nicht vom Ereignis lösen (§ 262), es ist ihm immer präsent. Was aber nichts über das Ereignis sagt, sondern nur über ihn, den Leser im Text.

Ich kann nunmehr das graphische Modell des Textes vervollständigen zum graphischen Modell des *literarischen* Textes, indem ich die neue Textperson Leser *im* Text einzeichne und sowohl ihm, als auch dem Erzähler wegen des gemeinsamen Scheins der Alteration eine andere Statur gebe als den anderen Personen. (Ich benutze wegen seiner Übersichtlichkeit das Schema der ersten Möglichkeit des Schreibens, § 253).

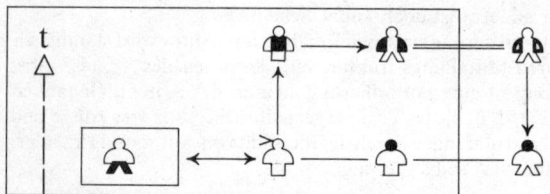

Der Zustand des Lesers im Text ist an sich unter dem Namen «Illusion» eine bekannte Sache, nur ist das wieder einmal eine denkbar ungeeignete Bezeichnung. Denn Illusion ist ja Täuschung ohne Bewußtsein der Täuschung, und genau das kann es beim Lesen von Literatur (und auch beim Ansehen von Theateraufführungen) schlechterdings nicht geben, weil es bedeuten würde, daß der Leser oder Zuschauer sich allen Ernstes für eine Textperson oder für eine der Personen auf der Bühne hielte.

Dementsprechend sind auch Begriffe wie Illusionsdurchbrechung oder Illusionszerstörung durchaus irreführend. Der Schein der Alteration kann gar nicht zerstört werden, weil er immer schon durch die ihn begleitende Wahrheit gedeckt ist. Aber was man machen kann, das ist, daß man mit dem Schein der Alteration spielt.

§ 274. Man kann beim Schreiben literarischer Texte mit dem Schein der Alteration spielen, indem man unter Beibehaltung der Differenz von Erzähler und Autor wie von Leser im Text und Leser des Textes die wahre Identität anspricht.

Diese «Gegenmaßnahme» macht die Differenz nicht etwa nach dem Muster der Arithmetik ungeschehen (eins minus eins ist Null), sondern sie macht im Gegenteil den Schein sozusagen noch strahlender. Ist sie auf den Leser gerichtet, so erzwingt und steigert sie das Bewußtsein, daß auch er eine Rolle spielt (als ein anderer liest); zielt sie auf den Autor, so wird sein Rollenspiel als Erzähler nur noch kühner und klarer bewußt.

In beiden Fällen wird die wahre Identität von Autor oder Leser, die sonst nur außerhalb des Textes gewährleistet ist, auch innerhalb des Textes angesprochen, indirekt allerdings, und beide Male entweder durch die Ereignisteilnehmer oder durch den Erzähler, durch die beiden Textpersonen also, die im Text zu Worte kommen (§§ 239, 244).

Ich werde Ihnen zeigen, wie man das macht, indem ich die möglichen vier Spieltechniken durch Umformulierungen eines Textes vorführe, der nach der ersten Möglichkeit des Schreibens geschrieben ist (§ 253) und die Differenz zwischen Autor und Erzähler durch einen literarischen Titel installiert (§ 268). Um alle Spieltechniken anwenden zu können, habe ich einen etwas längeren Text wählen müssen, den Sie vielleicht erst einmal ungelesen überblättern sollten, damit Sie nicht ins literarische Lesen hineingeraten. Ich werde dann bei meinen Umformulierungen jeweils angeben, aus welchem Absatz mein Beispiel stammt. Das Ganze ist der Anfang eines Romans von Theodor Fontane.

VOR DEM STURM
Roman aus dem Winter 1812 auf 1813

1
Heiligabend

Es war Weihnachten 1812, Heiliger Abend. Einzelne Schneeflocken fielen und legten sich auf die weiße Decke, die schon seit Tagen in den Straßen der Hauptstadt lag. Die Laternen, die an langausgespannten Ketten hingen, gaben nur spärliches Licht; in den Häusern aber wurde es von Minute zu Minute heller, und der «Heilige Christ», der hier und dort einzuziehen begann, warf seinen Glanz auch in das draußen liegende Dunkel.

So war es auch in der Klosterstraße. Die «Singuhr» der Parochialkirche setzte eben ein, um die ersten Takte Liedes zu spielen, als ein Schlitten aus dem Gasthof «Zum grünen Baum» herausfuhr und gleich darauf schräg gegenüber vor einem zweistöckigen Hause hielt, dessen hohes Dach noch eine Mansardenwohnung trug. Der Kutscher des Schlittens, in einem abgetragenen, aber mit drei Kragen ausstaffierten Mantel, beugte sich vor und sah nach den obersten Fenstern hinauf; als er jedoch wahrnahm, daß alles ruhig blieb, stieg er von seinem Sitz, strängte die Pferde ab und schritt auf das Haus zu, um durch die halb offenstehende Tür in dem dunklen Flur desselben zu verschwinden. Wer ihm dahin gefolgt wäre, hätte notwendig das stufenweise Stapfen und Stoßen hören müssen, mit dem er sich, vorsichtig und ungeschickt, die drei Treppen hinauffühlte.

Der Schlitten, eine einfache Schleife, auf der ein mit einem sogenannten «Plan» überspannter Korbwagen befestigt war, stand all die Zeit über ruhig auf dem Fahrdamm, hart an der Öffnung einer hier aufgeschütteten Schneemauer. Der Korbwagen, mutmaßlich um mehr Wärme und Bequemlichkeit zu geben, war nach hinten zu, bis an die Plandecke hinauf, mit Stroh gefüllt; vorn lag ein Häckselsack, gerade breit genug, um zwei Personen Platz zu gönnen. Alles so primitiv wie möglich. Auch die Pferde waren unscheinbar genug, kleine Ponys, die gerade jetzt in ihrem winterlich rauhen Haar ungeputzt und dadurch ziemlich vernachlässigt aussahen. Aber wie immer auch, die russischen Sielen, dazu das Schellengeläut, das auf roteingefaßten, breiten Ledergurten über den Rücken der Pferde hing, ließen keinen Zweifel darüber, daß das Fuhrwerk aus einem guten Hause sei.

So waren fünf Minuten vergangen oder mehr, als es auf dem Flur hell wurde. Eine Alte in einer weißen Nachthaube, das Licht mit der Hand schützend, streckte den Kopf neugierig hinaus; dann kam der Kutscher mit Mantelsack und Pappkarton; hinter diesem, den Schluß bildend, ein hochaufgeschossner, junger Mann von leichter, vornehmer Haltung. Er trug eine Jagdmütze, kurzen Rock und war in seiner ganzen Oberhälfte unwinterlich gekleidet. Nur seine Füße steckten in hohen Filzstiefeln. «Frohe Feiertage, Frau Hulen», damit reichte er der Alten die Hand, stieg auf die Deichsel und nahm Platz neben dem Kutscher. «Nun vorwärts, Krist; Mitternacht sind wir in *Hohen-Vietz*. Das ist recht, daß Papa die Ponys geschickt hat.»

Theodor Fontane, Sämtliche Werke, Romane, Erzählungen, Gedichte. Dritter Band. München 1962, S. 7f.

§ 275. Man kann mit dem Schein der Alteration des Lesers spielen, indem man den Leser *im* Text vom Erzähler daraufhin ansprechen läßt, daß er mit dem Leser *des* Textes identisch ist.

Am einfachsten geht das, wenn der Erzähler den Leser, der sich ja im Text als Beobachter fühlt, direkt als Leser anspricht, zum Beispiel so (Übergang 2./3. Absatz):

Wer ihm dahin gefolgt wäre, hätte notwendig das stufenweise Stapfen und Stoßen hören müssen, mit dem er sich, vorsichtig und ungeschickt, die drei Treppen hinauffühlte. Damit dir, geneigter Leser, die Zeit nicht lang wird, will ich dir inzwischen den Schlitten beschreiben, eine einfache Schleife, auf der ...

Man kann es auch andersherum versuchen: den Leser bei seiner Selbstein-schätzung als Beobachter packen und ihn auffordern, als Beobachter zu amtieren, damit er merke, daß es nicht geht (Mitte des 3.Absatzes).

Auch die Pferde waren unscheinbar genug, kleine Ponys, die gerade jetzt in ihrem winterlich rauhen Haar ungeputzt und dadurch ziemlich ver-nachlässigt aussahen. Aber, lieber Leser, sieh dir nur einmal die russi-schen Sielen an, dazu das Schellengeläut. Was siehst du da?

Es gibt Leser, die solche Scherze lieben, es gibt andere, die es höchst über-flüssig finden, daß man sie daran erinnert, was sie ohnehin wissen, daß sie nämlich Leser des Textes sind.

Im Theater übrigens kann man dasselbe Spiel treiben, indem man den Erzähler, der ja sonst ausgeklammert wird (§ 268), doch auch in entspre-chendem Sinne zu Worte kommen läßt, etwa mit Spruchbändern («Glotzt nicht so romantisch»), wie es Brecht zeitweilig gern gemacht hat, oder in Gestalt eines mitauftretenden Spielleiters, der den Zuschauer als Zu-schauer direkt anspricht.

§ 276. Man kann mit dem Schein der Alteration des Lesers spie-len, indem man den Leser *im* Text von einer Ereignisperson dar-aufhin ansprechen läßt, daß er mit dem Leser *des* Textes identisch ist.

Das sieht dann so aus (letzter Absatz des Fontane-Textes):
«Frohe Feiertage, Frau Hulen», damit reichte er der Alten die Hand, stieg auf die Deichsel und nahm Platz neben dem Kutscher. «Nun vor-wärts, Krist; Mitternacht sind wir in *Hohen-Vietz*». «Vielleicht», unter-brach ihn Krist, «sollten Sie doch noch sagen, was Hohen-Vietz ist, da-mit auch der Leser Bescheid weiß».

Dergleichen ist ebenfalls nicht nach jedermanns Geschmack. Man kennt den Trick vor allem vom Theater her, und da gehört er zum festen Tradi-tionsbestand: es ist das Überspielen der Rampe, das Beiseite-Sprechen und die direkte Anrede an das Publikum, welches ja sonst – wie der Beobach-ter/Leser (§§ 225, 273) – für die Ereignisteilnehmer als nicht vorhanden gilt.

§ 277. Man kann mit dem Schein der Alteration des Erzählers spielen, indem man den Erzähler zu erkennen geben läßt, daß er sich mit dem Autor eins weiß.

Indem er sich nämlich als Urheber der Ereignisse ausgibt. Und weil die Ur-heberrechte in jedem Sinne beim Autor des Textes liegen, ist damit die Identität von Erzähler und Autor unausdrücklich angezeigt, etwa so (2. Absatz):
So war es auch in der Klosterstraße. Die «Singuhr» der Parochialkirche

setzte eben ein, um die ersten Takte ihres Liedes zu spielen, als ein
Schlitten aus dem Gasthof «Zum grünen Baum» herausfuhr. Ich lasse
ihn gleich schräg gegenüber schon wieder anhalten vor einem zweistök-
kigen Hause, . . .
Dazu ist nichts weiter zu bemerken, als daß in diesem Belang das Theater
nicht mithalten kann.

§ 278. Man kann mit dem Schein der Alteration des Erzählers
spielen, indem man die Ereignisteilnehmer sich auf den Autor beziehen läßt.

Das heißt dann, daß sie sozusagen in der Hierarchie des Textes den Erzähler einfach umgehen und ihn dadurch stillschweigend mit dem Autor identisch setzen. Auch dafür noch ein Beispiel (wieder aus dem 2.Absatz):
. . . als ein Schlitten aus dem Gasthof «Zum grünen Baum» herausfuhr
und gleich darauf schräg gegenüber vor einem zweistöckigen Hause
hielt, dessen hohes Dach noch eine Mansardenwohnung trug. Der Kutscher des Schlittens, in einem abgetragenen, aber mit drei Kragen ausstaffierten Mantel, beugte sich vor und sah nach den obersten Fenstern
hinauf. «Ich möcht' nur mal wissen, warum der Herr Fontane mich schon
wieder anhalten läßt», murmelte er vor sich hin.
Das theatralische Äquivalent dieser Technik ist bekannter: das Aus-der-
Rolle-Fallen. Es ist etwas anders strukturiert und daher vielseitiger und
subtiler einsetzbar. Denn die Personen auf der Bühne haben ja die Differenz von Erzähler und Autor in sich hineingenommen (§ 268) als Differenz
zwischen Schauspieler und Rolle. Und deshalb können sie sich sowohl auf
ihre eigene biographische Person beziehen, als auch auf die des Autors, wie
es der Kutscher in meiner Fontane-Umarbeitung macht.
An dieser Variante des Spiels mit dem Schein wird besonders schön
deutlich, was es mit diesem Spiel auf sich hat: auch das Aus-der-Rolle-Fal-
len gehört ja zur Rolle dazu, es ist vorprogrammiert quasi als zweite Rolle,
es ist *die Identität als Rolle*, eine überaus artifizielle Steigerung, die den
Schein der Alteration von seiner eigenen Wahrheit fast ununterscheidbar
macht. Es ist wie ein Traum, aus dem man nicht aufwachen kann.
Eine Geschichte, die mir einmal jemand erzählt hat, illustriert das sehr
gut, auch falls sie erfunden sein sollte. Eine Schauspielerin erlitt einmal
mitten in einer Aufführung, und dazu noch in einem besonders «passen-
den» Moment, einen Herzanfall, worüber ihre Kollegen begreiflicherweise
augenblicklich ihre Rollen vergaßen und sich um Hilfe bemühten. Aber das
Publikum war so entzückt über die unvergleichlich «lebensecht gespielte»
Konfusion, daß sogar der anwesende Arzt lange nicht begreifen konnte,
daß man ihn wirklich brauchte und keineswegs für einen besonderen Gag
als unfreiwilligen Mitspieler auf die Bühne bitten wollte.
Das ist, so paradox das klingen mag, die Verfestigung des Scheins der

Alteration durch seine scheinbare Aufhebung, die auch dann eintritt, wenn die Aufhebung eine tatsächliche ist.

§ 279. Das Spiel mit dem Schein der Alteration ist die genuine Weise literarischer Kunst, Identität als Rolle zu spielen und den Schein durch seine scheinbare Aufhebung zu potenzieren.

Denn wenn Kunst die Überwindung der Natur ist (§ 216) und wenn die Natur literarischen Schreibens darin besteht, Differenz zwischen Erzähler und Autor herzustellen (§ 264) und Identität einfach geschehen zu lassen (§ 272), dann kann die Überwindung der Natur literarischen Schreibens nicht seine Abschaffung, sondern nur seine Vollendung sein: Potenzierung des Scheins.

Die unausdrückliche Identität von Erzähler und Autor (§ 263), die den Schein der Alteration ständig begleitet (§ 272) und ihn zu gefährden scheint, wird durch die erwähnten vier Spieltechniken indirekt ausdrücklich gemacht und potenziert den Schein, ähnlich wie Poesie als Kunst die destruktiven Potenzen der poetischen Sprache konstruktiv wendet (§ 218).

Und damit wird dann der literarische Bericht über das Ereignis selbst zum Ereignis in Wörtern (§ 221), zu einem gegebenenfalls sehr ernsten Spiel, von dem einem nichts erzählt wird, weil man ihm beiwohnt und es mitspielt. Das ist *Literatur als Kunst* oder, um die Parallele zur Poesie noch einmal zu ziehen (§ 216), es ist *Kunstliteratur.*

§ 280. In der Kunstliteratur wird der Text selbst zum Ereignis.

Dies war der letzte Satz der Poetik, an deren Ende sich nunmehr manch einer im Rückblick fragen wird, warum denn die traditionellen Themen der Poetik nicht vorgekommen sind, also vor allem die Unterscheidung und Darstellung der «Gattungen» wie Tragödie, Epos, Schelmenroman, Märchen, Ballade usw.

Ich habe sie nicht vergessen und nicht aus Platzmangel ausgelassen, sondern bewußt ausgeschieden, weil sie nicht in die Poetik gehören, sofern Poetik Theorie des Machens (§ 185) oder, mit einem tautologischen Ausdruck, generative Poetik sein muß.

Denn die sogenannten «Gattungen» sind keine Gattungen (§ 260), sondern nur Textarten oder Textsorten. Sie haben keine Regeln, sondern nur Traditionen. Keine dieser Textsorten (Tragödie usw.) kann, wie es in der Poetik sein müßte, aus dem Akt des Schreibens als Ergebnis einer seiner Modifikationen abgeleitet werden. Ihre jeweiligen Eigenheiten liegen entweder auf semantischer Ebene (daß z. B. in der Fabel Tiere reden können) oder sie stammen aus der Handlungsführung, also aus der Organisation des Ereignisablaufes (in dieser Hinsicht dürften sich z. B. Komödien von Tragödien unterscheiden). Ich sehe zur Zeit keine Möglichkeit, sie theoretisch in der Orientierung an der Struktur des Schreibens zu erzeugen. Und die praktische Herstellung in der Orientierung an Traditionen und Konventionen ist Sache der Poeten und nicht der Poetik.

§ 281. Die Literaturwissenschaft hat einen eindeutig umgrenzten Gegenstandsbereich (§ 18): die Literatur (§ 174).

Wenn man einen Text als literarischen Text identifiziert, dann antwortet man auf die Spaltung beim Schreiben mit einer ebensolchen Spaltung beim Lesen (§ 170). Das Ergebnis ist der beiderseitige Schein der Alteration (§§ 272, 273), der dem Leser die Möglichkeit eröffnet, das Ereignis als ein präsentes wahrzunehmen (§§ 169, 273) und den Text selbst als präsentes Ereignis (§§ 221, 280).

Da es nun eine besondere Wissenschaft gibt, die sich der literarischen Texte besonders annimmt (das ist ja die Voraussetzung beim Reden von Literaturwissenschaft), wird diese Wissenschaft die literarischen Texte als *literarische* Texte ansehen.

§ 282. Die Literaturwissenschaft hat eine eindeutige Ansicht der Literatur (§ 20): sie sieht die literarischen Texte als sie selbst an, als Präsenz des Ereignisses und gegebenenfalls als präsentes Ereignis.

Ich höre es schon: jetzt läßt er die Katze aus dem Sack und wird doch endlich selbst dogmatisch. – Nein, keineswegs! Ich sage nicht, was die Literaturwissenschaft machen *soll*, sondern was sie *macht*, und der Indikativ «macht» ist ein echter, ein allerdings entschieden assertorischer Indikativ: die Literaturwissenschaft sieht Literatur als Literatur an, als Präsenz des Ereignisses und gegebenenfalls als präsentes Ereignis. Wer es nicht glaubt, der sehe in eine beliebige literaturwissenschaftliche Publikation hinein, die von einem literarischen Text handelt; sofern vom Ereignis gesprochen wird, das im Text beschrieben ist, und sofern vom Ereignis gesprochen wird, das der Text selbst ist, geschieht das immer und nur im Präsens.

Ist diese Ansicht der Literatur als Literatur nicht gegeben, so handelt es sich, ohne deswegen verächtlich zu sein, nicht um Literaturwissenschaft, sondern z. B. um Geschichtswissenschaft, die etwa den Fontane-Text (§ 274) als Dokument für etwas anderes nehmen kann (§ 20), als Information über den Zustand der öffentlichen Beleuchtung oder über die sozialen Implikationen von Kleidung und Schlittenausstattung zu einer bestimmten Zeit.

Und vor allem sage ich nicht, *wie* die Literaturwissenschaft ihren Gegenstand behandelt, sondern *als was* sie ihn ansieht. Daß solche an sich überflüssigen Beteuerungen doch höchst nötig sind, schreibe man nicht mir zu, sondern der Begriffsverwirrung in der literaturwissenschaftlichen Grundsatzdiskussion seit geraumer Zeit: der elenden Gewohnheit, über den Gegenstand zu reden, wenn man eigentlich über das eigene Verhalten ihm gegenüber reden sollte (§ 82), und dem zugehörigen Argwohn, mit Aussagen über den Gegenstand und über die Ansicht des Gegenstandes werde zugleich schon «die Methode» vorprogrammiert.

§ 283. Durch eindeutige Abgrenzung des Gegenstandsbereichs (§ 281) und durch ebenfalls eindeutige Ansicht des Gegenstandes (§ 282) ist die Literaturwissenschaft der Möglichkeit nach als *selbständige* Wissenschaft begründet (§ 21).

Allerdings erst der Möglichkeit nach; denn offen ist noch die Frage, ob und inwiefern die Literaturwissenschaft auch *wirklich* selbständige *Wissenschaft* sein kann. Diese Frage richtet sich auch an die theoretische Literaturwissenschaft, also an meinen derzeitigen Zeitvertreib, vor allem aber an die literaturwissenschaftliche Praxis, auf die sich die Theorie bezieht. Kann das Lesen von Literatur (§ 49) Wissenschaft sein? Und wenn ja: wie muß es dann aussehen?

Die Antwort darauf gibt die Theorie dessen, was beim Lesen passiert: die Theorie des Verstehens und der Verarbeitung des Verstandenen (§ 69c), die *Hermeneutik*. Und sie wird die Antwort so geben müssen, daß sie nicht nur sagt, was beim Lesen passiert, sondern auch, was beim Lesen passieren sollte und warum es passieren sollte.

8 284. Durch die Hermeneutik wird, wenn es gut geht, die Literaturwissenschaft der Wirklichkeit nach als selbständige *Wissenschaft* begründet und gerechtfertigt.

Dabei wird sich dann auch herausstellen müssen, was überhaupt «wissenschaftlich» in Bezug auf das Lesen von Texten heißen kann. Es widerspricht dem Geist der Enzyklopädie, schon vor der Untersuchung derjenigen Tätigkeit, die allenfalls «wissenschaftlich» genannt werden soll, im Voraus einen abstrakten Begriff von Wissenschaftlichkeit anzusetzen (§ 44), der dann als Maßstab dienen könnte. Ebenso wenig eignen sich dazu die Begriffe von Wissenschaftlichkeit, von denen andere Wissenschaften behaupten, sie seien für sie verbindlich.

Ohnehin muß die Hermeneutik sozusagen bei Null anfangen. Denn die Literaturtheorie hat zwar die Gegenstandsabgrenzung geliefert und die Poetik die Begründung der Ansicht, aber beides verpflichtet die Hermeneutik zu nichts anderem, als sie zur Kenntnis zu nehmen. Darüber hinaus gibt es nur noch eine Warnung aus der Literaturtheorie, wegen der Spaltung beim Schreiben die Aussagen des Erzählers nicht unumwunden als Aussagen des Autors zu nehmen, und eine Empfehlung aus der Poetik, auf die Kräfte der poetischen Sprache zu achten, mit der prozeßhaften Erzeugung von Bedeutung und mit literarischer Kunst zu rechnen.

Aus solchen Warnungen und Empfehlungen läßt sich aber, wie man leicht sieht, keine Hermeneutik ableiten, die sagt, was ist und was sein sollte. Wir müssen also wieder ganz von vorn anfangen und mit dem, das einem jeden am nächsten liegt: mit dem eigenen Verstehen beim Lesen von Texten.

§ 285. Da man des Verstehens beim Lesen von Texten als eines Untersuchungsgegenstandes nicht habhaft werden kann, man betreibe es denn (vgl. § 224), kann die Hermeneutik als Theorie des Verstehens nur Reflexion auf das Verstehen im Vollzug sein.

Hermeneutik also nicht als Theorie *des* Verstehens allgemein, sondern als Selbstreflexion des Verstehenden. Das ist, wie alle Selbstreflexion, etwas Ungemütliches, bevor man drin ist und von ihr gefangen wird. Aber dann wird es spannend.

In dieser Hinsicht hat das Verstehen viel Ähnlichkeit mit dem Lesen und Schreiben. Es ist ein vielschichtiges Phänomen, aber durch Gewohnheit jedermann so geläufig, daß es überhaupt erst eines Entschlusses bedarf, etwas Besonderes daran finden zu wollen. Und ist der Entschluß da, dann wird man schnell dessen gewahr, daß man immer noch nicht weiß, worauf man da überhaupt achten soll. Es fehlen Begriffe und Gesichtspunkte zur Durchleuchtung des Phänomens.

Ich werde, anders als beim Lesen und Schreiben, die Begriffe nicht in einer Vorübung entwickeln, sondern sie Ihnen in Ihrer Reflexion auf Ihr eigenes Verstehen bemerkbar werden lassen. Dazu ist eine Reihe von Experimenten bestimmt, bei denen als Versuchsobjekt zu dienen Sie die Freundlichkeit haben werden. Daraus wird sich die Einsicht ergeben, was das Verstehen beim Lesen ist; und nach dieser Erkenntnis werde ich, gezwungenermaßen im Alleingang, vorführen und begründen, was es sein sollte.

Vor dem Beginn der Experimente soll als Einstieg eine Trivialität festgehalten werden, daß nämlich Verstehen nicht ein Widerfahrnis ist, dem man ausgesetzt ist wie einem Schnupfen. Natürlich, ein Text als Auslöser muß da sein, aber dann muß man selbst etwas tun, und man tut es auch. (Ich meine übrigens, Ausnahmen vorbehalten, immer nur das Verstehen von Texten).

§ 286. Verstehen beim Lesen ist eine Tätigkeit.

Es gibt einige Tätigkeiten, Lesen und Verstehen gehören dazu, die man «geistige Reflexe» nennen könnte. Ganz nach der Art der körperlichen Reflexe übt man sie aus, ohne es eigentlich wollen zu können. Wenn Ihnen ein Staubkorn ins Auge fliegt, dann schließen Sie sofort die Augenlider. Und wenn Ihnen eine Schrift «ins Auge springt», dann fangen Sie sofort an zu lesen. Ein lesekundiger Mensch ist der Schrift ausgeliefert, wie nicht nur die Werbebranche weiß. Das Verstehen des Gelesenen erfolgt zwar nicht ganz so automatisch, aber zweifellos sind Sie nicht imstande, zum Beispiel diesen Text zu lesen und ihn willentlich *nicht* zu verstehen. Man kann so tun, als verstehe man etwas nicht, man kann sich Mühe geben, etwas besser zu verstehen, aber man kann das Verstehen nicht willentlich unterdrükken, außer indem man aufhört zu lesen.

§ 287. Die Tätigkeit Verstehen ist ein unbeherrschter Reflex auf das Lesen.

Tätigkeiten dieser Art sind in gewisser Weise dumm und im physikalischen Sinne träge. Man kann sie überlisten, indem man ihnen ihren Auslöser entzieht, wie einem Motor, dem man Zündung und Benzinzufuhr abschaltet, und der dann noch ein paarmal «nachdieselt». Versuchen wir's mit einem ersten Experiment. Ich werde Ihnen einen Text vorlegen und Ihnen an seinem Ende sozusagen das Lesen abstellen; Sie sollten darauf achten, was Sie genau in dem Moment tun.

Der Punsch war mir doch etwas zu Kopfe gestiegen, die Dächer schienen sich zu drehen, kaum vermochte ich mittels des Schweifes, den ich als Balancierstange benutzte, mich aufrecht zu erhalten. Der treue Muzius, meinen Zustand bemerkend, nahm sich meiner an und brachte mich glücklich durch die Dachluke nach Hause. Wüste im Kopf, wie ich mich noch niemals gefühlt, konnte ich lange nicht –

Haben auch Sie in Gedanken das Wort «einschlafen» ergänzt? Merkwürdig, nicht wahr? Wo das Lesen mitten im Satz abgestellt wird, da hört offenbar das Verstehen nicht auch sofort auf. Und damit verrät es, was es ist: Vorgriff über das jeweils Gelesene hinaus.

Der Text war übrigens ein Originalzitat von E. T. A. Hoffmann, der die Memoiren des Katers Murr auf diese Weise (auch der Gedankenstrich ist original) immer wieder abrupt durch Episoden aus dem Leben des Kapellmeisters Kreisler unterbrochen hat. Die Fortsetzung des Zitats, zwanzig Seiten später, lautet in der Tat «einschlafen». Aber das ist gar nicht so wichtig.

E. T. A. Hoffmann, *Lebensansichten des Katers Murr nebst fragmentarischer Biographie des Kapellmeisters Johannes Kreisler in zufälligen Makulaturblättern*. In: E. T. A. Hoffmann, Poetische Werke. Fünfter Band. Berlin 1963, S. 402, Fortsetzung S. 422.

§ 288. Verstehen ist Vorgriff über das jeweils Gelesene hinaus.

Sobald sich in Umrissen der Ablauf eines angefangenen Satzes abzeichnet, vervollständigt man ihn selbständig. Man ist mit dem Verstehen dem Lesen sozusagen immer schon um ein Stückchen voraus. Ich kenne jemanden, dem eine lästige, aber aufschlußreiche Art der Verstehensbekundung zur Gewohnheit geworden ist: wenn man mit ihm spricht, ergänzt er selbständig und laut angefangene Sätze, so daß man die letzten Worte eines eigenen Satzes unter Umständen schon hört, bevor man sie ausspricht. Was ja wohl etwas Irritierendes ist.

Sie können die Sache mit dem Vorgriff übrigens leicht überprüfen, indem Sie einem Radio- oder Fernsehsprecher mitten im Satz den Ton abschneiden und einen Mitzuhörer, den Sie vielleicht vorher in geeigneter Weise warnen sollten, die Ergänzung liefern lassen. Er *wird* vorgreifend ergänzen, wobei es ganz gleich ist, ob er die Originalworte des Sprechers genau trifft oder nicht.

Ein zweites Murrsches Beispiel, in dem die Ergänzung mangels Materials nicht so leicht fällt, ist Anlaß zum zweiten Experiment. Wieder bitte ich Sie um Aufmerksamkeit für Ihre Reaktion am Textende.

«Komm an meinen Busen, Geliebte – doch sage mir erst deinen Namen, Schönste.» – «Ich heiße Miesmies», erwiderte die Kleine, süß lispelnd in holder Verschämtheit, und setzte sich traulich neben mir hin. Wie schön sie war! Silbern glänzte ihr weißer Pelz im Mondschein, in sanftem, schmachtendem Feuer funkelten die grünen Augen. «Du –
Da greift der Vorgriff irgendwie ins Leere. Man sieht noch einmal zurück auf den vorhergehenden Satz, ob da vielleicht Anhaltspunkte sind, und genau damit haben wir das Verstehen zum zweiten Mal in flagranti ertappt: beim Rückgriff auf das schon Gelesene.

E. T. A. Hoffmann (vgl. § 287) S. 335, Fortsetzung S. 351.

§ 289. Verstehen ist Vorgriff (§ 288), von schon Gelesenem aus auf noch nicht Gelesenes hin, und Rückgriff auf schon Gelesenes.

Genau besehen ist der Rückgriff gar nichts Verwunderliches; denn auch der Vorgriff muß sich ja bereits auf irgendetwas abstützen. Vergleichsweise gesprochen: wenn man sich an einem Seil vorwärts hangelt, dann hält man sich mit einer Hand fest und hat da seinen Rückhalt, und mit der anderen tastet man sich vorwärts; greift man mit dieser Hand ins Leere, so faßt man schnell wieder zurück, dahin, wo man seinen Rückhalt hat.

§ 290. Der Rückgriff bezieht sich darauf, wovon der Vorgriff ausgeht: auf schon Gelesenes.

Noch etwas anderes ist am Murr-Experiment von eben zu beobachten: der Vorgriff ist zwar unsicher gewesen (daher auch der Rückgriff), aber die ungefähre Richtung der Fortsetzung vermutet man doch: irgendetwas Freundliches und Liebevolles wird es sein, da man ja eine Liebesszene liest. Die Fortsetzung des Textes, wie immer sie aussehen mag (– liebst mich also, holde Miesmies, heißt es bei Hoffmann), trifft also immer bereits auf eine vorgreifende Erwartung, aber sie überholt sie auch. Ob die Erfüllung, die das Lesen der Fortsetzung darstellt, die Erwartung bestätigt, korrigiert oder widerlegt, mit dem Eintreffen der Erfüllung ist die Erwartung als Erwartung überholt: sie wird dem schon Gelesenen zugeschlagen, auf das sich ein neuer Vorgriff abstützen kann. Oder im Bild von vorhin: mit der tastenden Hand findet man das Seil, wo man es erwartet hat oder auch anderswo, faßt es, zieht die andere Hand nach und hat dann wieder einen Rückhalt für ein erneutes Vorwärtstasten, nur schon ein Stückchen weiter vorwärts als vorher.

§ 291. Der Vorgriff aus schon Gelesenem auf noch nicht Gelesenes hin wird durch das neu Gelesene in Bestätigung, Korrektur oder Widerspruch überholt, womit die Basis für einen neuen Vorgriff verbreitert ist.

Soweit zur eigentümlichen Vorwärtsbewegung des Verstehens. Das kann aber noch nicht alles sein, denn Verstehen ist ja immer Verstehen von etwas. Was also versteht man mit dem Vor- und Rückgriff des Verstehens? Den Text? Warten Sie's ab. Ich habe bei der Beschreibung des Verstehens für seinen Gegenstand mit Vorbedacht immer den vagen Ausdruck «das Gelesene» benutzt. Und ich werde Ihnen jetzt mit einem weiteren Experiment zeigen, was das Gelesene eigentlich ist.

Das Beispiel, das ich Ihnen vorlege, stammt aus der Anfangsszene des Trauerspiels *König Yngurd,* eines seinerzeit berühmten Dramas von einem gewissen Adolph Müllner, der auch einmal zu den Größen der Literatur zählte. In besagter Anfangsszene sieht man zwei Ritter im Saal einer Burg, den einen, Jarl, am Fenster stehend und monologisierend, den anderen, Erichson, friedlich schlafend, bis Jarl ihn aufweckt.

Erichson (fährt empor).

Was giebt's? Wer stört die Ruh' der Königin?

Ich hab' die Wacht.

Jarl (lacht).

Brav, Ritter Erichson!

Ihr seid ein Lehnsmann von getreuem Sinn.

Habt ihr die Wach', so träumt ihr auch davon.

Erichson.

Was wollt ihr denn?

Jarl.

Ein wenig mit euch kosen.

Nanu, was ist denn das für ein komischer Ritter! Eine Reaktion dieser Art ist wohl unvermeidlich. Das ist ein unschätzbares Mißverständnis, denn es zeigt, was denn eigentlich der Gegenstand ist, den man versteht: es ist die eigene Sprache des Verstehenden! Nur in unserer heutigen Sprache hat *kosen* («liebkosen» ist geläufiger) etwas mit sanfter körperlicher Berührung zu tun. Erläuterungen folgen gleich, das Ergebnis will festgehalten sein.

Müllner's Dramatische Werke. Dritter Theil. Braunschweig 1828, S. 7.

§ 292. Im Vor- und Rückgriff beim Lesen versteht man die eigene Sprache.

Falls Sie etwas Erfahrung im Lesen älterer Texte haben, wird sie Ihnen gleich nach dem Moment der ersten Überraschung zugeflüstert haben, daß *kosen* zu Müllners Zeiten möglicherweise eine andere Bedeutung gehabt hat als heute. Das stimmt, es hieß so viel wie «reden», womit der Ritter Jarl dann doch etwas anders aussieht.

Wichtig ist aber für jetzt nicht, was man sich in einem solchen Fall mit sprachgeschichtlichem Bewußtsein nachträglich denkt oder an Kenntnissen verschafft; denn damit bekundet man, daß man die Naivität des Verstehens bereis eingebüßt hat, was übrigens nur gut ist. Wichtig ist mir im Moment nur das Mißverständnis, nicht seine Behebung. Denn nur das Mißverständnis gehört zu dem, was beim Verstehen von selbst passiert; es zu bemerken und zu beheben, ist ein weiterer Schritt, der uns später beschäftigen wird.

Das Mißverständnis besteht ja nicht darin, daß man ein Wort wie «kosen» falsch versteht; das wäre nur eine Beschreibung aus der Sicht eines, der es bereits richtig verstanden zu haben meint. Das Mißverständnis im Falle Müllner sieht vielmehr so aus, daß man den Ritter Jarl für schwul hält und sich über Müllner wundert, daß man also der Illusion unterliegt, das Gelesene sei eine fremde, Jarls oder Müllners Sprache.

§ 293. Im Vor- und Rückgriff beim Lesen versteht man die eigene Sprache, hält sie aber für eine fremde.

Dies jedenfalls, wie figura zeigt, bis zu dem Moment, da man der Naivität dieser Verwechslung irgendwie gewahr wird, und das kann bei Texten und auch außerhalb von Texten sehr lange dauern, und manche schaffen's nie.

Naive Illusionen pflegen dennoch nicht *so* abwegig zu sein, daß nicht ein Körnchen Wahrheit in ihnen zu finden wäre. So ist es auch hier. Die Sprache, *die* man versteht, und die Sprache, *in der* man versteht (vor- und zurückgreifend), ist zwar jeweils die eigene. Aber es muß doch ein Unterschied da sein, weil man sonst nämlich die erstere nicht für eine fremde halten könnte und weil man (falls unterschiedlos mit der eigenen Sprache die eigene Sprache verstehend) unmöglich jemals ein Mißverständnis bemerken könnte.

Um herauszufinden, wie sich die beiden eigenen Sprachen voneinander unterscheiden, veranstalte ich ein letztes Experiment, in dem ich das Verstehen abschalte. Ich werde Ihnen die Sprache nehmen, *in der* Sie verstehen, damit nur noch die Sprache übrig bleibt, *die* Sie verstehen. Alles weitere wird die Auswertung des Experiments erbringen. Das Experiment selbst besteht einfach darin, daß ich Ihnen einen unverständlichen Text vorlege und Sie bitte, sich beim Lesen zu beobachten. Lautes Lesen befördert (nicht nur) in diesem Falle die Erkenntnis nicht unwesentlich.

DIE EWIGKEIT hält sich in Grenzen:
leicht, in ihren
gewaltigen Meß-Tentakeln,
bedachtsam,
rotiert die von Finger-
nägeln durchleuchtbare
Blutzucker-Erbse.

Beim lauten Lesen wird Ihnen das, was Sie gesagt haben, sehr fremd vorge-kommen sein, obwohl *Sie* es gesagt haben (eigene Sprache). Die Wörter werden Ihnen mehr oder weniger bekannt gewesen sein (*Tentakeln*, falls Sie das Wort nicht kennen, nennt man die «Arme» von Polypen). Die *Be-deutung* der Wörter ist Ihnen vertraut, und auch der *grammatische Zusam-menhang* dürfte einigermaßen klar geworden sein: in den Meß-Tentakeln der Ewigkeit rotiert die Blutzucker-Erbse.

Trotzdem werden Sie nicht sagen können, daß Sie dieses Gedicht von Paul Celan *verstehen*. Verstehen ist demnach mehr, als die Bedeutung und den grammatischen Zusammenhang kennen, d. h. mehr als die Semantik und die Syntax beherrschen. Zwischenresultat:

Paul Celan, Schneepart. Frankfurt 1971, S. 89.

§ 294. Das Verstehen der eigenen Sprache (§ 293) geht über die Beherrschung von Semantik und Syntax hinaus.

Fast jedem, der ein solches Gedicht liest, geht es so, daß er sich oder andere fragt: Was soll das nur, warum schreibt der sowas? Diese Frage, die durch-aus berechtigt ist, auch wenn es nicht bei ihr bleiben sollte, – diese Frage angesichts eines unverständlichen Gedichts gibt indirekt genaue Auskunft darüber, was man denn eigentlich hätte verstehen wollen, wenn es möglich gewesen wäre: das Warum und Wozu eines Textes, seinen Grund und sei-nen Zweck. Die Verbindung zwischen Grund und Zweck eines Textes nenne ich den *Sinn* des Textes.

Daß ein Text unverständlich ist, heißt also präziser, daß das Verstehen ihm keinen *Sinn geben* kann. Aufgabe des Verstehens ist es also, der gele-senen eigenen Sprache Sinn zu verleihen, und zwar Sinn in der eigenen Sprache des Verstehenden.

§ 295. Verstehen der gelesenen eigenen Sprache ist Sinnpro-duktion in der eigenen Sprache.

Und was ist im Unterschied dazu die gelesene eigene Sprache? Die Ant-wort, scheint mir, ist mittlerweile sehr leicht zu geben. Als Sie die Wörter des Gedichttextes laut gelesen haben, da haben sie ihnen diejenige *Bedeu-tung gegeben*, die sie hätten, wenn Sie selbst diese Wörter ohne Textvorlage benutzen würden. Anders geht es auch gar nicht.

§ 296. Lesen ist Bedeutungsproduktion in der eigenen Sprache anhand eines Textes.

Rückwirkend wird jetzt auch klar, warum das Verstehen über die Beherrschung von Semantik und Syntax hinausgeht, weil nämlich Bedeutung (und syntaktischer Zusammenhang) schon durch das Lesen erzeugt wird und das Verstehen «nur noch» Sinn hineinbringen muß.

Dieses Hineinbringen des Sinnes, mit oder ohne Erfolg, vollzieht sich in jener Vorwärtsbewegung mit Rückversicherung, die wir schon als das Ineinander von Vor- und Rückgriff kennen gelernt haben (§ 291). Der Vorgriff, so läßt sich jetzt sagen, ist ein Sinnentwurf, der mit der lesend produzierten Bedeutung gefüllt und an sie angepaßt wird, woraufhin im Rückgriff die Kontinuität des neuen Sinnes mit dem bisher schon produzierten Sinn hergestellt wird.

§ 297. Als Leser verleiht man den Wörtern des Textes die Bedeutung, die sie in der eigenen Sprache haben (§ 296), und als Verstehender verknüpft man – mit der eigenen Sprache vor- und zurückgreifend – die selbstgegebene Bedeutung mit einem selbstentworfenen Sinn (§ 295).

Daraus wird erklärlich, warum man die Bedeutung, die man lesend produziert, naiverweise für eine fremde Sprache halten kann und fast halten muß (§ 293), weil es nämlich Bedeutung ohne Sinn ist, und weil man sonst die eigene Sprache immer nur als *Einheit* von Sinn und Bedeutung kennt. Man erkennt die eigene Sprache in der Bedeutungsproduktion nicht, weil sie in sinn-loser Gestalt erscheint.

Ungefähr an dieser Stelle beim Durchdenken der Sache ist mir plötzlich und ungerufen ein Bild vor dem inneren Auge gestanden, das ich Ihnen nicht vorenthalten will: das Bild eines Korbflechters, der vor und hinter den senkrechten Stäben eines Korbgerüstes die biegsamen Ruten ineinanderschlingt, wie im Vor- und Rückgriff das Verstehen die Bedeutung (Stäbe) mit dem flexiblen Sinn zu einem Geflecht verknüpft. Und dann hat meine Bildung freudig das Bild umarmt: Geflecht heißt auf lateinisch – *textus*.

Es ist mir nicht viel daran gelegen, ob die alten Römer auch nur von fern an diese Verbindung gedacht haben. Ich adoptiere das Kind aus der Liebesheirat des Bildes und der Bildung, der Antike und des Handwerks.

§ 298. Indem das Verstehen die Bedeutung mit dem Sinn verknüpft, stellt es einen Text her.

Daß Sie nicht glauben, ich liefe da einem Floh nach, nur weil er mich gebissen hat! Ich meine es ernst: die vereinigte Sinn- und Bedeutungsproduktion *ist* Textproduktion. Auch beim Schreiben verbindet man Sinn und Bedeutung im Text.

§ 299. Die Textproduktion des Verstehens (§ 298) wiederholt die Textproduktion des Schreibens.

Eine Wiederholung ist immer etwas anderes als die Uraufführung, nur schon deswegen, weil sie Wiederholung ist, und noch aus anderen Gründen. Der Autor hat den Text denkend und schreibend produziert, ich aber lesend und verstehend; für ihn stand der Text am Ende der Produktion, für mich steht sein Text am Anfang und meiner am Ende; er hat den Text aus seiner Situation heraus produziert, ich aus meiner; er hat in seinem Geflecht aus Sinn und Bedeutung seine *Meinung* niedergelegt, ich in meinem Geflecht aus Sinn und Bedeutung mein *Verständnis.*

All dies erwägend, weiß ich, daß der Text, den ich aus seinem Text *für mich* produziert habe, unmöglich derselbe sein kann, wie er ihn seinerzeit *für sich* produziert hat. Ich weiß damit zwar noch keineswegs, was er beim Schreiben mit seinem Text *gemeint* hat, aber ich weiß, daß ein Wunder geschehen sein müßte, wenn es genau dasselbe wäre, das ich *verstehe.* Seine Meinung und mein Verständnis können nicht deckungsgleich sein.

Sofern nun das Verständnis bei Nicht-Übereinstimmung mit der Meinung nur uneigentlich Verständnis und eigentlich nur Mißverständnis oder Unverständnis genannt werden kann, erhalten wir ein bedenkliches Fazit, das gleichwohl einem Jubiläumsparagraphen nicht übel ansteht.

§ 300. Das Verstehen produziert (§ 299) Mißverständnis und Unverständnis und hält sie für die Meinung des Autors (§ 293).

Solche Radikaleinsichten mögen im ersten Moment hoffnungslos stimmen und geradezu danach schreien, daß man sich entschieden gegen sie wehrt. Doch schon die Tatsache, daß man sie haben kann, ist tröstlich. Die Einsicht verdankt sich ja der Reflexion auf das Verstehen, wie wir sie seit § 285 geübt haben, und das heißt: es ist mit der Einsicht selbst bereits als wirklich erwiesen, daß man aus dem Verstehen «aussteigen» und sein Versagen erkennen kann, daß daher die Produktion von Mißverständnis und Unverständnis kein unausweichliches Verhängnis ist.

Auch haben wir anläßlich des Wortes «kosen» im *König Yngurd* ja schon erlebt, daß man Mißverständnisse entdecken kann. Dieser Punkt interessiert mich noch einmal: wie ist es überhaupt möglich, mitten in der unausweichlichen Produktion von Mißverständnis und Unverständnis zu entdekken, was man da macht?

Sie erinnern sich: zwei Ritter nachts in einem Burgsaal, der eine schlafend, der andere wachend, und als Erichson geweckt und auch noch von Jarl verspottet wird, fragt er: «Was wollt ihr denn?» Noch einmal Jarls Antwoct, diesmal vollständig:

    Ein wenig mit euch kosen.
Ich lieb’ die Still’ im öden Saale nicht,

Wenn's draußen stürmt, daß schier der Balken bricht,
Und Drach' und Hexe durch den Rauchfang tosen.
Ich habe Jarls Wunsch, mit Erichson zu kosen, kurios gefunden, weil ich
bis dahin keinen Anlaß hatte, bei ihm homophile Neigungen zu vermuten,
und es ist mir aufgrund meiner Kenntnis anderer Werke Müllners und seiner Zeitgenossen sofort äußerst fraglich vorgekommen, daß dergleichen
überhaupt in einem Drama damaliger Zeit hätte erwähnt werden können.

Das bedeutet in den Reflexionsbegriffen von vorhin: die Bedeutung, die
ich lesend in meiner Sprache produziert habe, ist mit meinem Sinnentwurf
(aus gerade angefangener und aus früherer Lektüre) kollidiert. Genauer:
ich habe die Kollision von Bedeutung und Sinnentwurf *wahrgenommen*, ich
habe mir bei der Verknüpfung von Sinn und Bedeutung zugesehen und die
Kollision *als Möglichkeit* eines Mißgriffes wahrgenommen und gedeutet.

Das Verstehen, so schließe ich aus dieser Erfahrung, ist also offenbar immer begleitet von einer Art Bewußtsein, das spätestens dann erwacht, wenn
bei der Verflechtung von Sinn und Bedeutung etwas nicht klappt, – wie ein
Korbflechter, der seine Arbeit schon fast mechanisch ausübt und gar nicht
mehr hinsieht, bis plötzlich die zu verflechtende Rute stecken bleibt. In diesem hilfreichen Bild verliert die Sache alles Spektakuläre; natürlich, man
bemerkt es ja schließlich auch selbst, wenn man etwas nicht versteht, z. B.
das Celan-Gedicht, und umgekehrt weiß man, wenn man etwas versteht,
daß man etwas versteht, auch wenn es eine Täuschung ist, man verstehe etwas anderes als die eigene sinn-lose Sprache (§ 297).

Verstehen ist notwendigerweise *Bewußtsein* des Verstehens beim Verstehen. Man ist nicht nur als Lesender und als Verstehender beteiligt, sondern auch noch als ein Dritter, der die beiden anderen wenigstens so weit
überwacht, daß er den reibungslosen Ablauf der Zusammenarbeit konstatiert und aufwacht, wenn es Schwierigkeiten gibt.

Dieser «dritte Mann» ist die Reflexion, die das Verstehen wenigstens
halbwach, im Ansatz, immer begleitet und die den Erfolg oder Mißerfolg
der Verknüpfung von Sinn und Bedeutung konstatiert.

§ 301. Im Verstehen ist Reflexion im Ansatz beteiligt: latentes
Bewußtsein des Verstehens und latentes Bewußtsein der Möglichkeit von Mißverständnis und Unverständnis.

Das ist noch nicht viel, es ist aber gleichwohl das Mittel, mit dessen Hilfe
das Verstehen sich aus seiner Fesselung an das Mißverständnis und Unverständnis selbst befreien kann. Und zwar kann es sich ein Stückchen weit
sozusagen freistrampeln nach seinen eigenen Gesetzen von Vorgriff und
Rückgriff.

Als ich gemerkt hatte, daß anläßlich des «Kosens» etwas nicht stimmt,
und zwar bei mir, und nicht beim Ritter Jarl, da hatte ich schon und habe

noch ein bißchen weiter gelesen: «Ich lieb' die Still' im öden Saale nicht», – und ich habe versucht, die neu produzierte Bedeutung in meinem negativen Sinnentwurf, in meiner Verwunderung unterzubringen, und zwar so, daß der Wunsch nach «Kosen» zum Bedürfnis wird wegen der Stille, also vielleicht etwas zu tun hat mit Reden. Und dann ist von noch weiter «hinten» die Erinnerung gekommen, daß plaudern auf französisch *causer* heißt (Fontanes «Causerien über das Theater»). Ergebnis: das gibt Sinn, zumal die beiden Ritter dann eine ganze Weile miteinander «kosen».

Weiter indessen geht die Selbstbefreiung des Verstehens aus dem Mißverständnis nicht als bis zur Vermutung: so könnte es sein. Und nicht einmal diese Vermutung ist gewährleistet, denn man könnte beim Lesen der Zeile «Und Drach' und Hexe durch den Rauchfang tosen» die so schön begonnene Befreiung gleich wieder verspielen, indem man denkt: aha, «kosen» schreibt der nur um des Reimes willen. Womit denn die Sinnfrage verschwindet hinter der Überzeugung, die Meinung des Autors erfaßt zu haben (§ 300).

§ 302. Weil im Verstehen die Reflexion im Ansatz beteiligt ist (§ 301), kann es das Mißverständnis als Mißverständnis wahrnehmen und ein Stück weit ein neues Verständnis anbahnen.

Damit haben wir endgültig die Zone verlassen, in der das Verstehen als Reflex funktioniert (§ 285). Alles Weitere ergibt sich nicht mehr von selbst und will gewollt sein, und zwar nicht als Abschaffung, sondern als Beherrschung des Reflexes. Die Phase der Experimente, des Erkenntnisspiels mit Automatismen, ist damit auch zu Ende. Ich kann Sie nicht mehr zur Reflexion auf Ihr Verstehen bringen, sondern muß die Hermeneutik jetzt als Reflexion auf *mein* Verstehen betreiben, zu welchem Zweck ich es vorzeigen und erläutern muß.

Den beherrschten Einsatz des Verstehensreflexes nenne ich *Interpretation*. Wie sie im Einzelnen abläuft, wird sich zeigen. Nur dies im Voraus: weil das Verstehen seiner Umklammerung durch das Mißverständnis ansichtig werden kann kraft des latenten Bewußtseins (der Reflexion im Ansatz), wird bei der Interpretation das halbwache Bewußtsein hellwach und die Reflexion im Ansatz dann voll entfaltet werden müssen, um die Selbstbefreiung des Verstehens vollenden zu können.

Und noch etwas zur Sicherheit: Interpretation und Hermeneutik sind zweierlei; in der Interpretation ist zwar Reflexion hellwach dabei, aber Hermeneutik ist eine noch höhere Reflexionsstufe: sie ist Reflexion auf das Verstehen bzw. die Interpretation *und* auf deren immanente Reflexion. Erst die hermeneutische Reflexion (die Reflexion zweiten Grades) entdeckt *die* Reflexion, die dem Verstehen immanent ist. Und wenn die hermeneutische Reflexion nicht ständig die Interpretation begleitet und leitet, dann fällt die Interpretation sofort zurück in die Herrschaft des Mißverständnisses, das sie dann vielleicht noch bemerken, aber nicht mehr überwinden kann.

§ 303. Interpretation ist sich selbst reflektierendes und hermeneutisch reflektiertes Verstehen (abgekürzt: reflektiertes Verstehen) und strebt als solches die Selbstbefreiung des Verstehens aus Mißverständnis und Unverständnis (§ 300) an.

Ich könnte Ihnen den Gang der Interpretation vorführen am angefangenen Beispiel, am Wort «kosen», aber der Fall ist mir zu belanglos. Ich könnte auch das Celan-Gedicht nehmen, aber einerseits verstehe ich es selbst nicht (d. h. noch nicht), und andererseits wäre das Beispiel paradoxerweise zu einfach, weil das Unverständnis so offensichtlich herausspringt, daß man gar nichts mehr zu tun braucht, um die Selbsttäuschung des Verstehens (§ 300) wahrzunehmen.

Ich ziehe es deshalb vor, an einem Text zu arbeiten, der einem in keiner Weise die Wahrnehmung aufdrängt, daß man ihn beim ersten Lesen nicht versteht. Es geht mir dabei, vorsichtshalber sei es angemerkt, nicht darum, eine vollständige Interpretation gerade dieses Textes zu liefern. Im jetzigen Zusammenhang ist mir die Demonstration des Vorgehens wesentlich wichtiger als die Ausschöpfung des Textes. Der Text, den ich meine, stammt von Joseph von Eichendorff.

Sehnsucht

Es schienen so golden die Sterne,
Am Fenster ich einsam stand
Und hörte aus weiter Ferne
Ein Posthorn im stillen Land.
Das Herz mir im Leib entbrennte,
Da hab' ich mir heimlich gedacht:
Ach, wer da mitreisen könnte
In der prächtigen Sommernacht!

Zwei junge Gesellen gingen
Vorüber am Bergeshang,
Ich hörte im Wandern sie singen
Die stille Gegend entlang:
Von schwindelnden Felsenschlüften,
Wo die Wälder rauschen so sacht,
Von Quellen, die von den Klüften
Sich stürzen in Waldesnacht.

Sie sangen von Marmorbildern,
Von Gärten, die überm Gestein
In dämmernden Lauben verwildern,
Palästen im Mondenschein,
Wo die Mädchen am Fenster lauschen,
Wann der Lauten Klang erwacht,
Und die Brunnen verschlafen rauschen
In der prächtigen Sommernacht. –

Verständnisschwierigkeiten? Doch wohl kaum. Einzig das Wort «Schlüfte»
benutzt man heute nicht mehr, aber das stört beim Lesen nicht besonders,
weil ohnehin klar ist, daß es irgendetwas Steiles sein muß. Ansonsten ergibt
sich das Verständnis des Gedichtes praktisch von selbst, oder mit den Begriffen von vorhin: man realisiert gar nicht, daß man nur die eigene Sprache
verstanden (§ 293) und daher Miß- und Unverständnis produziert hat (§
300).

Joseph Freiherr von Eichendorff, Neue Gesamtausgabe der Werke und Schriften
in vier Bänden. Band 1. Stuttgart 1957, S. 35.

§ 304. Das erste Verständnis eines Textes ist und enthält Mißverständnis und Unverständnis.

Sagen Sie ehrlich: was haben Sie vom Gedicht wirklich verstanden? Oder
besser noch, schreiben Sie es auf – eine kurze Inhaltsangabe, bitte. Hier ist
Platz dafür.

Damit Sie sich nicht genieren, setze ich auch noch mein erstes Verständnis als Zugabe dazu: es steht jemand am Fenster, hört ein Posthorn und
wird von Reiselust gepackt; dann hört er zwei Gesellen im Vorübergehen
von fremden Gegenden singen. – Das wär's wohl so ungefähr.
Dies ist bereits der erste Schritt der Interpretation: das Verständnis so
vor sich zu bringen, daß es einem zum Objekt werden kann.

§ 305. Die Interpretation beginnt damit, daß man das erste Verständnis objektiviert.

Die alte Übung der Inhaltsangabe oder Paraphrase ist gar nicht einmal das schlechteste Mittel. Sehen Sie sich nur Ihre Paraphrase an: so besonders sinnvoll ist es ja nicht, was Sie da geschrieben haben; jedenfalls muß ich das von meiner sagen. Für mich wäre der Sachverhalt, den ich da notiert habe, kaum mitteilenswert und sicher kein Anlaß, ein Gedicht darüber zu schreiben. Das Woher und Wozu, der Sinn (§ 294) ist mir nach meinen Maßstäben nicht einsichtig, oder genauer: als einzigen Sinn sehe ich den, der im Faktum des Textes schon von selbst mitgesetzt ist, Mitteilung nämlich zu sein über ein Ereignis (§ 232), das für mitteilenswert gehalten wird.

§ 306. Durch Objektivierung des ersten Verständnisses wird sichtbar, daß der verstandene Sinn sich auf den bloßen Mitteilungsanspruch (§ 232) reduziert.

Die Paraphrase zeigt aber noch etwas Weiteres, das Präsens, in dem sie geschrieben ist, den alten Gag. Es ist das Tempus der literarischen Person, des Quasi-Beobachters, dem das Ereignis präsent ist (§ 239).

Mit dieser Beobachtung ist die Verbindung zwischen Literaturtheorie, Poetik und Hermeneutik hergestellt, und zwar, wie es nicht anders sein kann, dort, wo die drei Theorien de facto ihren gemeinsamen Ursprung haben: im Interpreten. Die Verbindung ist hergestellt als reflexive Aufklärung über den Status des Interpreten am Anfang der Interpretation, d. h. am Anfang des reflektierten Verstehens (§ 303).

Wenn nämlich der Sinn dem Verständnis bis auf den bloßen Mitteilungsanspruch des Textes entzogen ist, dann hat der verstehende Sinnproduzent (§ 295) sich und seine Leistung aus dem Verständnis zurückgenommen; in der Poetik habe ich ihn übrigens den Leser *des* Textes genannt (§ 273) und in der Literaturtheorie biographische Person (§ 171). Übrig bleibt im objektivierten ersten Verständnis nur noch die Leistung der literarischen Person (§ 171), in der Poetik Leser *im* Text und in der Hermeneutik das Lesen genannt und als Bedeutungsproduzent erkannt (§ 296).

Und das heißt: das objektivierte erste Verständnis ist die isolierte Bedeutungsproduktion der literarischen Person, erkenntlich am Präsens und mit vollem Recht sinnleer, weil das Dabeisein bei einem präsenten Ereignis noch kein sinnstiftender Akt ist.

§ 307. Im objektivierten ersten Verständnis ist die Bedeutungsproduktion der literarischen Person vorübergehend von der Sinnproduktion der biographischen Person isoliert.

Die aktive Unterscheidung des lesenden Bedeutungsproduzenten vom verstehenden Sinnproduzenten sollte eigentlich nach literarischer Lektüre besonders schmerzlos vonstatten gehen können, weil ja schon bei der Lektüre die literarische Person im Schein der Alteration steht (§ 273), im

Schein, ein anderer zu sein. Und der literaturwissenschaftlichen Interpretation sollte es durch die Eigenart literarischer Texte und literarischer Lektüre erleichtert sein, sich des Urteils über die Wirklichkeit des Ereignisses und über die Wahrheit der Mitteilung zu enthalten, bis man mit größtmöglicher Wahrscheinlichkeit wirklich den Text und nicht nur sich selbst verstanden hat. Denn die Präsenz des Ereignisses, bezeugt im Präsens der Paraphrase, macht zumindest ein Urteil über dessen Wirklichkeit überflüssig.

§ 308. Literarische Texte erleichtern das reflektierte Verstehen, weil man sie schon im Schein der Alteration liest und daher die Selbstunterscheidung durch Objektivierung leichter vollziehen kann und weil man gegenüber der Wirklichkeit des Ereignisses Urteilsenthaltung üben kann.

Gerade daß ein Teil des Zwanges, zu urteilen und Stellung zu beziehen, von vornherein entfällt, ist ein einmaliges Angebot zu einer kooperativen Interpretation, die in diesem Sinne zwanglos sein kann. Zudem nimmt jeder der Beteiligten das erste Verständnis jedes anderen bereits als Objekt wahr, und die Erarbeitung eines zweiten Verständnisses kann auf der Basis der allseitigen Objektivierung direkt zur Objektivität, zur intersubjektiven Geltung führen. Den folgenden Satz würde ich wegen seiner Wichtigkeit am liebsten auf jeder Seite der Hermeneutik abdrucken:

§ 309. Interpretieren sollte man nicht allein.

Allerdings sollte man sich dann eines Gefühls nicht schämen, das Sie sicher auch kennen und das einen nach der Lektüre eines literarischen Textes befallen kann: es hat mir schon irgendwie gefallen, aber ich weiß nichts damit anzufangen, ich könnte nichts drüber sagen.

Dieses Gefühl der Hilflosigkeit und Ratlosigkeit einem literarischen Text gegenüber ist eines der kostbarsten, die es gibt. Bewahren Sie es sich um Himmels willen. Und lassen Sie es sich nie ausreden vom Bedürfnis, die Klugscheißerei der Virtuosen zu erlernen. Denn es ist die emotionale Entsprechung der fundamentalen reflexiven Einsicht, den Sinn eines Textes im ersten Verständnis beileibe nicht erfaßt zu haben. Dieses Gefühl kann niemandem unvertraut sein. Es ist die Anweisung zur Interpretation, zum reflektierten Verstehen. Wer so tut, als kenne er es nicht und als falle ihm das Verständnis zu wie ein Blatt vom Baum im Herbst, der – nun ja, ich verzichte auf den Relativsatz.

Es gibt nur einen Weg, dem Gefühl oder dem Bewußtsein von der Dürftigkeit des ersten Verständnisses zu folgen und der Herrschaft der Selbsttäuschung und des Mißverständnisses zu entgehen: fragen, fragen und nochmals fragen. Auf diesem Weg kann sich auch ein Amateur, der sonst fraglos bewundert und verdammt, zu einem Literaturwissenschaftler ausbilden. Dessen «Talent» ist nämlich das Fragenkönnen.

§ 310. Talent und Können eines Literaturwissenschaftlers entwickeln sich in genau dem Maß, wie er seine Fähigkeit ausbildet, sein erstes Verständnis objektivierend zu befragen.

Die «dümmsten» und hilflosesten Fragen erweisen sich oft als die besten, und es gibt keine, die nicht erlaubt wäre. Einige Fragen an mein Verständnis des Eichendorff-Gedichts, um endlich zu ihm zurückzukehren, sind etwa: was hat der Titel des Gedichts mit den beiden letzten Strophen zu tun? Warum singen die Gesellen gerade von solchen Gegenden, mit verwildernden Gärten und so? Warum überhaupt wird all das als Gesang zweier Gesellen gebracht und nicht als Gedanken des Ich (des Erzählers), wo es ja doch kein wörtliches Zitat ist? Warum wird *In der prächtigen Sommernacht* am Ende der letzten Strophe wiederholt?

Ich habe diese Fragen mit voller Absicht fast alle mit «warum» angefangen. Denn was bei Kindern oft zur elternmörderischen Untugend wird, das ewige Warum-Fragen, das ist für den Literaturwissenschaftler die höchste Tugend, weil er es sich selbst fragt.

Bei jedem Text werden es wieder andere Fragen sein, bei längeren eher auf den Zusammenhang und die Folge unterscheidbarer Teile gerichtet als auf Einzelheiten, aber sie werden allesamt Auskunft über das Warum und Wozu des Schreibens verlangen. Das sind energische Aufforderungen der Reflexion, das Sinndefizit des ersten Verständnisses gefälligst zu beheben. Die Aufforderungen ergehen an die biographische Person, den Sinnproduzenten (§ 295), und besagen allesamt, daß im zweiten Versuch die Sinnverknüpfung auf *bestimmte* Fragen Antwort zu geben hat und zudem diesmal unter der nicht mehr nur halbwachen und routinemäßigen Kontrolle der Reflexion steht.

§ 311. Um das erste Verständnis zu korrigieren, stellt die Reflexion Fragen nach Grund und Zweck und erwartet von der biographischen Person eine neue Sinngebung als Antwort.

Nehmen wir zur Illustration die erste meiner Fragen: was hat der Titel des Gedichts mit den beiden letzten Strophen zu tun, mit dem Gesang der Gesellen? Antworten, die mir sozusagen aus dem Ärmel fallen: 1. gar nichts, Eichendorff hat den Titel gleich zu Anfang hingeschrieben und sich dann beim Schreiben von ihm entfernt; 2. auch die Gesellen empfinden beim Singen Sehnsucht.

Beide Antworten zeichnen sich dadurch aus, daß sie an der Frage vorbeigehen. Denn wenn die Reflexion nach dem Sinn eines Phänomens fragt, dann kann damit nicht der Sinn für Eichendorff oder für die Gesellen gemeint sein, sondern nur der Sinn für die biographische Person des Interpreten.

Wenn ich nun so anspruchslos wäre, mir selbst eine dieser Antworten abzukaufen, dann wäre der Weg zu einem korrigierten, besseren Verständnis versperrt. Da ich mich aber weigere, mich mit derart faulen Antworten abspeisen zu lassen, und sei es auch von mir selbst, frage ich weiter bzw. insistiere ich darauf, daß die ursprüngliche Frage noch keineswegs beantwortet sei. Und damit schaffe ich Raum für mögliche bessere Antworten.

§ 312. Die Qualität der akzeptierten Antworten hängt ab von der Wachsamkeit der Reflexion.

Dies Spiel mit den provisorischen Antworten kann man bei allen Fragen treiben, und manchmal kommt man halt einfach nicht darüber hinaus. Das schadet gar nichts, sofern man sich nur darüber im Klaren ist, daß man keine richtige Antwort hat. Ergebnislose Bemühungen kommen in jeder Wissenschaft alle Tage vor. Vielleicht klappt's dafür dann bei einem späteren Versuch.

Ich nehme mir also wieder meine Fragen vor und sehe mir den Text ein weiteres Mal an. (Auch das übrigens gehört dazu: mit einmaligem Lesen ist es nie getan, wenn man über einen Text etwas Vernünftiges sagen will). *Sehnsucht* also steht über dem Gedicht, und dieses Wort hat für mich eine Intensität, die ich allenfalls in der fünften Zeile wiederfinde: *Das Herz mir im Leib entbrennte.* Was sich in den beiden folgenden Zeilen ausspricht, ist für mich nicht mehr Sehnsucht, sondern Fernweh oder Reiselust. Mag sein, daß ich mich irre, aber das ist nun einmal *mein* Sprachgebrauch, und ich sehe keinen Anlaß, ihn aufzugeben oder ihn auch nur zu verleugnen.

Im Gegenteil: ich bin ja dabei, den Text *für mich* sinnvoll werden zu lassen, und dazu gehört zuallererst, daß auch die Bedeutung diejenige ist, welche die Wörter *für mich* haben. Deshalb mein Beharren auf *meinem* Sprachgebrauch: es ist der Versuch, die Sprache des Textes entschieden *als meine* Sprache durchzusprechen und die unbestimmte Allgemeinheit der Bedeutung in die bestimmte Individualität meines Sprechens zu überführen, auch in Erinnerung daran, daß die Individualität der Texte begründet ist in Semantik und Syntax (§ 251 Abs. 2).

§ 313. Die Korrektur des ersten Verständnisses (§ 311) beginnt so, daß die objektivierend isolierte Bedeutungsproduktion der literarischen Person (§ 307) erneut in Angriff genommen wird, um dem Verständnis eine vergleichbare Individualität zu sichern, wie sie dem Text eignet (§ 251).

Einstweilen, wie gesagt, halte ich meinen Sprachgebrauch durch, und erst wenn ich die Notwendigkeit sehe, ihn zu ändern, dann ändere ich ihn, und zwar mit einem neuen Bedeutungsentwurf, wie am Beispiel «kosen» gezeigt (§ 301), der dann objektiviert und kontrolliert werden muß (das werde ich später am zweiten Verständnis vorführen), bevor ich ihn meinem Sprachgebrauch einverleiben kann.

Zurück zum Gedicht. Mich interessiert, was aus der soeben erwachten Reiselust wird. Doch dazu weiß mein erstes Verständnis nichts zu sagen, und auch bei meiner jetzt laufenden Bedeutungsproduktion (beim zweiten Lesen) sehe ich nur, daß unvermittelt die Gesellen auftauchen und singen. Aber immerhin: sie singen im Wandern; und da Wandern ja eine Form des Reisens ist, – warum soll ich nicht sagen: sie singen im Reisen. Sie singen von Gegenden, durch die sie oder andere gereist sind: sie singen vom Reisen.

Das ist bemerkenswert. Ich erlaube mir anzunehmen, daß dieses Arrangement der Ereignisse nicht ohne Bedeutung ist. Ich halte es für ein *Ereignis mit Bedeutung* (§ 220).

Der Gesang endet, so jedenfalls wird er im Gedicht referiert, in einer verblüffend vielfältigen Parallele zur Situation des Ich in der ersten Strophe. Ich stelle die Entsprechungen aus den ersten und letzten Zeilen des Gedichts einander gegenüber.

Es schienen (. . .) die Sterne	im Mondenschein
Am Fenster ich	die Mädchen am Fenster
hörte	lauschen
ein Posthorn	der Lauten Klang

Als Abschluß obendrein noch beide Male die Zeile *In der prächtigen Sommernacht.*

Wenn all das ein Zufall sein soll, weiß ich nicht mehr, wann ich von Absicht reden soll. Es muß eine Bedeutung haben, wenn auch eine, die ich noch nicht sehe. Das Phänomen immerhin ist uns bekannt. Ich habe es in der Poetik *Bedeutung als Ereignis* genannt (§ 221).

Ereignis mit Bedeutung und Bedeutung als Ereignis, beide sind poetisch erzeugte Sonderformen von Bedeutung, wie sie nur in der Literatur vorkommen: Produkte literarischer Kunst.

§ 314. Die Korrektur des ersten Verständnisses literarischer Texte gewinnt entscheidende neue Aufschlüsse aus einer Deutung der Elemente literarischer Kunst.

Zweifellos ein Vorteil gegenüber dem Verstehen nicht-literarischer Texte, aber ein Vorteil, der seine Tücken hat. Denn die poetisch erzeugten Sonderformen von Bedeutung sind schlechterdings individuelle, selbstgeschaffene Bedeutung. In meiner Sprache kommt der Reihenfolge der erzählten Ereignisse als solcher ebensowenig Bedeutung zu wie der Wiederholung und Entsprechung von Wörtern. Ich muß sie deuten, ich muß ihre Bedeutung erfinden. Die Elemente literarischer Kunst werden also auch bei mir eine individuelle Bedeutung bekommen und damit andere Leute möglicherweise zum Urteil «Überinterpretation» veranlassen.

§ 315. Die Deutung der Elemente literarischer Kunst steht immer im Verdacht, Überinterpretation zu sein.

Die einzige Möglichkeit, dieser Gefahr zu entgehen, besteht zunächst einmal darin, sie überhaupt zu sehen und als Gefahr zu akzeptieren. Daß es überhaupt zu so etwas wie Überinterpretation kommt, liegt daran, daß der Interpret in solchen Fällen sich der Subjektivität seiner Bedeutungsproduktion nicht bewußt ist, während sie anderen, denen er das Ergebnis vorlegt, sich umso aufdringlicher bemerkbar macht, je weniger sie ihm selbst aufgefallen ist: er verhält sich wie ein Kind, das die Augen schließt und meint, man sehe es nicht, weil es selbst nichts sieht.

§ 316. Die Erarbeitung des zweiten Verständnisses samt Deutung der Elemente literarischer Kunst muß entschieden subjektiv sein.

Da grauset's so manchen. Hat man uns denn nicht immer wieder eingebleut, Subjektivität und Wissenschaftlichkeit seien schiere Gegensätze? Falls Ihnen jemand einen solchen Satz verkaufen will, glauben Sie ihm nicht! Er handelt mit einem verkommenen Begriff von Subjektivität und Wissenschaftlichkeit.

Subjektivität ist ja kein Gebrechen und keine Schande, sondern eine Notwendigkeit, die Bedingung der Möglichkeit von Lesen, Verstehen, Denken, Erkennen und Handeln überhaupt. Man kann sie nicht an- oder ausziehen wie ein Kleid für bestimmte Gelegenheiten, sie sitzt fest wie die Haut. Ihr gegenüber hat man nur die Wahl, sie wahrzunehmen oder sie zu übersehen, sie zu beherrschen oder von ihr beherrscht zu werden. Übersieht man die eigene Subjektivität, so ist sie trotzdem da und beginnt allererst dann ihr Unwesen zu treiben als Willkür. Bringt man sie aber offen vor die Reflexion oder ins Gespräch, so bleibt sie auch einem selbst (und nicht nur den anderen) als objektivierte sichtbar und allerwegen unter Kontrolle.

Deshalb muß die Subjektivität des Verstehens sich ständig exponieren, und deshalb hantiere ich auch nicht mit den feinen Formeln moderner Textbeschreibungssysteme und Textanalysesysteme, die sich so rational kühl und «wissenschaftlich» machen. Es ist eine reine Oberflächenrationalität. Denn beschrieben und analysiert werden damit nicht etwa Texte, sondern die Formeln und Schemata werden, weil es gar nicht anders möglich ist, angesetzt auf dem jeweils eigenen Verständnis. Und dessen fundamentale unreflektierte Subjektivität wird durch Formeln nicht etwa eliminiert, sie setzt sich durch und macht das ganze Textbeschreibungssystem zu einem rationalen System irrationaler Willkür. Wer meint, zu Zwecken der Wissenschaft von sich absehen zu können, mit dem geht die unbeherrscht willkürliche Subjektivität unfehlbar durch.

Erst wenn die Subjektivität sich von allem Anfang an offen der Reflexion und dem Gespräch stellt, besteht immerhin die Aussicht, daß sie sich zur Intersubjektivität fortbildet und daß ihre Ergebnisse als objektiv gelten können. Es ist zwecklos, Objektivität zu beanspruchen, bevor man die Subjektivität dem vielleicht schmerzhaften Prozeß ausgesetzt hat, in dem sie zur Intersubjektivität werden kann.

§ 317. Die Erarbeitung des zweiten Verständnisses samt Deutung der Elemente literarischer Kunst muß entschieden subjektiv sein, damit das Verständnis intersubjektiv werden und objektive Geltung rechtens beanspruchen kann.

Das Verstehen literarischer Texte zumal ist wie kein anderes angewiesen auf das Gespräch, um Wissenschaft werden und objektives Verständnis zeitigen zu können. Was unter diesem Gesichtspunkt von der gegenwärtigen universitären Situation etwa im Massenfach Germanistik zu halten ist, brauch' ich ja gar nicht zu sagen. Daß Vorlesungen und Großseminare kein Gespräch sind und daß sie der kooperativen Interpretation abträglich sind, ist ein öffentliches Geheimnis.

Die Deutung der Elemente literarischer Kunst (Bedeutung als Ereignis und Ereignis mit Bedeutung) war das Problem, bei dem wir in der Interpretation stehen geblieben waren. Ich habe angenommen, daß das Zusammentreffen von Reiselust *(Ach, wer da mitreisen könnte)* mit dem Gesang vom Reisen im Reisen Bedeutung habe, daß also zwischen der ersten und den beiden letzten Strophen des Gedichts Zusammenhang bestehe. Und diese Annahme trifft sich gut mit der Beobachtung von Wiederholung und Entsprechung zwischen erster und letzter Strophe, worin ich Bedeutung als Ereignis vermute.

Wenn mich die Reiselust packt und ich höre genau dann andere vom Reisen singen, dann ist der Bezug zu meiner Situation hergestellt. Ich werde den Gesang als eine mich betreffende Mitteilung aufnehmen. Und dieser Umstand, daß ein zufälliges Ereignis plötzlich für mich Bedeutung bekommt, könnte für mich schon Grund genug sein, später von ihm zu erzälen, vor allem dann, wenn das Hören des Gesanges irgendeinen Einfluß auf meine Reiselust bekommt.

Wenn nun die singenden Gesellen, die ja meine Situation nicht kennen können, meine Worte zu meiner Situation in ihrem Lied variierend wieder aufnehmen, dann ist der Bezug auf meine Reiselust nicht nur durch die Situation, sondern auch im Gesang da. Und das heißt dann für mich: dort, wohin man reisen kann, passiert mit leichten Änderungen im Grunde dasselbe wie hier zu Hause, wobei die Änderungen zumindest nicht uneingeschränkt positiv sind *(Felsenschlüfte, verwildernde Gärten).*

Diese Gedanken sind geeignet, die Reiselust zu dämpfen, aber sie verschwindet mir nicht ganz, sondern bekommt eine ganz andere Gestalt: Reiselust, die weiß, daß sie an keinem Reiseziel befriedigt wird. Ist das noch

Reiselust? War das Denken beim Hören des Posthorns *(Da hab' ich mir heimlich gedacht)* wirklich eine angemessene Auslegung der vorangegangenen Bewegung des Herzens *(Das Herz mir im Leib entbrennte)*? Und weil ich diese Bewegung des Herzens als *Sehnsucht* empfunden habe (§ 312): ist die Reiselust wirklich eine angemessene Auslegung der Sehnsucht gewesen?

Meine Antwort ist: nein, sie ist es nicht gewesen. Wie die Reiselust sich gelegt hat, ist doch ein Sehnsuchtsrest geblieben, der vom Erlöschen der Reiselust nicht betroffen ist und also etwas anderes meinen muß als die geographische Ferne, in die man reisen kann. Die Frage, was denn die Sehnsucht meint, ist fast schon eine rhetorische Frage.

Ich bemerke noch, daß der Inhalt des Gesellengesanges im Präsens steht wie meine Paraphrase (§ 304) und sage daher: das Zusammentreffen von Reiselust und Gesellengesang bedeutet für mich, daß Dichtung die Reiselust anspricht, und Wiederholung wie Entsprechung zwischen Anfang und Ende bedeutet für mich, daß Dichtung die Reiselust zurücklenkt in die Sehnsucht und sie erkennbar werden läßt als unzureichende Auslegung der Sehnsucht nach dem Ziel der Lebenswanderung, nach dem Himmel als der ewigen Heimat.

Das ist ein Sprung, ich bemerke es selbst, aber ein Sprung, der mir mittlerweile nicht mehr allzu gewagt scheint. Deshalb habe ich ihn auch notiert. Und wo ich ihn jetzt vor mir habe, sehe ich, daß er begründet sein will. Allgemeiner gesagt:

§ 318. Das Ergebnis der zweiten, entschieden subjektiven Bedeutungsproduktion muß argumentativ begründet werden.

Argumentation ist der Weg, auf dem die Subjektivität der Bedeutungsproduktion sich der Intersubjektivität nähert, indem sie sich der Logik unterzieht, die von allen Subjekten als das Verbindende ihrer Subjektivität, als Intersubjektivität anerkannt wird.

Es kann nicht meine Aufgabe sein, die *Ursache* dafür anzugeben, daß ich gerade diese Bedeutung produziert habe; denn zum einen wäre das keine Argumentation, sondern eine Erzählung meiner Geschichte, die ich zum anderen gar nicht leisten kann, weil ich erklären müßte, wie ich zu meinen Bedeutungen gekommen bin, und die ich zum dritten gar nicht leisten will, auch wenn ich es könnte, weil damit die Intersubjektivität als Medium (da es eine Geschichtserzählung wäre) und auch als Ziel verfehlt würde, da meine Subjektivität ein für allemal im Zentrum stünde.

Die Argumentation muß vielmehr an das Verstehen gebunden bleiben und nicht die Ursache nachliefern, sondern als *Begründung* der Bedeutungsproduktion die Bedeutungen aus ihrem *Grund* herleiten und ihrem *Zweck* zuführen. Und das heißt: die Argumentation muß die Bedeutung mit einem *Sinn* (§ 294) zu einem Ganzen verknüpfen, womit dann die

Sinnproduktion nicht mehr nur ein unbeherrschter Reflex auf die Bedeutungsproduktion ist (§ 287).

§ 319. Die Begründung der subjektiven Bedeutungsproduktion wird geleistet durch argumentative Sinnproduktion.

Damit wird die unkontrollierte Textproduktion des ersten Verstehens (§ 299) unter der Aufsicht der Reflexion durch eine zweite Verknüpfung von Sinn und Bedeutung endgültig korrigiert. Diese neue, reflektierte Textproduktion schließt indessen keineswegs die Behauptung ein, daß der Autor in auch nur entfernt ähnlicher Weise seinen Text produziert habe. Es kann sein, es kann auch nicht sein, Aussagen darüber müssen immer Vermutung bleiben, die man sich schenken kann.

Die reflektierte Textproduktion ist nicht Abbildung, sondern Wiederholung der originalen Textproduktion. Es ist der Versuch, unter den Bedingungen der Reflexion von einem zweifellos anderen Ausgangspunkt aus (von meiner Situation aus) auf einem wahrscheinlich anderen Wege (durch Argumentation) doch zum möglichst genau gleichen Ergebnis zu kommen wie der Autor: zum Text.

§ 320. Auch das reflektierte Verstehen ist Wiederholung des Schreibens (§ 299).

Da Grund und Zweck des Schreibens nicht im Text selbst enthalten sein können, muß ich den Grund bei mir selber suchen und mit ihm die Bedeutung so verknüpfen, daß ich folgerichtig einen Zweck erreiche. Die Verbindung zwischen Grund und Zweck ist dann der Sinn des Textes, sein Maßstab die argumentative Korrektheit und Evidenz der Verbindung. Wie der Sinn des Textes, weil nicht enthalten *im* Text, vom Autor *des* Textes gesetzt wird und nicht vom Autor *im* Text oder gar vom Erzähler, so muß auch ich ihn erzeugen als biographische Person, zumal dergleichen als literarische Person im Text ohnehin unmöglich ist. Das nur pro memoria.

Ich nehme als Grund des Schreibens den Wunsch an, die Überzeugung mitzuteilen, daß Literatur die eingeborene Sehnsucht des Menschen auf ihr wahres Ziel ausrichten solle. Wenn ich aufgrund dieses Wunsches einen literarischen Text schreibe, dann wäre es völlig widersinnig, darin von jener Überzeugung nur zu reden, weil dann ein literarischer Text entstünde, der von der Funktion der Literatur spricht, ohne sie selbst zu erfüllen. Um diesen Widersinn zu vermeiden, werde ich eine Situation erfinden (oder, falls vorhanden, aus meiner Biographie beziehen), in der jemand die Funktion der Literatur am eigenen Leibe erfährt. Aber das genügt immer noch nicht, um dem Widersinn zu entgehen. Dazu ist es nötig, zugleich mit der Person im Text auch den Leser des Textes die Funktion der Literatur am eigenen Leib erfahren zu lassen. Der literarische Text soll also bewirken, was er darstellt.

Der Zweck des Schreibens liegt also darin, den Leser so zu beeinflussen, daß er sich, ohne es zu merken, zum Himmel hin orientiert. Um das zu erreichen, lasse ich erstens den Erzähler sich mit demjenigen «Namen» benennen, den auch der Leser für sich benutzt, mit Ich also. Ich lasse ihn zweitens im Präteritum beginnen und im Präsens enden, damit das Ich immer mehr zusammenwächst und am Ende lückenlos in die biographische Gegenwart des Lesers übergehen kann. Das einfachste Mittel dazu ist drittens, den Erzähler die betreffende Literatur paraphrasieren zu lassen. Ich verzichte viertens darauf, die bezweckte Überzeugung vom Erzähler direkt oder in der Paraphrase aussprechen zu lassen, weil Überzeugungen distanzieren und den Leser vielleicht vorzeitig störrisch machen. Und fünftens bediene ich mich der poetischen Sprache, die ja die Tendenz hat, Bedeutung zu schwächen (§ 200).

In diesem Rahmen ergibt sich die weitere Strategie und Technik zwanglos: Motive der kollektiven Phantasie zu wählen, die bei Erzähler und Leser Sehnsucht oder Reiselust wecken, eine Reise in ähnlichen Motiven zu schildern und die Reisebeschreibung mit erkennbaren, aber nicht allzu deutlichen Worten in die Beschreibung der Anfangssituation zurücklaufen zu lassen, damit Erzähler wie Leser sich auf die Regung der Sehnsucht zurückbesinnen und nach dem Durchlaufen der Fehldeutungen klarer sehen. Als zusätzlichen Hinweis auf eben diesen Punkt setze ich als Autor den Titel *Sehnsucht* über das Gedicht. Die einzusetzenden Motive und die Einzelheiten der Ausführung kann ich nicht mehr ableiten.

Immerhin kann ich sagen: der Sinn des Gedichts besteht darin, den Leser möglichst wirkungsvoll und unauffällig in Richtung auf die Grundüberzeugung zu beeinflussen, die ich vorausgesetzt habe.

Unschwer werden Sie erkannt haben, daß eine solche argumentative Ableitung einem Ritt über den Bodensee gleicht. Trotzdem ist sie nötig, und für den normalen Hausgebrauch wird sie um einiges milder ausfallen können, jedenfalls längst nicht immer so rigoros sein. Aber ohne jegliche Ableitung dieser Art ist es unmöglich, dem Verständnis wirklich einen Sinn zu verleihen, als hätte man den Text selbst geschrieben, – eine Sinnproduktion also zu inszenieren, die den Namen Wiederholung verdient. Vergessen darf man über ihrem Reiz und ihrer Spannung nur nicht, daß sie auf einer Annahme beruht und daß man nicht dem Autor zusieht, sondern selbst arbeitet.

§ 321. Die subjektive und argumentative Wiederholung der Textproduktion führt zu einem zweiten Verständnis, das zwar auf Subjektivität (§ 316) und Hypothese beruht, aber wegen seiner Geschlossenheit beansprucht, gleichwohl Bedeutung und Sinn des Textes intersubjektiv gültig wiederzugeben.

Daß der Text bei mir nicht erreicht hat, was ich ihm als Zweck zugedacht habe, oder es wenigstens nicht in der bezweckten Weise erreicht hat, das kann kein Argument gegen meine Ableitung sein; ich kann beim Schreiben einen Zweck anvisieren, aber daß ich ihn mit dem Text bei all den unbekannten Lesern erreiche, das steht nicht mehr in meiner Macht.

Etwas anderes ist allerdings eingetreten, nur daß ich dabei durchaus nicht Opfer der Textwirkung war; ich habe mit dem pro memoria am Anfang des letzten Paragraphen darauf hingewiesen. Ich habe Bedeutung und Sinn so fest ineinander zu einem Text verknüpft, wie ich es – hoffentlich – von eigenen Produkten verlange und gewohnt bin. Dies ist ein biographisches Faktum, das sich nie und nimmer mehr rückgängig oder ungeschehen machen läßt.

Aber, und auch das ist zu bedenken, ich habe das Gedicht ja nicht praktisch geschrieben, sondern «nur» *theoretisch*. Meine Ableitung vieler Züge des Textes aus einer Hypothese hat denselben Status wie das Schreibprojekt am Anfang der Theorie des Schreibens, wie das theoretische Schreiben des Filmbuchs (§§ 225 ff.). Nur daß ich diesmal einen bereits vorhandenen Text als Ziel anvisieren und deshalb wesentlich rabiater vorgehen konnte.

Der Unterschied zwischen Poetik und Interpretation ist also der zwischen theoretischem Schreiben und theoretischer *Wiederholung* des Schreibens, und die Hermeneutik gibt sich zu erkennen als Theorie der theoretischen Wiederholung des Schreibens, d. h. mit einfachen Worten: als Theorie der Interpretation. (Die Nähe und Ähnlichkeit von Poetik und Hermeneutik war ja schon am Ende von § 205 zu bemerken).

§ 322. Durch theoretische Wiederholung des Schreibens (durch reflektiertes Verstehen) wird ein hypothetisches zweites Verständnis erreicht, und damit sind Sinn und Bedeutung des Textes theoretisch der Geschichte des Interpreten einverleibt.

Mein zweites Verständnis, das aus Gesprächen mit Studenten herausgewachsen ist (ich weiß nur nicht mehr, mit wem und wann), erscheint mir ohne weitere Begründung als überzeugend und evident. Aber ich weiß sehr wohl, daß es nicht jedem von Ihnen so gehen kann, nur schon deshalb nicht, weil Sie bei den Gesprächen nicht dabei gewesen sind und deshalb für Sie (anders als für uns damals) Subjektivität und Hypothese nicht schon von vornherein in der realen Form der Intersubjektivität, im gemeinsamen Denken und Argumentieren, aufgehoben sind. Und diese unmittelbare Evidenz der gemeinsamen Interpretation läßt sich mit keinen Mitteln zwingend und mit derselben Faszination schriftlich wiederherstellen. Schriftliche Interpretationen (wer weiß oder ahnt das heute noch?) gehören zum Schwierigsten und Anspruchsvollsten überhaupt, das ein Literaturwissenschaftler beginnen kann.

Ich müßte eigentlich Ihre Einwände argumentativ (mit Gründen zustimmend oder widersprechend) in mein zweites Verständnis einbeziehen, aber da ich sie nicht kenne, bleibt mir nichts anderes zu tun übrig, als was ich sonst auch tun würde, was aber nicht gar so dringend wäre: Material nämlich zu suchen, das meine subjektive Gewißheit auch nach intersubjektiven Ansprüchen zu verstärken geeignet ist, daß ich wenigstens diesmal – im Gegensatz zum ersten Verständnis (§ 293) – mit meiner eigenen Sprache zugleich auch eine fremde verstanden habe.

§ 323. Das zweite Verständnis muß an weiterem Material daraufhin überprüft werden, ob es wirklich dem Sinn und der Bedeutung des Textes entspricht, wie sie beim Schreiben gemeint waren.

Der Aufgabe, so formuliert, sieht man sofort an, daß sie im strengen Sinn gar nicht zu lösen ist. Die Situation des Schreibens, da der Autor *im* Text noch nicht zu unterscheiden war vom Autor *des* Textes (§ 229), ist unwiderruflich vorbei. Was der Autor *des* Textes allenfalls später über seine Meinung beim Schreiben sagt, das sagt er aus der Erinnerung daran oder als Leser seines eigenen Textes. Und die Erinnerung, wie man weiß, kann täuschen, während er als Leser des Textes die Fremdheit des Textes erlebt (§ 228) wie jeder andere Leser, sich also in derselben Lage befindet wie ich und mir daher auch keine kompetente Auskunft geben kann.

Die Überprüfung des zweiten Verständnisses wird also die Form eines Indizienbeweises annehmen müssen, den natürlich niemand anders als ich selbst führen kann. Dazu muß ich mich zuerst sozusagen von meinem Verständnis trennen, es zum Gegenstand der Betrachtung machen, um dann seine mögliche Übereinstimmung mit der nicht mehr zu erfragenden Meinung des Autors beim Schreiben anderweitig überprüfen zu können.

§ 324. Die Überprüfung des zweiten Verständnisses beginnt damit, daß man es – wie schon das erste Verständnis (§ 305) – objektiviert.

Indem ich so mein Verständnis vor mich hin stelle und es quasi mit anderen Augen ansehe, geht es mir wie manchem von Ihnen: mein Verständnis büßt seine unmittelbare Evidenz ein und zerfällt buchstäblich in seine Teile, in die entschieden subjektive Bedeutung und den argumentativ geschlossenen, aber auf einer Hypothese beruhenden Sinn. Vorausdenkend werde ich dessen gewahr, daß ich nicht beide in einem Akt und nicht beide auf dieselbe Weise «überprüfen» kann.

Angesichts der Bedeutung ist es ja nicht die Frage, ob sie subjektiv sei (das weiß ich längst), sondern ob sie daneben auch als *objektiv* angesehen werden könne, d. h. als Bedeutung des Verstehens*objekts* Text. Der Sinn dagegen, die argumentative Einspannung des Textes zwischen Grund und Ziel des Schreibens, scheint mir immer noch haltbar zu sein, während jedoch die Aussagen über Grund und Zweck immer noch Hypothesen sind;

es gilt also zu überprüfen, ob die hypothetischen Aussagen mit *Gewißheit* ausgestattet werden können.

§ 325. Ziel der Überprüfung ist es, die subjektive Bedeutung objektiv und die hypothetischen Aussagen über Grund und Zweck des Schreibens gewiß zu machen.

Nach dem Sinn hätte ich den Autor im Moment des Schreibens fragen müssen, wofür es, wie gesagt und bekannt (§ 323), zu spät ist. Nach der Bedeutung müßte ich den Erzähler fragen, weil er der Bedeutungsproduzent ist (§ 306 Abs. 3); doch der Erzähler hat mit dem Text ausgeredet und antwortet nicht mehr, auch wenn seine biographische Person, der Autor, noch lebt.

Es muß also Ersatz heran, und das können nur Texte sein, genauer: es kann nur mein Verständnis solcher Texte sein, und dieses Verständnis müßte, genau genommen, durch all die bisher geschilderten und noch zu schildernden Phasen der Interpretation hindurchgegangen sein, um hier als Material eines Vergleichs mit meinem zweiten Verständnis eingesetzt werden zu können. Daß es sich einigermaßen so verhalte, muß ich in diesem Zusammenhang als gegeben ansehen.

Für die Überprüfung der Bedeutung auf ihre mögliche Objektivität hin kommen Texte des Autors als eines literarischen Erzählers und Texte über ihn in Frage. Für die Überprüfung der Hypothese wird man sich auf Texte des Autors als einer biographischen Person und auf Texte über ihn beziehen müssen.

§ 326. Die Überprüfung muß sich darauf beschränken, einen Vergleich zwischen den Teilen des objektivierten zweiten Verständnisses und dem Verständnis anderer Texte anzustellen.

Die Figur, die sich dabei ergibt, ist uns bekannt: den Vergleich zwischen meinem Verständnis des Gedichts und meinem Verständnis anderer Texte kann nur ich anstellen. Die Reflexion muß beide vergleichen und Unterschiede zwischen beiden feststellen und ausgleichen. Wenn sie dabei nicht hellwach ist und ein Auge oder gar beide zudrückt, dann kann ich mir die ganze Übung gleich sparen.

Ich beginne mit der Überprüfung meines zweiten Verständnisses, indem ich mein Verständnis anderer Texte zum Vergleich heranziehe, und zwar Texte in der Reihenfolge, die ich eben angegeben habe (§ 325 Abs. 3).

§ 327. Wenn es möglich ist, wird die subjektive Bedeutung zuerst am Verständnis des unmittelbaren Kontextes auf ihre mögliche Objektivität hin überprüft.

Aus bloßer Neugier (Sie glauben's mir wahrscheinlich nicht, aber es ist so gewesen) habe ich in der kritischen Gesamtausgabe der Werke Eichendorffs nachgeschlagen und da die Notiz gefunden, daß dieses Gedicht ursprünglich ohne Titel im Roman *Dichter und ihre Gesellen* von 1834 steht, und zwar am Ende des 24. Kapitels, des drittletzten.

Der Situation, in der dieses Gedicht gesungen wird, ist im Roman Folgendes vorausgegangen: Fortunat, ein Dichter, und Fiametta, seine Geliebte, haben einander in Rom aus den Augen verloren. Ihm gelingt es, den verlassenen Palast ihres Vaters aufzukaufen, und auf seiner Rückreise nach Deutschland findet er unter wunderlichen Umständen unerwartet Fiametta wieder; beide erscheinen an dem Ort, den Fortunat mit Beginn seiner Italienreise verlassen hat. Ein turbulentes Wiedersehensfest mit den alten Bekannten geht zu Ende.

Nur Fortunat und Fiametta saßen noch vor der Haustür und hörten zu, wie die Mädchen unten im Dorfe noch vor dem Johannesbilde und die Heimchen von der fernen Wiese sangen. Fiametta saß zu seinen Füßen im Grase, sie hatte die Gitarre auf ihren Knien und sah still in die mondbeschienene Gegend hinaus, er hatte sie noch nie so nachdenklich gesehen. – Da erklang auf einmal weiter oben ein Waldhorn. Es war der verliebte Förster, der den Herrschaften ein Ständchen blies. Und als nun allmählich Waldhorn und Johanneslieder verklangen und alles still geworden war im Hause und im Tal, da nahm Fiametta die Gitarre und sang.

> Es schienen so golden die Sterne,
> Am Fenster ich (. . .)

Fiametta legte die Gitarre schnell weg, verbarg ihr Gesicht an Fortunats Knien, und weinte bitterlich. – «Wir reisen wieder hin!» flüsterte ihr Fortunat zu. Da hob sie das Köpfchen und sah ihn groß an. «Nein», sagte sie, «betrüg mich nicht».

Mit diesen rätselhaften Worten endet das Kapitel, und weder Fiametta, noch Fortunat, noch der Erzähler kommt auf sie zurück.

Daß dieses Gedicht in einen Roman eingelegt ist, schafft eine geradezu optimale Konstellation: wir haben die Erzählerin im Gedicht, die als Ereignisperson und Autorin des Gedichts im Roman auftritt, der wiederum einen Erzähler hat. Dank dieser Staffelung wird es möglich, am Kontext gleichermaßen die Bedeutung des Gedichts zu überprüfen wie den Sinn, den es für Fiametta hat (der nicht identisch sein muß mit dem Sinn für den Romanautor). Und außerdem sind dem Gedicht noch zwei, wenn auch kurze und vorderhand rätselhafte Interpretationen beigegeben. Was kann man mehr wollen!

Die Situation, in der das Gedicht gesungen wird, ähnelt wieder ausgesprochen der Situation am Anfang des Gedichts: *mondbeschienene Gegend, still* und *Waldhorn* hier, *es schienen so golden die Sterne, Posthorn* und *stilles Land* dort. Fiametta, so ist anzunehmen, berichtet von ihrer Erfahrung mit Dichtung in einer früheren Situation, und indem sie in einer parallelen Situation singt wie seinerzeit die Gesellen, wird sie Fortunat, dem

Dichter, dieselbe Erfahrung als Erlebnis vermitteln wollen, damit er, noch schwankend zwischen dem Dichterberuf und anderem, sich für das Richtige entscheide. Auch hier also wird Beeinflussung zum Heil ein Zweck des Gedichts sein.

Zugleich ist das Gedicht Ausdruck und Teil ihrer momentanen Stimmung. Vor dem Singen ist sie nachdenklich wie noch nie, sie, die sonst immer Fröhliche, und nach dem Singen fängt sie bitterlich zu weinen an. Ich kann mir das Weinen nur so erklären, daß sie – endlich an einem lang erwarteten Ruhepunkt im Leben angekommen – nach dem Abklingen aller äußeren Reize dessen inne wird, daß auch in der Erfüllung noch das Leben über sich hinausweist; und wenn sie sich im Gedicht daran erinnert, wohin die Sehnsucht weist, dann wird sie wohl daran denken müssen, daß das geliebte Leben mit dem Geliebten nicht ewig dauert und daß es nur durch den Tod in die ewige Heimat eingehen kann. Von solchen Gedanken kann ich mir vorstellen, daß sie zum Weinen sind.

Fortunat dagegen, das wird sich sagen lassen, mißversteht das Gedicht als Ausdruck des Heimwehs nach Rom, und das nicht ohne Grund; denn die Landschaft in der dritten Strophe ist die Stadt Rom, die Umgebung von Fiamettas väterlichem Palast, wie sie im Mittelteil des Romans beschrieben ist. Obwohl Fiametta keinen Moment Anlaß hat, an der Möglichkeit einer Reise nach Rom zu zweifeln, bezeichnet sie das Angebot als Betrug. Und zwar, sage ich, deshalb, weil ihr damit Rom, das angenommene Ziel ihres Heimwehs, als die Endstation der Sehnsucht angeboten wird und weil sie so um das Ziel ihrer Sehnsucht betrogen wäre.

Daß gerade Rom Anlaß zu dieser Verwechslung geben kann, wird aus dem weiteren Kontext deutlich. Es gibt weiter vorn im Roman eine bemerkenswerte Äußerung Ottos, eines anderen Dichters:

«Wunderbar», sagte er zu sich selbst, «schon in meiner Kindheit, wie oft bei stiller Nacht im Traum hört' ich der fernen Roma Glocken schallen, und nun, da ich hier bin, hör' ich sie wie damals aus weiter, weiter Ferne, als gäb' es noch eine andere Roma weit hinter diesen dunklen Hügeln». –

Die *andere Roma*, Ziel der Sehnsucht, ist ohne Zweifel das himmlische Rom, von dem man auch im irdischen Rom so weit entfernt ist wie an jedem anderen Ort der Welt. Ja, gerade im irdischen Rom, Stadt des Papstes und Ziel des Fernwehs, aber auch Ort des Venusbergs mit den sinnenverwirrenden heidnischen Verlockungen, kann man festgebannt bleiben und darüber den Himmel verlieren, wie es Otto fast geschieht, solange ihm Rom der Himmel auf Erden ist.

Am Ende des Romans schließlich begreift Fortunat (= der Beglückte), der als einziger von vier Dichtern bei der Dichtung bleiben kann, worauf es mit dem Dichten hinauswill. Es ist dasselbe, was Fiametta (= das Seelenflämmchen, das ihn leitet) mit ihrem Lied meinte: wie alle verantwortliche menschliche Tätigkeit hat auch die Dichtung die Aufgabe, die Sehnsucht wachzuhalten und sie vor der Scheinbefriedigung im Irdischen zu bewahren, damit die Menschen «das treue Auge Gottes wiedersehen im tiefen Himmelsgrund», wie es Victor (= der Sieger) sagt, unter Fortunats Zustimmung:

> Zuletzt ist's doch dasselbe, was ich eigentlich auch meine in der Welt, ich habe nur kein anderes Metier dafür als meine Dichtkunst, und bei der will ich leben und sterben!

Und erst nachdem damit die Verwechslung zwischen Fernweh und Sehnsucht, zwischen der irdischen und der himmlischen Roma endgültig für ihn ausgeschlossen ist, wiederholt er sein Reiseangebot, und Fiametta, die bei all dem dabei war, reagiert diesmal ganz anders.

> Fiametta aber ritt voll stiller Freude und Erwartung neben Fortunat in den dämmernden Morgen hinein, denn er hatte ihr nun entdeckt, daß er ihren Palast in Rom angekauft habe, dort wollten sie wieder hin. –

Ich glaube nunmehr sagen zu können, daß mein Verständnis des Gedichts, wenigstens was die Bedeutung anbelangt, durch das skizzierte Verständnis des Kontextes bestätigt, präzisiert und erweitert worden ist. Aber abgesehen von diesen Veränderungen, die sich immer einstellen werden und die ich in diesem Fall durchaus zu integrieren vermag, abgesehen davon hat es ganz den Anschein, als sei meine zweite Bedeutungsproduktion bei aller Subjektivität doch nicht nur subjektiv gewesen. Sie nähert sich, wenn ich mir dieses Urteil erlauben darf, der Objektivität: es sieht ganz so aus, als sei sie die Bedeutung des Objektes Text selbst.

Eichendorff (§ 303) Band 2, S. 711f., 639f., 727, 728.

§ 328. Wenn es möglich ist, wird die subjektive Bedeutung zweitens am Verständnis anderer Texte auf ihre mögliche Objektivität hin überprüft, in denen derselbe Autor ebenfalls als Erzähler erscheint.

Ist man einmal darauf aufmerksam geworden, so begegnet einem dieselbe Thematik in Eichendorffs Werken auf Schritt und Tritt. Die deutlichste Übereinstimmung, um nur sie zu erwähnen, finde ich in der Novelle *Das Marmorbild* (1819), die ebenfalls in Rom spielt. Der drohenden Verwechslung Roms mit der anderen Roma entspricht hier die drohende Umlenkung der Sehnsucht aus den Jugendträumen von der eigentlich gemeinten Gottesmutter Maria auf das Marmorbild der Venus. Im entscheidenden Moment, da alles auf dem Spiele steht, hört Florio einen *Gesang*, den er nicht versteht, aber der ihn sozusagen ohne Bewußtsein zum Stoßgebet bewegt: «Herr Gott, laß mich nicht verloren gehen in der Welt!» Und damit hat der Spuk der Venus alle Macht verloren. Die Rettung, so erfährt man später, hat ein *altes, frommes Lied* bewirkt, das der Sänger Fortunato(!) stehend im Kahn auf dem Weiher gesungen hat. Auch hier also: Bestätigung und damit Annäherung an die gesuchte Objektivität.

§ 329. Wenn es möglich ist, wird die subjektive Bedeutung drittens am Verständnis anderer Texte auf ihre mögliche Objektivität hin überprüft, in denen sich derselbe Autor zum Text geäußert hat.

Von Eichendorff ist mir nur eine Äußerung zum Gedicht bekannt: der Titel *Sehnsucht*, unter dem er das Gedicht in seine Gedichtsammlung (1837) aufgenommen hat. Über den Titel habe ich schon einiges gesagt (§ 320 Abs. 4). Ich kann dem nichts hinzufügen, er ist kein neues Vergleichsmaterial. Was von anderen Äußerungen Eichendorffs über das Gedicht, wären sie vorhanden, zu halten wäre, habe ich ebenfalls schon ausgeführt (§ 323).

§ 330. Wenn es möglich ist, wird die subjektive Bedeutung viertens am Verständnis anderer Texte auf ihre mögliche Objektivität hin überprüft, in denen andere Autoren über den Text schreiben.

Mit einem unschönen, aber wohl leider unvermeidlichen Wort: man liest Sekundärliteratur oder (wie man manchenorts lieber, aber nicht schöner sagt) Rezeptionsgestalten oder Konkretisationen des Werkes, geschrieben von Lesern, Kritikern, Literaturwissenschaftlern. Auch diese Texte wollen erst einmal verstanden sein und können das eigene Verständnis weder ersetzen, noch begründen. Ich weiß, warum ich das sage.

Über das Eichendorff-Gedicht ist manches geschrieben worden (ich kenne zweifellos nicht alles), aber insgesamt nicht sehr viel. Doch es ist seltsam: nicht einmal Oskar Seidlin, und das will wahrhaftig etwas heißen, ist darauf aufmerksam geworden, welche Bedeutung die Wiederholung der Zeile *In der prächtigen Sommernacht* haben kann. Anderes hat er im Gegensatz zu mir gesehen, den sprachlichen Aufbau des Raumes etwa und die Klangstruktur. Was ich übernehmen könnte und was nicht, das wäre bei einer «richtigen» Interpretation ausführlich zu begründen, und vor allem wäre Abzulehnendes nicht einfach mit einer Anmerkung oder mit einem Halbsatz abzutun. Diskussion mit Texten ist ein überaus anspruchsvolles Unternehmen (§ 7), über das demnächst noch zu reden sein wird. Ich verzichte hier auf eine Diskussion, weil ich das Gedicht nur als Anlaß und Beispiel benutze, um den Gang der Interpretation darzustellen. Ich notiere deshalb nur: zur Bedeutung, die das Gedicht nach meinem Verständnis hat, finde ich in der mir bekannten Sekundärliteratur weder Widerspruch, noch Bestätigung.

Diese Erfahrung kann man häufiger machen, sobald man sich einigermaßen intensiv um das Verständnis eines Textes bemüht hat. Daran schließt sich der dringende, um nicht zu sagen: der flehentliche Rat, mit dem Konsum von Sekundärem so lange zu warten, wie es nur irgend geht. Sollte jemand Ihnen beibringen wollen, Sie müßten erst einmal den Stand der wissenschaftlichen Diskussion zur Kenntnis nehmen, bevor Sie sich eine eigene Meinung erlauben, dann sollten Sie höllisch aufpassen: es ist, wissentlich oder unwissentlich, Verführung zur Unselbständigkeit. Um die

Lektüre der Sekundärliteratur kommen Leseprofis nicht herum, aber, bitte sehr, alles zu seiner Zeit und an seinem Ort. Und der systematische Ort dieser Lektüre ist der, an dem wir uns jetzt befinden: die Überprüfung des selbständig erarbeiteten reflektierten Verständnisses.

Das Aufschieben der Beschäftigung mit Texten über den Text bis dahin, wo sie fällig wird, ist zugegebenermaßen nicht ganz ohne Risiko. Unter Umständen entdeckt man nämlich nach langer Arbeit, daß man Altbekanntes zum fünfzigsten Mal ganz neu entdeckt hat. Aber dieses Risiko ist allemal gering zu veranschlagen. Denn einerseits hat man dann das Altbekannte wenigstens selbst erfunden, was längst nicht jeder von sich behaupten kann, und andererseits lehrt die Erfahrung, daß man nach intensiver Arbeit an einem noch so berühmten Text nicht selten ganz und fast immer zum Teil auf heitere Weise über die schriftlich niedergelegten Einsichten anderer bereits hinaus ist, woran immer das liegen mag.

Oskar Seidlin, Versuche über Eichendorff. Göttingen 1965, S. 54–73.

§ 331. Die Überprüfung der subjektiven Bedeutung auf ihre mögliche Objektivität hin ist ein unendliches Geschäft.

Eines nämlich, das auf doppelte Weise grundsätzlich ohne Ende ist. Zum einen können neue Dokumente auftauchen, die zur Revision zwingen, und es werden mit einiger Sicherheit früher oder später neue Texte über diesen Text auf dem Markt erscheinen, die, wenn es mit rechten Dingen zugeht, zumindest marginal irgendetwas an meiner subjektiven Bedeutung verändern werden.

Zum anderen ist, da es sich ja um ein Indizienverfahren handelt (§ 323), ohnehin «nur» die Wahrscheinlichkeit zu erreichen, daß man das Richtige getroffen hat, eine Wahrscheinlichkeit, die an Sicherheit grenzen mag, aber doch weder eines endgültigen Beweises, noch einer endgültigen Widerlegung fähig ist, weil der einzig denkbare Beweis, derjenige aus dem Moment des Schreibens heraus, unwiderruflich dahin ist. Und auch der beste Ersatz für diesen Beweis, ein allgemeiner Konsens über die Objektivität meiner subjektiven Bedeutung, wird nie und unter keinen Umständen so herzustellen sein, daß er wirklich allgemein ist und wirklich für alle Zeiten hält.

Allerdings ist für jeden Interpreten auch bei größter Skrupulosität irgendwann der Punkt erreicht, an dem sich abschätzen läßt, daß der Aufwand weiterer Überprüfung ins Ungemessene wächst, bevor die Wahrscheinlichkeit des Ergebnisses, wenn überhaupt, auch nur um ein winziges Stückchen größer wird. Man setzt dem unendlichen Geschäft ein Ende.

§ 332. Am Ende des ersten Teils der Überprüfung (§ 325) steht die subjektive und günstigsten Falls die intersubjektive Gewißheit, daß die subjektive Bedeutung objektiv der Bedeutung des Textes entspreche.

Nachdem ich so meine Bedeutung zu einer fremden gemacht habe (ohne daß sie aufhörte, theoretisch meine zu sein), steht nur noch der letzte Schritt aus: meinen Sinn nämlich ebenso zu einem fremden Sinn zu machen. Das Mittel der Überprüfung ist wiederum mein Verständnis anderer Texte.

§ 333. Wenn es möglich ist, wird die Hypothese über Grund und Zweck des Textes auf ihre mögliche Gewißheit hin überprüft am Verständnis von Texten, in denen sich derselbe Autor zu diesem Thema äußert.

Am günstigsten wären natürlich, unter dem bekannten Vorbehalt (§ 323), Äußerungen Eichendorffs über genau dieses Gedicht, etwa nach folgendem Muster: «Ich habe es geschrieben, weil . . . und um zu . . .» Von solchen Äußerungen weiß ich, wie erwähnt (§ 329), nichts.

Den nächsten Rang der Brauchbarkeit würden z. B. bekenntnishafte Verlautbarungen Eichendorffs über den Sinn seines Schreibens einnehmen; aber, um große Suchaktionen zu vermeiden, schreite ich alsogleich fort zu Sätzen über überpersönlicher Allgemeinheit über *die* Aufgabe *der* Dichtung, worunter dann Eichendorffs eigene zu subsumieren wäre. Solche Sätze finden sich hin und wieder in seinen literarhistorischen Schriften, am deutlichsten wohl in der Einleitung zur *Geschichte der poetischen Literatur Deutschlands* (1857).

Es geht durch alle Völker und Zeiten ein unabweisbares Gefühl von der Ungenüge des irdischen Daseins, und daher das tiefe Bedürfnis, dasselbe an ein höheres über diesem Leben, das Diesseits an ein Jenseits anzuknüpfen, Vergangenheit und Gegenwart beständig mit der geheimnisvollen Zukunft zu vermitteln. Und dieses Streben, durch welches alle Perfektibilität und der wahre Fortschritt des Menschengeschlechts bedingt wird, ist eben das Wesen der Religion. Wo aber dieses religiöse Gefühl wahrhaftig lebendig ist, wird es sich nicht mit müßiger Sehnsucht begnügen, sondern in allen bedeutenderen Erscheinungen des Lebens sich abspiegeln; am entschiedensten in der Poesie, deren Aufgabe, wenngleich auf anderem Gebiet und mit anderen Mitteln, offenbar mit jenem Grundwesen der Religion zusammenfällt, also in ihrem Kern selbst religiös ist.

Nach einigen Überlegungen zum Gesetz der Literaturgeschichte und zu den Gegenständen der Poesie weitet sich dieser Gedanke naturphilosophisch aus und deutet die allgemeine *Zentripetal- und Zentrifugalkraft* als beständigen *Kampf zwischen himmlischer Ahnung und irdischer Schwere.* Die Einleitung schließt mit der Bekanntgabe des literarhistorischen Urteilskriteriums.

Aber das, was in dem Sonnensystem als unvermeidliches Naturgesetz erscheint, ist im Geisterreich ein Akt der Freiheit, die Notwendigkeit dort wird hier durch freie Wahl zur Tugend oder Sünde, je nachdem die natürliche Harmonie bewahrt oder wollkürlich gebrochen wird. Wir scheuen uns daher nicht, diesen höchsten Maßstab alles Lebens auch an die bedeutendste Manifestation des Geisterreichs, an die Literatur anzulegen.

Das alles sind deutliche Worte, die mir keinen Zweifel darüber lassen, daß derjenige, der sie schreibt, auch seine eigene literarische Arbeit demselben Gesetz unterstellt hat. Unter ausdrücklichem Hinweis auf § 331 halte ich daher meine Hypothese über Grund und Zweck des Gedichts *Sehnsucht* für eine gesicherte Erkenntnis.

Eichendorff (§ 303) Bd. 4, S. 25 und 27.

§ 334. Wenn es möglich ist, wird die Hypothese über Grund und Zweck des Textes auf ihre mögliche Gewißheit hin überprüft am Verständnis von Texten, in denen sich andere Autoren zu diesem Thema äußern.

Natürlich nur, soweit diese Äußerungen den Autor des behandelten Textes, in unserem Fall Eichendorff, betreffen. Und da besteht, was angesichts der eben zitierten Passagen kein Wunder ist, unter Kennern praktisch vollständige Einigkeit, daß Eichendorff nicht der Dichter deutscher Männerchöre sein wollte, sondern daß sein Schreiben religiös motiviert war. Daß es alle meinen, ist zwar kein Beweis und keine Garantie dafür, daß es auch wirklich so gewesen ist, aber unter nochmaligem Verweis auf § 331 erkläre ich die Überprüfung in diesem Falle als beendet.

§ 335. Am Ende des zweiten Teils der Überprüfung (§ 325) steht die subjektive und günstigsten Falls intersubjektive Gewißheit, daß die Hypothese über Grund und Zweck des Textes gesicherte Erkenntnis sei.

Weil Grund und Zweck bereits seit meiner Ableitung (§ 320) durch den Sinn und über die Bedeutung fest miteinander verbunden sind, gewinnen auch sie und der Sinn die Objektivität der Bedeutung (§ 332), so daß dem Text diejenige Bedeutung und derjenige Sinn zurückgegeben ist, die objektiv die seinen sind – immer unter dem Vorbehalt von der Unlösbarkeit der Aufgabe (§ 323) und der Unendlichkeit der Überprüfung (§ 331).

Auf diese Weise habe ich mich vergewissert, daß meine eigene Textproduktion (§ 320) zu einem Ergebnis geführt hat, das mit demjenigen einer fremden Textproduktion identisch ist. Mit anderen Worten: ich habe die Selbsttäuschung des naiven Verstehens (§ 300) auf dem Wege der Objektivierung (§§ 305, 324) und der Reflexion aufgelöst.

§ 336. Am Ende der Überprüfung von Sinn und Bedeutung ist das reflexartige Verstehen (§ 287) durch das reflektierte Verstehen, sind Mißverständnis und Unverständnis (§ 300) überwunden, und der Text selbst ist verstanden.

Es ist die gut begründete Gewißheit da, daß ich nicht nur die eigene Sprache, sondern auch in und mit ihr eine fremde Sprache verstanden habe, daß mein Text auch ein fremder Text ist.

Rückblickend auf den Prozeß, in dem es dazu gekommen ist, stelle ich fest: es ist mir möglich gewesen, das Produkt einer fremden Sprache aus meiner Sprache heraus zu wiederholen und zu erreichen, und es ist mir möglich gewesen, fremde Bedeutung und fremden Sinn als die meinen zu denken. Meine Sprach- und Denkmöglichkeiten haben sich verändert und erweitert, aber es sind immer noch die meinen. Der fremde Text hat bei mir *Geschichte gemacht* (§ 322), d. h. der gegenwärtige fremde Text hat bei seiner Bedeutung und seinem Sinn ist mir *historisch* geworden. *Historizität von Texten ist die gewußte Gegenwärtigkeit der geschichtsbildenden Vergangenheit* (vgl. §§ 82, 85).

Dieser Begriff von Historizität wird auch professionellen Historikern ungewöhnlich vorkommen. Gleichwohl ist das Ergebnis ihrer Beschäftigung mit Texten (auch Historiker arbeiten ja an Texten, nicht an der Geschichte) bezüglich der Texte dasselbe, nur in der Regel ungewußt, sofern nämlich das Verstehen ein unreflektiertes war. Und hinsichtlich des Ereignisses, für das ihnen der Text Dokument ist, gilt Ähnliches.

Wie dem auch sei – für den eben entwickelten Begriff der Historizität habe ich den allgemeinen Sprachgebrauch auf meiner Seite: man spricht allgemein von einem *historischen Ereignis* und meint damit eines, das Geschichte gemacht hat, macht oder machen wird. Man kann ein historisches Ereignis ankündigen, man kann aktuell dabei sein und es als historisches Ereignis empfinden, und man kann sich daran erinnern: das Prädikat «historisch» kann vergangenen, gegenwärtigen oder zukünftigen Ereignissen gegeben werden.

Historizität ist niemals eine Eigenschaft eines Textes, die man fassen kann, wie man eine Katze am Schwanz packt. Historizität muß dem Text durch Interpretation gegeben und zugestanden werden. Historizität ist keine Eigenschaftsbezeichnung, sondern ein Relationsbegriff, Bezeichnung eines bestimmten Verhältnisses zwischen dem Interpreten und einem Text, der bei ihm Geschichte gemacht hat. Deshalb ist Historizität nicht Voraussetzung, sondern Ergebnis der Textinterpretation.

§ 337. Durch Interpretation wird ein Text mit seiner Bedeutung und seinem Sinn historisch.

Das ist aber erst die eine Seite des Ergebnisses: der Status des Textes wird verändert. Aber auch auf der anderen Seite, beim Interpreten, bleibt nicht alles beim alten. Indem er nämlich Sinn und Bedeutung des Textes (die von jetzt an zusammen die *Meinung* des Textes heißen sollen), obwohl er sie selbst erarbeitet hat, zu einer fremden Meinung erklärt, nimmt er sich selbst aus dem Text zurück. Im Text aber war er gewesen als Leser im Text, in literarischen Texten als literarische Person im Schein der Alteration (§ 273). Und wenn er die Textmeinung für fremd und historisch erklärt und sich damit aus dem Text zurücknimmt, dann hebt er die Differenz zwischen literarischer und biographischer Person auf. Lesen und Verstehen, die beiden unterscheidbaren Tätigkeiten (§ 287) dieser Personen, sind damit beendet.

§ 338. Wenn dem Interpreten die Textmeinung historisch wird, ist das reflektierte Verstehen des Textes beendet, aber nicht das reflektierte Verstehen, die Interpretation, überhaupt.

Denn sobald ich zu mir zurückgekehrt bin, merke ich unweigerlich, daß ich eine andere Meinung habe als der Text, was mir auch spätestens seit der Ableitung (§ 317) sozusagen zwischen den Zeilen immer klarer geworden ist. Wo aber unterschiedliche Meinungen gegeneinander stehen, da geht der Streit los, wer Recht hat. Weil es ein Streit zwischen zwei Sprachen, meiner eigenen und der fremden des Textes ist, braucht man einen Dolmetscher, und der heißt – um wieder einmal Bildung aufzufahren – auf lateinisch *interpres*. Mit dem Streit zwischen den Meinungen tritt die Interpretation in eine neue Phase: nachdem sie aufgehört hat, *Interpretation des Textes* zu sein, wird sie nunmehr zur *Interpretation der Textmeinung*.

Wer weiß, vielleicht haben Sie schon gedacht, ich sollte endlich mit der eigenen Meinung herausrücken, oder mich gar im Verdacht gehabt, ich machte mir die Meinung des Textes unkritisch zu eigen. Mir ist überaus klar, daß eine persönliche Stellungnahme fällig wird. Gerade deshalb ist es schlechterdings nötig, sich des Urteils zu enthalten, bis man der Objektivität des eigenen Verständnisses wirklich gewiß ist und sein kann. Zu solcher Urteilsenthaltung braucht man ein gerüttelt Maß an Geduld und Selbstbeherrschung. Bringt man es nicht auf, so fällt man der Selbsttäuschung des Verstehens unrettbar zum Opfer.

Eine vorzeitige Auseinandersetzung und Beurteilung bringt den Interpreten in die Lage eines, der im Spiegelkabinett steht und nicht weiß: was mir entgegenkommt – bin ich's, ist's der Text, ist's der Autor? Mag sein, daß nicht jedem daran gelegen ist, dieses Vexierspiel aufzulösen. Mir aber erscheint es als eine Folterkammer, in der man den Verstand verliert, sobald man bemerkt hat, daß man drin ist. Die hermeneutische Reflexion zwingt einen, das zu bemerken. Ohne sie wird dagegen die vermeintliche Verfremdung des selbst produzierten Textes zur Entfremdung des Interpreten von sich selbst: er tritt sich in entfremdeter Gestalt, vergegenständlicht zum Autor, gegenüber, ohne zu wissen, daß er es selbst ist. Und ein Urteil ist dann die Verewigung der Entfremdung.

Aber auch die rechtzeitige Auseinandersetzung, die wartet, bis man wirklich verstanden hat, was man beurteilt, – auch sie ist nicht ohne Gefahren. Ohne weiteres Zutun des Interpreten wird sie zu einem bloßen Abwehrreflex nach dem Recht des Stärkeren, und wer da der Stärkere ist, der quicklebendige, beredte Leser oder der tote, stumme Text, – auch das ist ja wohl klar.

Immerhin: ein Urteil ist einfach nicht zu umgehen, denn auch wenn ich die Textmeinung kommentarlos beiseite lege, ist das schon ein Urteil, eines über ihre Unbrauchbarkeit und Unwahrheit. Was unvermeidlich ist, das nimmt man am gescheitesten selbst in die Hand.

Wenn man sich also nicht mit einer Scheinauseinandersetzung und mit einem billigen Scheinsieg begnügen will, und zwar nicht nur aus Redlichkeit, sondern auch aus Egoismus, – wenn man also den möglichen Erkenntniszuwachs nicht so leichtfertig verschenken will, dann wird auch die Auseinandersetzung sich auf dem Niveau des Verstehens halten, also unter der Aufsicht der Reflexion stattfinden und also Interpretation sein.

§ 339. Die unumgängliche Auseinandersetzung mit der Textmeinung muß um der Erkenntnis willen Interpretation sein.

Der einsichtige Entschluß, um der Erkenntnis willen die Diskussion mit dem Text als Interpretation zu führen, tritt einerseits bereits eine Erbschaft an, diejenige des reflektierten Textverstehens nämlich, und er ist andererseits ein Entschluß mit Folgen.

Die Erbschaft aus dem reflektierten Textverstehen besteht darin, daß das Urteil am Ende der Diskussion in gewisser Weise schon präjudiziert ist: indem man die Textmeinung theoretisch produziert hat, ist sie als Möglichkeit in die Biographie des Interpreten eingegangen (§ 322). Der Interpret hat sich damit der Möglichkeit nach quasi zum Komplizen des Textes gemacht und wird diesen Umstand vor der Reflexion nicht mehr leugnen können. Das Urteil über die Textmeinung wird auch ein Urteil über ihn selbst sein.

Eine Folge davon ist, daß der Interpret nur schon im eigenen Interesse ein differenziertes Verfahren wird einschlagen müssen, eines, das sorgfältigst auf Gemeinsamkeiten und Unterschiede achtet und das daher auch zu einem differenzierten Urteil gelangt, welches der Schwierigkeit des anspruchsvollen Unterfangens einigermaßen gewachsen ist.

Eine zweite Folge des Entschlusses zur Interpretation ist der Verzicht auf das Recht des Stärkeren. Denn wie der Text unfähig ist zur Beantwortung von Fragen (§§ 311, 325), so fehlen ihm natürlich auch alle Argumente zur Unterstützung oder Begründung seiner Meinung. Die Stummheit und Dummheit des Textes ist eine Einladung, es sich leicht zu machen und ihn in Grund und Boden zu reden. Und wie leicht erliegt man nicht der Versuchung, sich selbst Recht zu geben, nur weil man jedem Text gegenüber unvermeidlich das letzte Wort hat!

Wenn also überhaupt Diskussion zustande kommen soll und nicht nur die Feststellung, daß die Textmeinung von der eigenen Meinung abweicht und folglich falsch ist, – dann muß der Interpret der Schwachheit des Textes mit Argumenten aufhelfen. Er muß den Text gegen sich und sich gegen den Text vertreten und obendrein dann am Ende noch beurteilen, wer Recht hat, der Text oder er selbst.

§ 340. Wird die Auseinandersetzung als Interpretation geführt, so erscheint der Interpret als Vertreter seiner Meinung und auch als Vertreter der Textmeinung vor den Schranken der Reflexion.

Diese Dreierkonstellation ist uns bestens bekannt, und auch die Rolle der Reflexion in ihr. Ich habe sie verglichen mit dem Korbflechter (§ 297), der seiner Hände Arbeit mehr oder weniger aufmerksam kontrolliert. Für die Auseinandersetzung scheint mir ein anderer Vergleich, den ich auch schon vorbereitet habe, passender und anschaulicher zu sein: der Vergleich mit einem Gerichtsverfahren.

Dieser Vergleich beleuchtet schlaglichtartig noch einmal die Gefahren der Auseinandersetzung und die Wichtigkeit der Reflexion; Sie brauchen sich nur ein Gericht vorzustellen, das in eigener Sache und in Abwesenheit der anderen Partei über Recht und Unrecht zu befinden hat, und Sie können ermessen, welcher Anstrengung es bedarf, um nicht doch irgendwann zur Abkürzung des Verfahrens und zur Wahrung der eigenen Interessen schnell eine Mauschelei einzuschieben.

Anders gesagt: wenn der Richter, die Reflexion, korrupt und bestechlich ist oder während des Verfahrens einschläft, dann wird der Prozeß der Auseinandersetzung zur Farce und der gesamte Aufwand der Parteien ist umsonst.

§ 341. Die Qualität der Auseinandersetzung und des Urteils hängt ab von der Wachsamkeit der Reflexion.

Anders als bei einem richtigen Gerichtsverfahren gibt es jedoch in der Diskussion um die Wahrheit der Meinungen kein feststehendes Gesetz, das beide Parteien schon durch die Anrufung des Gerichts anerkennen und unter das sie sich letzten Endes beugen müssen, auch wenn sie mit seiner Anwendung durch den Richter ganz und gar nicht einverstanden sein sollten. Denn schließlich kann der Richter staatliche Machtmittel einsetzen, um sein Urteil auch gegen Widerstand durchzusetzen.

Die Reflexion dagegen kennt nicht Gesetzbuch und nicht Polizei. Freie Gerechtigkeit ohne Gesetz ist ihr genau so nahe wie gesetzlose Willkür.

§ 342. Das Urteil über die Wahrheit der Meinungen ist immer in Gefahr, willkürlich zu werden.

Ich illustriere das am Beispiel des Eichendorff-Gedichts. Die Textmeinung stehe am Anfang: Aufgabe der Dichtung ist die Ausrichtung des Menschen auf sein wahres jenseitiges Ziel hin. Die Meinung des Interpreten besage indessen, Dichtung habe – beispielsweise – die Aufgabe, den Leser mit Gesichtspunkten zur Bewältigung seines Alltags auszustatten. Aber dann muß er sich sofort die Replik von sich als dem Vertreter des Textes gefallen lassen, genau das sei ja das Verhängnisvollste, die Verstrickung des Menschen im irdischen Kleinkram. Woraufhin wieder der Interpret mit der Duplik in eigener Sache kommt, das Irdische sei nun doch wahrhaftig kein Kleinkram usw.

Dieses Meinungspingpong kann beliebig lange weitergeführt werden, buchstäblich bis zur Erschöpfung, und am Ende braucht man wirklich keinen gerechten Richter, sondern nur einen Würfel oder eine Münze.

Inszeniert man einmal für sich selbst ein solches Spektakel (man kann sich statt dessen auch eine Fernsehdiskussion ansehen), dann wird man sich der Einsicht nicht verschließen können, daß man da nicht Richter sein möchte, weil man als Richter über kein Gesetz verfügt, das den Streit schlichten könnte.

Die einzige Möglichkeit, der Willkür zu entgehen, besteht darin, daß der Richter kraft seines Amtes die beiden Parteien energisch dazu anhält, sich auf das Gesetz zu einigen, nach dem er sie beurteilen soll.

§ 343. Die reflektierte Auseinandersetzung beginnt als Suche nach einer gemeinsamen Basis, von der aus die Meinungen des Textes und des Interpreten beurteilt werden können.

Bei dem selbstveranstalteten Parteiengezänk kann die Reflexion eine Entdeckung machen. Was die Diskussionsteilnehmer daran hindert, von der eigenen Meinung auch nur ein Stückchen abzugehen, ist die Angst, dann als einer da zu stehen, der es sich nicht recht überlegt hat, und was sie daran hindert, die fremde Meinung zu akzeptieren, ist die Angst vor den unabsehbaren Folgen. Die erste Angst läßt sich nur überwinden, indem man den Betreffenden in die Spannung der gemeinsamen Suche verwickelt, und die zweite, indem man sie ausspricht.

Meine Befürchtungen angesichts einer solchen allgemeinen Aufgabenstellung für die Dichtung gehen dahin, daß in letzter Konsequenz, auch wenn der Text selbst viel zu friedlich dafür ist, der Schritt zur Zensur und zur Unterdrückung abweichender Meinungen doch relativ klein wäre, wenn man nur die Macht hätte.

Als Vertreter des Textes kann ich mir die Antwort geben, so sei es allerdings nie gemeint gewesen, der Text spreche ja nur davon, daß unter bestimmten Umständen jede Dichtung, z. B. ein zufälliges Gesellenlied, diese

Funktion bekommen *könne*. Ich erinnere mich, daß die Verallgemeinerung zu Funktion und Aufgabe *der* Dichtung von mir stammt und mir als Sprung bemerkbar geworden ist (§ 317 Ende), genau so, wie der Eindruck einer doch etwas suspekten Beeinflussung aus meiner Ableitung herrührt (§ 320).

Trotzdem frage ich weiter, wie denn dann das Ende des Romans damit zu vereinbaren sei. Antwort: ganz einfach; daß Fortunat diese Aufgabe für sich übernehme, heiße ja nicht, daß es jeder Dichter müsse, sondern daß es ein «Beglückter» wissentlich und willentlich *könne*. – Frage: aber warum dann die sehr deutlichen Formulierungen in der Literaturgeschichte über den Maßstab der Beurteilung. – Antwort: eben, das sei ja keine Direktive für die Schreiber, sondern eine Orientierungshilfe für die Leser. – Frage: wenn es nur das sein soll, würde es da nicht genügen, das Walten des unvermeidlichen Naturgesetzes auch in der Geschichte der Literatur nachzuweisen? Warum es dann noch zusätzlich als Maßstab anwenden?

Hier, so könnte ich mir vorstellen, müßte ich als Anwalt des Textes sagen: doch, das sei eine berechtigte Frage, warum eigentlich diese Verdoppelung? Diese Frage zu beantworten, überschreite indessen Fähigkeit und Mandat eines Anwalts. – Weitere Frage meinerseits: ob es jetzt begreiflich sei, daß ich so mißtrauisch und mit dem Zensurverdacht reagiert habe? – Antwort, so glaube ich annehmen zu dürfen: ja, das sei es.

Ich rede beispielsweise. Es kann sein, daß Ihnen die Beendung der Diskussion nicht plausibel geworden ist, es kann sein, daß es mir später genau so geht. Im Moment, da ich dies schreibe, bin ich damit ganz zufrieden. Aber das ist nicht das Wichtigste.

Ich habe vielmehr die Wiedergabe meines inneren Zwiegesprächs hierher gesetzt als Beispiel für die Suche nach einer gemeinsamen Basis, weil sich die Suche nicht allgemein beschreiben läßt und jedesmal anders aussehen wird. Jene Basis wäre in diesem Fall so zu formulieren: zweifellos setzt sich jeder eine Aufgabe mit seinem Dichten, aber sie sollte nicht – auch nicht auf dem Umweg über ein kosmisches Gesetz – ihrerseits zu einem Gesetz erklärt werden, dessen Verletzung eingeklagt und geahndet werden kann.

§ 344. Die Suche (§ 343) führt, wenn es gut geht, zur Entdeckung einer Gemeinsamkeit zwischen der Meinung des Interpreten und der Textmeinung.

Die Gemeinsamkeit könnte ich vielleicht zu einer wirklichen ausbilden, wenn der Autor noch lebte, wer weiß. Auf jeden Fall werde ich mich um den Nachweis bemühen, daß ihr vom Autor her nichts entgegensteht, d. h. daß sie *möglich* ist. Denn ohne die Gewißheit, daß Gemeinsamkeit zwischen meiner Meinung und der des Textes wenigstens möglich wäre, würde mir als Richter jegliche Rechtsgrundlage fehlen und ich könnte kein Urteil fällen, das nicht Willkür wäre (§ 343).

So kommt der Interpret notwendigerweise dazu, sich um der Gerechtigkeit des Urteils willen mit der Biographie des Autors zu befassen. Was gewesen ist, mag den Historikern genügen; den Interpreten literarischer Texte interessiert es, was hätte sein können. Er geht in der Biographie des Autors auf die Suche nach *ungewordenen Möglichkeiten*, die jener gesuchten Gemeinsamkeit entsprächen.

§ 345. Die Gemeinsamkeit (§ 344) wird an der Biographie des Autors auf ihre Möglichkeit hin überprüft.

Sie wird überprüft, genau genommen, an einem Biographie-*Verständnis*, zu erarbeiten an Texten, und zwar hoffentlich in reflektiertem Verstehen. Meistens wird man sich auf Vorarbeiten (von Historikern oder Literaturwissenschaftlern) verlassen müssen und also die Gemeinsamkeit am Verständnis von Textverständnissen überprüfen müssen. Dies nur zur Erinnerung.

Biographie, das ist ja mehr als eine Sammlung privater Daten und Erlebnisse; es ist alles, was z. B. bei Eichendorff in diesem speziellen Fall zur religiösen und literarischen Meinungsbildung beigetragen haben kann, von Herkunft, Erziehung und Lektüre bis hin zu den Publikationsbedingungen, zur sozialen Stellung und «großen» Politik. Nichts, aber auch gar nichts kann da grundsätzlich ausgeschlossen werden.

Die Umschau in der Biographie nennt man heute mit Vorliebe «Aufarbeiten des historischen Hintergrunds», «Hineinstellen in historische Zusammenhänge» oder «Kontextanalyse», wobei die letzte Bezeichnung noch die beste ist, weil sie wenigstens im Namen – wenn auch wahrscheinlich ungewollt – noch ein Bewußtsein davon zeigt, daß es sich in jedem Fall um die Untersuchung von gegenwärtigen Mit-Texten des betreffenden Textes handelt.

Derlei Untersuchungen werden meistens am Anfang einer Beschäftigung mit dem Text angestellt, um so dem Umstand Rechnung zu tragen, daß – um eine beliebte Formel zu benutzen – Literatur nicht im luftleeren Raum entstanden ist. Wir wissen das alle, doch was hilft's? Die Bedingungen, unter denen Erkenntnis von vergangenen Zusammenhängen stattfindet, lassen sich nicht abschaffen und nicht umgehen. Und diese Bedingungen heißen: die Texte sind gegenwärtig, und die Vergangenheit, der sie entstammen, ist unwiderruflich vergangen und abwesend.

Nur in der Erinnerung an die eigene Vergangenheit kann man Vergangenheit noch gegenwärtig haben, und man begreift sich in der Tat aus ihren Zusammenhängen heraus. Das Verfahren der Erinnerung zu übertragen auf das Erkennen einer fremden Vergangenheit, an die man sich nie und nimmer erinnern kann, das ist eine unfrohe Erschleichung von beträchtlicher hermeneutischer Unbedarftheit, die sich auch prompt rächt, weil man die Bedingungen der Erkenntnis von fremder Vergangenheit nicht umgehen, sondern eben nur vergessen kann.

So ist denn in jedem «Hintergrund», «Zusammenhang» oder «Kontext» dieser Art, wie es auch gar nicht anders sein kann, ein unreflektiertes Verständnis des Textes und ein willkürliches Urteil über ihn bereits eingebaut. Es kann nicht anders ein, weil man ohne das gar nicht wissen könnte, was überhaupt zum «Hintergrund» eines bestimmten Textes gehört. Und das Erklären und Beurteilen eines Textes aus einem solchen «Hintergrund» heraus ist dann, wie wenn einer mit ehrlicher Freude Ostereier hinter einem Busch findet, wo er sie schlafwandelnd selbst versteckt hat: Entfremdung.

Nicht daß die Erklärung einer Meinung aus Zusammenhängen heraus schlechthin und in jedem Sinne unmöglich wäre; aber das ist ein äußerst anspruchsvolles Unternehmen, das bei einiger Bewußtheit doch um einiges anders abläuft und auf jeden Fall zum Aufgabenbereich der Geschichtswissenschaft gehört. (Die Literaturgeschichtswissenschaft ist übrigens noch einmal etwas anderes, doch darüber später).

Wenn ein Historiker die Meinung des Textes, wie sie die Literaturwissenschaft festgestellt hat, für seine Zwecke gebrauchen kann – à la bonheur! Schließlich benutzt auch die Literaturwissenschaft geschichtswissenschaftliche Einsichten, und zwar auch auf ihre Weise und zu ihren Zwecken. Ein Literaturwissenschaftler, der sich seines Tuns und seiner präsentischen Redeweise bewußt ist, sieht einen literarischen Text nicht als Dokument für Leben und Meinungen des Autors an (§ 282) und benutzt Dokumente nicht zur Erklärung der Autormeinung, sondern zur Vergewisserung seines Textverständnisses, d. h. zur Überprüfung, ob der Autor möglicherweise der gegenwärtig entdeckten Gemeinsamkeit hätte beitreten können.

Auch diese Überprüfung ist, wie die erste (§ 331), grundsätzlich unabschließbar. Ohne all das biographische Material auszubreiten, halte ich es für die Zwecke der Hermeneutik für ausgemacht, daß die Überprüfung im Falle Eichendorff zu einem positiven Ergebnis von hinreichender Gewißheit geführt habe. (Wenn es mir statt dessen um die Interpretation dieses Gedichts allein ginge, dürfte diese Annahme natürlich nicht so schnell kommen).

§ 346. Die Überprüfung (§ 345) endet mit der subjektiven Gewißheit, daß die vom Interpreten erarbeitete Gemeinsamkeit (§ 344) als ungewordene Möglichkeit in der Geschichte des Autors vorhanden war.

Dieses Ergebnis ist nun bereits ein erstes Urteil über die Textmeinung: sowohl der Interpret, als auch (der Möglichkeit nach) der Autor haben die historische Textmeinung hinter sich gelassen. Die historische Testmeinung, ehemals vom Interpreten selbst erarbeitet (§ 321), ist nunmehr überholt durch die neue Gemeinsamkeit, die er ebenfalls selbst erarbeitet hat (§

343). Die *historische* Textmeinung ist zur wirklichen Vergangenheit des Interpreten und zur möglichen des Autors geworden. Sie ist dazu verurteilt, *vergangen* zu sein.

§ 347. Mit dem Ergebnis der Überprüfung (§ 346) ist die historisch gewordene Textmeinung (§ 337) dazu verurteilt, vergangen zu sein, und die ungewordene Möglichkeit (§ 346) ist in der Gegenwart des Interpreten verwirklicht.

Von dieser ungemein schwierigen Operation gibt es in der allgemeinen Hermeneutik, soweit ich sehe, nur eine höchst unzureichende Vorstellung. Sie kristallisiert sich im Wort *Applikation* (Anwendung), das aus einer vergleichsweise naiven Phase der theologischen Hermeneutik, aus dem Anfang des 18. Jahrhunderts, stammt und seither noch weiter heruntergekommen ist durch die Vermischung mit dem Begriff der *Akkomodation* (Anpassung). Weder die pietistische, noch die spätere Fassung von Applikation sollte verwechselt werden mit der Anwendung einer anerkannten Norm auf einen bestimmten Fall, die in der theologischen Hermeneutik des Mittelalters und heute noch in der juristischen Hermeneutik denselben Namen Applikation trägt.

Unglücklicherweise hat Hans-Georg Gadamer, der Wiederbeleber der hermeneutischen Diskussion, das Stichwort Applikation mit einem kräftigen Hauch von jener Vermischung und dieser Verwechslung wieder in Umlauf gebracht.

Applikation meint dann, daß man erst einmal die «ursprüngliche» Meinung des Textes feststellt und sie dann, weil sie sich vor allem bei älteren Texten nicht mit modernen Denkweisen verträgt, an die Denkweise der Gegenwart des Interpreten anpaßt und zwar als Antwort auf eine Frage wie: Was hat uns Eichendorff heute noch zu sagen? Oder, wie ich es vor vielen Jahren von einem Prediger im Sauerland, in unübertrefflicher Schlichtheit und Klarheit formuliert, gehört habe: So damals und dort – wie nun heute und hier? Und dann kommt's, was *gelten* soll: die Applikation der «ursprünglichen» Textmeinung auf die Gegenwart.

Dieses Denkmuster weist zwei höchst bedenkliche Schwachstellen auf: erstens beruht es auf jener Verwechslung des eigenen Verständnisses mit Sinn und Bedeutung des Textes, welche das unreflektierte, reflexartige Verstehen «auszeichnet» (§ 293), und zweitens erscheint dadurch das Urteil, das der Interpret am Ende der Auseinandersetzung fällt, erscheint also die Applikation selbst (wie nun heute und hier?) als verpflichtende zeitgenössische Ausformulierung der Textmeinung, obwohl sie mehr oder weniger deutlich von ihr abweicht und ihre verpflichtende Kraft durch nichts ausgewiesen ist. Dieses Verhalten gleicht dem eines Richters, der von seinem ohne Rechtsgrundlage gefällten Urteil behauptet, es sei ganz im Sinne der unterlegenen Partei (d. h. des Textes) und völlig rechtmäßig, obwohl die verurteilte Partei lauthals protestiert.

Wer in dieser Weise den Text appliziert, der hat zumindest in solchen Momenten die Selbsttäuschung des Verstehens noch nicht abgeschüttelt und vor allem nicht begriffen, was in der Auseinandersetzung zwischen den Meinungen des Interpreten und des Textes passiert: nicht ein neutraler Vergleich zwischen der «ursprünglichen» Meinung und der Denkweise der Gegenwart von einem dritten Punkt aus (der außerhalb oder oberhalb von Vergangenheit und Gegenwart liegen müßte), sondern ein Herausarbeiten einer ungelebten Möglichkeit aus der Gegenwart des Interpreten, wodurch die historische Textmeinung in der Geschichte des Interpreten zur Vergangenheit verarbeitet wird. Wenn diesem Vorgang irgendetwas von Übersetzung eignet, dann ist es die gelebte Versetzung der Textmeinung in die Vergangenheit.

> Hans-Georg Gadamer, Wahrheit und Methode. Grundzüge einer philosophischen Hermeneutik. Tübingen 1960, S. 290 ff.

§ 348. Die Auseinandersetzung zwischen der Meinung des Interpreten und derjenigen des Textes ist die Verarbeitung (§ 67 f.) der Textmeinung mit der Geschichte des Interpreten.

Und damit ist ein zweites Urteil ebenfalls bereits gefallen: das Urteil über die Wahrheit der Textmeinung. Denn was dazu verurteilt ist, vergangen zu sein, und was Vergangenheit geworden ist, kann nicht zugleich als immer noch wahr beurteilt werden, ganz gleich, ob es einmal wahr gewesen ist oder nicht. Was wirklich vergangen ist, ist auch nicht mehr wahr. (Vorsichtshalber: das gilt nur für Meinungen, nicht auch für Ereignisse, weil sie zwar vergangen sein können, aber niemals wahr oder unwahr).

§ 349. Indem die Textmeinung dazu verurteilt ist, vergangen zu sein (§ 347), ist ihr auch die Wahrheit abgesprochen zugunsten ihrer ungewordenen, vom Interpreten aber verwirklichten Möglichkeit.

Und noch ein drittes Urteil ist darin enthalten: das Urteil des Interpreten über seine eigene Meinungsvergangenheit, über seine wirkliche frühere Meinung zur Sache genau so wie über seine mögliche Meinung, d. h. die Textmeinung, die er als Möglichkeit in seine Geschichte aufgenommen hat (§ 322). Das sollte man beim Urteilen über Textmeinungen nie vergessen, daß man damit zugleich auch ein Urteil zumindest über die Möglichkeiten der eigenen Meinungsvergangenheit fällt (§ 343).

§ 350. Mit dem doppelten Urteil über die Textmeinung (§§ 347, 349) hat der Interpret auch seine wirkliche und mögliche Meinung zum Vergangensein und zum Wahrheitsentzug verurteilt.

Die Wahrheit jener Gemeinsamkeit, die als Urteilsgrundlage gedient hat, ist nun aber eine, auf die sich der Interpret nicht außerhalb der Auseinandersetzung mit der Textmeinung wie auf ein Gesetz berufen kann, weil er sie selbst geschaffen hat und weil sie nur zwischen ihm und dem Text wirklich gilt. Will er sie ausdrücklich zu seiner Wahrheit erklären (und das muß er auch dann, wenn er die Textmeinung vollständig übernimmt), so kann sie selbst nicht mehr Grundlage dieses Urteils sein. Ein Gesetz kann sich selbst nicht als rechtmäßig begründen. Dieses Wahrheitsurteil fällt der Interpret auf eigene Faust (§ 342), und auch das sollte man wissen.

§ 351. Ein explizites Wahrheitsurteil über die Gemeinsamkeit zwischen seiner Meinung und der des Textes sollte der Interpret in die eigene Verantwortung übernehmen.

Dies nicht nur, um standesgemäß die Flagge des hermeneutischen Bewußtseins zu zeigen, sondern um sich nicht in der Sicherheit zu wiegen, das dreifache Urteil über die Textmeinung sei für immer fest gegründet. Jedes Urteil im Streit um die Wahrheit kann jederzeit zur Revision aufgerufen werden. Da gibt es keine Fristen, nach deren Verstreichen das Urteil unwiderruflich in Rechtskraft erwüchse.

Die Auseinandersetzung mit Texten und mit literarischen Texten zumal erleichtert ja den Verzicht auf ein abschließendes Urteil oder wenigstens das Hinausschieben, weil der Text die unendliche Geduld eines Dinges besitzt und niemanden unter Entscheidungszwang setzt. Texten gegenüber braucht man nicht zu handeln, und sie können einem nicht schaden, wenn man sich falsch verhält. Das Wegfallen des Situationsdrucks sollte als willkommenes Angebot und als Einladung aufgefaßt werden, geradezu exzessiv um Gerechtigkeit zu bemühen.

Wenn der Interpret nach einem Urteil den Text wieder liest oder wenn ihm ein anderer Text in die Hand kommt, der im Brustton der Überzeugung von der Dichtung als Himmelskompaß spricht, dann zeigt sich, was das Urteil und was die ganze Auseinandersetzung war und wert ist.

Zu einem guten und gerechten Urteil kann der Interpret jederzeit stehen, es auch gegebenenfalls revidieren, ohne sich etwas vergeben und ohne zornig werden zu müssen, weil man seine unbewältigte Vergangenheit angerührt hat. Denn auch wenn der Text beim Wiederlesen gegen das Urteil rebelliert, dann weiß der Interpret doch, daß er die mögliche Gemeinsamkeit, die Basis des Urteils, seine eigene neue Wahrheit, doch auch dem Text verdankt.

Eine gelungene Auseinandersetzung vollendet sich nicht in der abschließenden Erledigung der andersartigen Textmeinung, sondern in der Versöhnung mit ihrem Anderssein. Es ist leider nicht allzu bekannt, daß mit Versöhnung alles andere als ein fauler Friede gemeint ist, in dem jeder den anderen aus Feigheit schont.

§ 352. Ein gerechtes Urteil nach der Auseinandersetzung um die Wahrheit der Meinungen bringt die Versöhnung des Interpreten mit dem Anderssein der Textmeinung

Ich will nicht geradezu sagen, daß die Versöhnung in Sachen Wahrheit erst den Blick öffne für die künstlerischen Qualitäten eines Textes, aber sie erleichtert eine einigermaßen unbefangene Würdigung auch dieses Aspekts doch ganz beträchtlich.

Jedenfalls kommt es äußerst selten vor, daß Literaturwissenschaftler sich öffentlich begeistert oder wenigstens anerkennend über die künstlerischen Qualitäten eines Textes äußern, dessen Wahrheit sie nicht anerkennen, daß z. B. jemand die artifizielle Brillanz von Gedichten Rilkes ins hellste Licht stellt, der nicht mehr oder weniger Rilkeverehrer oder -anhänger ist. Und ebenso selten dürfte das Umgekehrte vorkommen, daß nämlich jemand einen literarischen Text, dessen Meinung ihn durch Wahrheit ergreift, freimütig als bar jeder künstlerischen Leistung oder wenigstens als künstlerisch unbedeutend bezeichnet.

Diese eigenartige Koppelung des Wahrheitsurteils mit dem Kunsturteil (entweder beide positiv oder beide negativ) gibt aber doch zu denken, nicht zuletzt wegen ihrer großen Verbreitung. Besichtigt man daraufhin wahllos eine Reihe solcher Koppelungen, so wird eines immer auffälliger: die positiven Urteile sind in der Regel getragen von einer gewissen persönlichen Verehrung (z. B. bei Goethespezialisten), während die negativen nicht frei von persönlicher Verachtung zu sein pflegen (z. B. bei Heinegegner). So oder so fehlt eine moralische Komponente fast nie, und zwar ist sie meistens gleichsinnig mit den beiden anderen Urteilen. Das ist eine weitere Feststellung, geeignet, einen noch nachdenklicher zu stimmen. Da gibt es einiges zu entwirren.

§ 353. Urteile über die Wahrheit der Textmeinung pflegen eng und gleichsinnig mit Urteilen über die Kunst und die Moralität des Autors zusammenzuhängen.

Ich will gar nicht einmal behaupten, daß kein solcher Zusammenhang da sein dürfe. Ich stelle nur fest, daß recht häufig alle drei Urteile unterschiedslos das gleiche (positive oder negative) Vorzeichen tragen, daß es aber – denn auch dafür gibt es Beispiele – nicht unbedingt so sein muß. Mein Bedürfnis nach differenziertem Verfahren und differenzierten Urteilen (§ 339) veranlaßt mich also, die Unterschiede möglichst klar herauszuheben, um dann ebenso klar den Zusammenhang erfassen zu können. Denn wo man keine Unterschiede sieht, da sieht man auch keinen Zusammenhang, sondern nur Eintopf.

Ich entferne mich daher für eine Weile vom Eichendorff-Gedicht, um erst einmal zwischen Wahrheit, Kunst und Moralität zu differenzieren. Das differenzierte Urteilsverfahren werde ich dann wieder an diesem Gedicht fortsetzen.

Da das Zu- oder Absprechen von Wahrheit sich auf die Textmeinung bezogen hat, wird sich der Unterschied zwischen Wahrheit einerseits und Kunst und Moralität andererseits am sichersten entdecken lassen an einem Text, über dessen Wahrheit man nicht befinden kann, weil er keine Meinung zu haben scheint, an einem Text also, in den man lesend und verstehend weder Bedeutung noch Sinn hineinbringen kann, jedenfalls nicht spontan. Hier ist ein solcher Text:

balsader binsam
gunstert um die wiesel
entloser das feilkriegal
hatler was ganz breiden.

er rinen getiekelung –
zerfaller man rinmuss.

die isigung zerentfallden:
rinfeil muss geigler!

Das mag für unseren Zweck genügen (es geht noch zwanzig Zeilen so weiter). Der Befund, möglichst neutral, ist einigermaßen klar: es sind fast alles Wörter, die für unsereinen keine Bedeutung haben und zusammen keinen Sinn ergeben, obwohl sie nach der Art der normalen Wortbildung gebildet und nach der Art der normalen Syntax zusammengefügt sind.

Die Frage: «Was heißt das?», also die Frage nach Sinn und Bedeutung (die zusammen die *Meinung* bilden) stellt sich kaum, wird auf jeden Fall zurückgedrängt durch zwei andere Fragen: «Was soll das?» (mehr oder weniger empört gestellt) und dazu bei neugierigen Leuten noch: «Wie ist das gemacht?»

Sobald also die Frage nach der – vom Autor schreibend produzierten – *Meinung* wegen der Unverständlichkeit des Textes zurücktreten muß, erscheinen zwei andere Fragen im Vordergrund, die man zwar bei jeder Lektüre irgendwie beantwortet, aber gar nicht oder nicht deutlich zu stellen pflegt. Das ist zum einen («was soll das?») die Frage nach Grund und Zweck des Schreibens, welche beide von jetzt an zusammen *Absicht* heißen sollen, und es ist zum anderen («wie ist das gemacht?») die Fragen nach der besonderen *Form* der Tätigkeit Schreiben, der Form, die für die Eigenarten des Textes verantwortlich sein muß. – Da haben wir also schon eine Unterscheidung, die es verdient, festgehalten zu werden.

Konrad Bayer, Das Gesamtwerk. Hrsg. von Gerhard Rühm. (das neue buch. 76) Reinbek 1977, S. 24.

§ 354. Es ist zu unterscheiden zwischen der Meinung des Textes, der Absicht des Schreibens und der Form des Schreibens.

Hat man diese Unterscheidung einmal getroffen, so beginnt sich der Nebel zu lichten. Man sieht, daß Meinung, Absicht und Form nicht unauflöslich und nur auf eine einzige Art und Weise zusammenhängen müssen. Und vermutlich müssen dann auch die Urteile nicht gleichsinnig gekoppelt sein.

Angenommen, es werde jemand wegen nachgewiesenen Diebstahls zur Verantwortung gezogen. Ein Gericht, das differenziert urteilen will, wird unterschiedliche Gesichtspunkte anwenden und nicht einfach nur den Wert der Beute nach einem festen Tarif umrechnen in Hafttage. Es wird die Bedeutung des Diebesgutes für den Angeklagten untersuchen, ob es nämlich z. B. unbedingt nötig war für seinen Lebensunterhalt (dann wird die Tat als Mundraub eingestuft) oder nicht. Das Gericht wird außerdem die Motive des Täters abzuklären suchen, also sich ein Urteil darüber bilden, ob er z. B. aus bloßer Bereicherungsabsicht oder mit der Absicht, den Bestohlenen zu schädigen, gehandelt hat oder ohne Absicht (Fahrlässigkeit bzw. Unzurechnungsfähigkeit). Und schließlich kann das Gericht auch noch berücksichtigen, wie geschickt oder ungeschickt er sich beim Diebstahl angestellt hat (Raffinesse läßt auf Übung schließen).

Ein gutes Gericht also beurteilt differenziert Meinung (Bedeutung des Diebesgutes), Absicht (Motiv) und Form (Geschicklichkeit) der Tat. Es ist allerdings gezwungen, die möglicherweise unterschiedlichen Ergebnisse der drei Beurteilungen auf einer einzigen Skala (Strafbarkeit) gegeneinander zu verrechnen.

Diesem Zwang unterliegt ein Interpret dagegen nicht (dessen Ähnlichkeit mit einem Gericht uns ja geläufig ist), das heißt: er kann für Meinung, Absicht und Form unterschiedliche Maßstäbe anwenden, ohne die verschiedenen Urteile zu einem einzigen unbedingt zusammenfassen zu müssen.

An der Meinung des Textes interessiert den Interpreten die *Wahrheit*, an der Absicht des Schreibens die *Moralität* und an der Form des Schreibens die *Kunst*. Kunst, um noch einmal daran zu erinnern, soll mir diejenige Form der Tätigkeit heißen, in der die bloße Geschicklichkeit (die immerhin schon mehr ist als die bloße Ungeschicklichkeit) sich bis zur Beherrschung der Tätigkeit oder gar zur Überwindung von deren Natur gesteigert hat (§ 215).

§ 355. Wie die Meinung des Textes auf Wahrheit hin beurteilt wurde, so wird die Absicht des Schreibens auf Moralität hin und die Form des Schreibens auf Kunst hin beurteilt.

Das ist, wohlgemerkt, eine nüchterne Feststellung und keine Forderung. Bei jeder Lektüre macht man sich eine Vorstellung von Absicht und Form des Schreibens, man weiß selbst nicht wie, und man bewertet sie auch, ohne es vielleicht zu merken.

Daß man Druckerschwärze als Text wahrnimmt und reflexartig liest (§

286), heißt ja nichts anderes, als auf die *Absicht* zu schließen und geschlossen zu haben, daß Druckerschwärze als Text gemeint sei und also gelesen werden solle. Und daß man auf das Lesen mit dem reflexartigen Verflechten von Bedeutung und Sinn reagiert, heißt ebenfalls nur, daß man die *Form* jener Tätigkeit zu wiederholen sucht, die zum Text geführt hat (§ 299).

Noch deutlicher wird das bei literarischer Lektüre. Daß man Merkmale des Textes als Kennzeichen von Literatur wahrnimmt, dafür war ja jedesmal die Vermutung von *Absicht* konstitutiv (§§ 114, 161). Und daß man die *Form* des literarischen Schreibens, die Differenz von Autor und Erzähler (§ 264), ebenfalls von Anfang an wahrnimmt, das bezeugt man dadurch, daß man sie fast automatisch zur Form des Lesens und Verstehens macht, indem man als man selbst und als ein anderer liest (§ 170).

Die *Vermutung* der Absicht und die stillschweigende *Übernahme* der Form des Schreibens, die beide schon «am Anfang» des Lesens anfangen zu spielen, verdichten sich nun im Laufe der Lektüre, weil sie unreflektiert bleiben, zu einem Bild von Persönlichkeit und *Charakter des Autors*, und es bildet sich der Glaube, im Lesen nicht nur die Meinung des Textes, sondern unmittelbar auch den Autor selbst zu verstehen. Wie man denn auch sagt: «Ich verstehe dich vollständig», wenn man die *Absichten* eines Menschen und die *Form* seines Verhaltens verstanden zu haben meint.

Dieses vermeintliche Verstehen des Autors, das alles unreflektierte Textverstehen begleitet, endet in einem Verständnis, das zwangsläufig – eben weil das Verstehen unreflektiert abläuft – nur Mißverständnis oder Unverständnis sein kann (§ 300). Und zwar ist es als ein doppeltes Mißverständnis und Unverständnis die *fundamentale Selbsttäuschung des Verstehens* überhaupt. Man hat nur die *eigene* Vermutung der Absicht und die *eigene* Übernahme der Form des Schreibens verstanden und meint nun nicht einmal, Absicht und Form *seines* Schreibens, sondern sogar den *Autor selbst* verstanden zu haben.

Und dieses doppelte Mißverständnis vermehrt man dann im Geschmacksurteil noch um ein drittes. Denn das Geschmacksurteil, das man während der Lektüre und an ihrem Ende ausdrücklich oder unausdrücklich abgibt, bezieht sich auf der Grundlage der fundamentalen Selbsttäuschung nicht einmal auf den Charakter des Autors, sondern ganz bescheiden nur auf den *Text*, jedenfalls meint es das: «Das Buch hat mir gefallen.» Daß dies ein Irrtum ist, notiere ich erst einmal, um es dann gleich zu erläutern.

§ 356. In Geschmacksurteilen wird die Selbsttäuschung des Verstehens dreifach stabilisiert: man meint, den Text zu beurteilen, trifft aber unwissend zugleich auch den Autor, während man in Wahrheit nur die eigene Vermutung der Absicht und die eigene Übernahme der Form des Schreibens beurteilt.

Die erwähnte Verwechslung des Textes mit dem Autor sieht man – einmal mißtrauisch geworden – jedem Geschmacksurteil an. Nicht wahr, wenn man das Wohlgefallen oder Mißfallen an einem Text ein bißchen genauer fassen will, dann bietet sich einem eine Reihe von Adjektiven an, man sagt: ich finde das Buch tiefsinnig, charmant, witzig, langweilig, unterhaltend, schön, originell usw. Den ersten fünf dieser Urteilsprädikate sieht man es aber auf entsprechenden Hinweis leicht an, daß man sie eher für *Charaktere* von Personen als für *Texte* benutzen kann und daß man sie, genau genommen, am besten in der Erinnerung an ein besonderes Gespräch gebrauchen kann (darauf wird später noch zurückzukommen sein). Immerhin: mit solchen Prädikaten belegt man zumindest *auch* den Charakter des Autors, indem man sich nur über den Text zu äußern meint. Wenn Sie sich einmal unter diesem Aspekt an eigene Geschmacksurteile erinnern, werden Sie das bestätigt finden.

Ganz gewöhnliche Geschmacksurteile, die sich in aller Bescheidenheit nur auf den Text beziehen, hat man also schon einmal nicht unter Kontrolle, weil man gar nicht realisiert, daß sie sich auch auf die eigene Vorstellung vom Charakter des Autors beziehen, welche ihrerseits sich aus der eigenen Vermutung der Absicht und der eigenen Übernahme der Form des Schreibens unwissentlich zusammensetzt.

Das ist schon schlimm genug. Doch erst bei den «ästhetischen» Geschmacksurteilen wird es ganz schlimm, d. h. wenn man sich der Prädikate «Schönheit» und «Originalität» bedient, die in der traditionellen Ästhetik (der normativen Lehre des Schönen) eine zentrale Rolle zu spielen pflegen.

Schönheit und Originalität sind Normen dieser Ästhetik, es sind aber beide zugleich auch moralische Normen, was – sofern es nicht bewußt ist – die vierte Selbsttäuschung darstellt. *Originalität* als «ästhetische» Norm, moralisch gewendet, heißt: sei ein «Original», d. h. sei in all deinen Äußerungen unverkennbar und ursprünglich immer derselbe und doch immer neu, d. h. bleibe dir selbst treu in dauerndem Wandel. Und das klassische *Schönheitsideal* «Einheit in der Mannigfaltigkeit», als «ästhetisch»-moralischer Imperativ: sei in all deinen Äußerungen immer derselbe, d. h. bleibe dir selbst treu.

Originalität und Schönheit sind also nur die dynamische und die statische Fassung für dasselbe *Ideal des wahren Lebens* in permanenter Treue zu sich selbst. Und wenn man dieses Ideal zur Norm macht, dann wird es zum *Maßstab*, an dem die Moralität (der Grad der Übereinstimmung mit dem Ideal) von Absichten und Handlungen gemessen wird, wohingegen diese Norm in ihrer «ästhetischen» Fassung für Eigenschaften von Texten gelten soll und von ihren moralischen Implikationen in der Regel keine Ahnung hat. Ästhetik als normative Theorie des Schönen ist deshalb die totale Selbsttäuschung des Verstehens.

§ 357. In «ästhetischen» Geschmacksurteilen wird die Selbsttäuschung des Verstehens totalisiert: man meint, den Text zu beurteilen, trifft aber unwissend zugleich auch den Autor, und zwar nach einem Maßstab für die Moralität der Absicht des Schreibens, während man in Wahrheit nur die eigene Vermutung der Absicht und die eigene Übernahme der Form des Schreibens beurteilt.

Das Paradoxe dabei ist, daß gerade in «ästhetischen» Geschmacksurteilen die Form des Schreibens, die *Kunst* sein kann, völlig und endgültig aus dem Bewußtsein vertrieben ist.

Nachdem wir uns dergestalt in die tiefste Verwirrung gestürzt haben, können wir wieder auftauchen. Dieses traurige Kapitel mußte erst einmal abgeschlossen sein, bevor es möglich wird, durch die Bezeichnung der Verwirrung die Selbsttäuschung des Verstehens endgültig zu beheben, wie man einen bösen Geist bannen kann, wenn man seinen Namen kennt.

Dies dürfte anschaulich geworden sein: man wird sehr, sehr genau aufpassen müssen, wenn die Selbstbefreiung des Verstehens durch hermeneutische Reflexion gelingen soll. Ich fasse deshalb erst einmal zusammen, was bisher an Unterscheidungen festzuhalten war.

Erstens: nach dem Urteil über die Meinung des Textes sind nunmehr auch Absicht und Form des Schreibens zu beurteilen, weil auch sie von Anfang an beim Lesen mißverstanden werden, wie unreflektiert auch immer. – Zweitens: die Absicht des Schreibens wird auf ihre Moralität hin zu beurteilen sein, und die Form des Schreibens auf Kunst hin. – Drittens: die beiden sorgfältigst zu unterscheidenden Urteile haben nicht nur verschiedene Gegenstände (die Absicht und die Form) zu beurteilen, sondern dies auch nach verschiedenen Maßstäben. – Viertens: der Maßstab für die Moralität der Absicht des Schreibens ist das je persönliche Ideal des wahren Lebens, und der Maßstab, nach dem man die Form des Schreibens beurteilt, – ja, der ist als nächster zu suchen.

Mit der Form des Schreibens ist es ja eine eigenartige Sache. Spuren des literarischen Schreibens sind in jedem literarischen Text vorhanden: die Kennzeichen, die jedermann als solche wahrnimmt und versteht. Spuren der literarischen Kunst des Schreibens sind ebenfalls vorhanden (z. B. die Zeilenwiederholung im Eichendorff-Gedicht), aber kaum jemand nimmt sie als solche wahr. Man macht sie bei der Übernahme der Form des Schreibens ohne Weiteres mit, aber man bemerkt und versteht sie nicht, weil sie nur der Reflexion bemerkbar werden; und wenn, wie es fast den Anschein hat, diese Spur der Kunst in einem recht bekannten Gedicht eines auch durchaus nicht unbekannten Autors erst nach fast anderthalb Jahrhunderten als Spur der Kunst zum ersten Mal gesichtet wird, dann bekommt man doch den entschiedenen Verdacht, daß es mit dem reflektierten Verstehen nicht so weit her gewesen sein kann.

Daß man die Spuren der Kunst als solche *wahrnehmen* muß, davon konnte auch die normative Ästhetik niemanden entbinden, wie sie unwissentlich durch ihren Namen verrät («bei euch, ihr Herrn, kann man das Wesen gewöhnlich aus dem Namen lesen»); denn auf griechisch heißt – wie Alexander Gottlieb Baumgarten, der Begründer der Ästhetik, sehr wohl wußte – die *Wahrnehmung* durch die fünf Sinne (Gehör, Gesicht, Geruch, Gefühl, Geschmack) – *aisthesis*.

Gerade die Wahrnehmung der *Einheit* in der Mannigfaltigkeit ist ja eine äußerst diffizile Aufgabe, mit der die Ästhetik denn auch häufig das Gefühl beauftragt hat, woraus sich noch eine hübsche Selbstironie in der totalen Selbsttäuschung ergibt: *Geschmack* als Urteilsmaßstab und *Gefühl* als Urteilsgrundlage, gerade die zwei Sinne, die in der Ästhetik wichtig sind, haben keine Distanz zum Gegenstand – deutlicher kann sich keine Theorie metaphorisch selbst als reflexionslos kennzeichnen.

Die Hermeneutik weiß das Organ der Wahrnehmung von Kunst besser zu benennen als mit kühnen Metaphern (Geschmack und Gefühl bei einem Text – nehmen Sie das einmal wörtlich). Das Wahrnehmungsorgan kann nur die Reflexion auf das Verstehen sein (metaphorisch: das dritte Auge oder der sechste Sinn), weil das Verstehen als Tätigkeit in der Übernahme der Form des Schreibens auch allenfalls angewandte Kunst irgendwie wiederholend mitvollzieht. Die Kunst des Autors kann man nirgends anders als bei sich selbst entdecken.

§ 358. Das Organ zur Wahrnehmung der Tätigkeitsform Kunst ist die Reflexion des Interpreten auf sein eigenes Verstehen.

Zur Wahrnehmung dessen, daß in einen Text eine Absicht eingegangen ist, braucht man niemanden extra anzuhalten, jeder Schreibkundige weiß es aus eigener Erfahrung. Kunst ist indessen etwas, das nicht jeder kann und nicht jeder in seinem Erfahrungsschatz hat, weshalb die Spuren der Kunst im Text eben auch selten wahrgenommen werden. Die theoretische Erfahrung der Poetik kann da schon etwas weiterhelfen, aber nur, indem sie Gesichtspunkte erarbeitet, derer sich dann die hermeneutische Reflexion, das Wahrnehmungsorgan für Kunst, bedienen kann.

Irgendwelche separaten Maßstäbe für die Bewertung der Kunst hat indessen weder die Poetik, noch die hermeneutische Reflexion. Begreiflicherweise, gibt es doch weder ein Inventar der möglichen und wirklichen Wendungen in der Kunst literarischen Schreibens (ein solches Inventar der Kunstgriffe könnte allenfalls eine Literaturgeschichte aufstellen, wie ich sie anhangsweise andeuten werde), noch gibt es eine Tabelle der Schwierigkeitsgrade (wie beim Kunstturnen oder Eiskunstlauf). Und selbst das wären keine Maßstäbe, sondern nur Orientierungshilfen.

Natürlich, so viel weiß man: eine ganz simple Alltagssymbolik (rote Rose als Liebeszeichen z. B.) ist auch in der Literatur leichter zu bewerkstelligen als das Vorführen der Bedeutungsgebung bei C. F. Meyer (§ 220). Aber wie verhält sich dazu eine Symbolik, wie sie auch im Eichendorff-Gedicht vorkommt: das Haus als Symbol des Bei-sich-Seins, aus dem man bei wachen Sinnen (bei offenem *Fenster*) die Welt sieht, wie sie ist? Oder die Entsprechung im Kontext des Romans, wo Fiametta mit Fortunat *vor dem Hause* sitzt, buchstäblich aus dem Häuschen und deshalb so *ernst* ist, wie nie zuvor? Vollends, wie soll man den Kunstgriff im Mörike-Gedicht (§ 221) im Vergleich zu denen bei Eichendorff (§ 313) und Meyer taxieren?

Der Maßstab «Originalität» hilft da auch nicht weiter, ganz im Gegenteil, er verstellt die Subjektivität, deren Unumgänglichkeit jetzt gerade sichtbar zu werden beginnt. Denn zum einen kann auch er niemanden von der Wahrnehmung der Kunst dispensieren, und zum andern sagt seine Anwendung nur etwas über den zufälligen Stand der Kenntnis des jeweiligen Interpreten aus. Die Meyersche Technik der vorgeführten Symbolerzeugung wird den meisten von Ihnen originell vorgekommen sein, mir aber nicht, weil ich sie bereits z. B. aus Goethes *Mahomets Gesang* kenne. Und ich werde mich hüten, sie nur wegen meiner zufälligen Kenntnis geringer zu schätzen, wenn ich sie ein weiteres Mal entdecke.

Wie es denn gar nichts Neues ist und sich noch einmal bestätigt hat (§ 356), daß «ästhetische» Urteile mehr über den Urteilenden als über das Beurteilte aussagen, so trage auch ich keine Bedenken, nunmehr allerdings in anderem Sinne und deshalb ohne Anführungszeichen zu betonen, daß Urteile über Kunst *ästhetische Urteile* sein müssen, d. h. solche, die Auskunft geben über die individuelle Wahrnehmung und deshalb auch keinen anderen Maßstab haben können als einen individuellen; nur sollte man ihn auf keinen Fall Geschmack nennen, sondern – das wird sich bald ergeben.

§ 359. Urteile über die Tätigkeitsform Kunst sind ästhetische Urteile, berichtend über die individuelle Wahrnehmung und ohne einen anderen Maßstab als einen je individuellen.

Solchermaßen vorbereitet, können wir endlich die Auseinandersetzung mit Absicht und Form des Schreibens aufnehmen. Die unabläßliche Voraussetzung dafür, das Vorliegen eines objektiven Verständnisses von größtmöglicher Gewißheit (§ 338), ist bereits im Textverstehen erfüllt worden, sofern ich meinem Verständnis einmal Objektivität zusprechen darf. Denn in meiner argumentativen Begründung (§ 320) habe ich eine Vermutung über Grund und Zweck des Schreibens (= Absicht) aufgestellt und aus ihr die Form des Schreibens mitsamt den wichtigsten Kunstgriffen abgeleitet, und die Hypothese habe ich – mit den nötigen Vorbehalten – im zweiten Teil der Überprüfung (§ 325) zur Gewißheit erhoben, womit die aus ihr schlüssig abgeleitete Absicht und Form des Schreibens als objektiv verstanden gelten durften (§ 335).

Wie nun von der Auseinandersetzung mit der Meinung des Textes zu verlangen war, daß sie um des Fortgangs der Erkenntnis willen Interpretation des Textverständnisses zu sein habe (§ 339), so muß man auch hier fordern, daß die Auseinandersetzung mit Absicht und Form des Schreibens Interpretation des Textverständnisses sei, und zwar – das wird sich bald zeigen – um des Fortgangs der Selbsterkenntnis willen.

§ 360. Die unumgängliche Auseinandersetzung mit Absicht und Form des Schreibens muß um des Fortgangs der Selbsterkenntnis willen Interpretation sein.

Das zu interpretierende Textverständnis formuliere ich bewußt entschieden: das Gedicht ist mit der Absicht religiöser Beeinflussung geschrieben, und die Kunst dient dieser Absicht. Zur Veranschaulichung der Interpretation dieses Textverständnisses greife ich zurück auf das Bild einer Gerichtsverhandlung ohne Gesetz, das ich schon für die Auseinandersetzung mit der Textmeinung benutzt habe. Ich gebe wieder eine Art Protokoll meiner eigenen Auseinandersetzung mit Absicht und Form des Schreibens bei Eichendorff, und ich betone noch einmal: ich rede beispielsweise, ohne Anspruch darauf, daß es auch beispielhaft sei.

Der Vertreter des Autors (die Rolle muß ich, der Interpret, übernehmen) tritt vor den Schranken des Gerichts (meiner Reflexion) auf, erklärt deutlich seine Absicht religiöser Beeinflussung und bittet, besonders auf die kunstvolle Ausführung zu achten. Nach dem Ende des Vortrags fordert der Richter den Vertreter des Interpreten (also wieder mich) auf, seinen entsprechenden Standpunkt vorzutragen, woraufhin der Interpretenvertreter zum Beispiel sagt, die Absicht sei zwar verwerflich, die Ausführung aber bewundernswert gelungen und geradezu schön.

Das ist ein Doppelurteil, das sich immerhin durch Differenziertheit auszeichnet: es bewertet die Absicht negativ und die Kunst positiv. Unter diesen Bedingungen mag dann die Terminologie des ästhetischen Urteils unbeanstandet durchgehen, weil z. B. «schön» wegen der Trennung vom moralischen Urteil keine moralischen Implikationen mehr hat.

Gleichwohl muß ich als Richter sagen, das Urteilen stehe entweder mir, dem Richter, zu oder den beiden Parteien zusammen, aber nicht nur einer. Ich fordere also den Interpretenvertreter nochmals und deutlicher auf, wie bei der Auseinandersetzung um die Wahrheit der Meinungen seinen eigenen Gegenstandpunkt darzulegen, und das heißt hier, seine Absicht anzugeben und seine Kunst vorzuzeigen.

Wenn er daraufhin erklären sollte, das könne er nicht, denn es sei ja nicht sein Gedicht, dann muß ich als Richter ihn darauf hinweisen, daß er das Gedicht sehr wohl, wenn auch nur theoretisch, geschrieben habe (§ 322).

Und jetzt muß ich als Vertreter des Interpreten sagen, daß meine Absicht (theoretisch) religiöse Beeinflussung war und daß ich bei der Ausführung der Absicht (theoretisch) dieselben Kunstgriffe angewendet habe (§ 320) wie der Autor nach Aussage seines Vertreters. Entdeckung der theoretischen Komplizenschaft. Stillstand des Gedankens.

§ 361. Eine wirkliche Gemeinsamkeit zwischen Interpret und Autor ist schon vor der Auseinandersetzung vorhanden gewesen: es ist die Gemeinsamkeit von Schreiben und theoretischer Wiederholung des Schreibens (§ 322), in der auch die Absicht und die Form des Schreibens theoretisch wiederholt worden sind.

Rückfrage des Richters: wenn der Unterschied zwischen mir und dem Autor nur der zwischen Theorie und Praxis sei, warum ich denn etwas dagegen einzuwenden hätte, wenn der Autor meine theoretische Absicht praktiziere, und warum ich es denn so bewundere, wenn er meine theoretische Kunst praktiziere. Eine ehrliche Antwort muß zum Beispiel so lauten: weil ich einerseits finde, daß man gerade eine solche tiefsitzende religiöse Überzeugung, wenn man sie schon mitteilen wolle, auch *offen* äußern solle, und weil ich andererseits meine theoretische Kunst *so* nicht praktizieren *könne.* – Voilà, die Maßstäbe liegen auf dem Tisch: das eigene *Ideal wahren Lebens* (Offenheit) und das eigene *Können* bzw. *Nicht-Können.*

§ 362. Der Maßstab zur Beurteilung der Absicht des Schreibens ist des Interpreten Ideal des wahren Lebens; der Maßstab zur Beurteilung der Form des Schreibens ist sein Können bzw. Nicht-Können.

Die Entdeckung der theoretischen Komplizenschaft und die unerwartete Präsentation des Ideals und des Nicht-Könnens bereiten einem je nach Lage der Dinge eine einigermaßen kräftige Ernüchterung: das soll ich sein? Das ist der Schrecken der Selbsterkenntnis, wie man ihn in anderer Form aus der Erfahrung kennt, wenn man etwa zum ersten Male die eigene Stimme vom Tonband hört oder sich auf einer Photographie sieht, die unglaublicherweise so richtig typisch und gut getroffen sein soll.

§ 363. Die Auseinandersetzung mit Absicht und Form des Schreibens, konsequent als Interpretation geführt, beschert dem Interpreten Selbsterkenntnis: Erkenntnis seines Ideals wahren Lebens und seines Könnens bzw. Nicht-Könnens.

Damit ist die Interpretation beendet. Vor dem Tribunal der Reflexion ist kein nicht-willkürliches Urteil (§ 342) möglich, weil wegen der Abwesenheit des Autors keine mögliche Gemeinsamkeit der Ideale und des Könnens gefunden werden kann, die als Urteilsgrundlage dienen könnte. In der Wahrheit kann man auch ohne die Anwesenheit des Autors weiterkommen, weil sie eine Sache des Denkens ist, bei Absichten, Idealen und Können aber nicht, weil sie Sache des Handelns sind.

Die mögliche Gemeinsamkeit kann nur dort gesucht werden, wo Absichten nach Idealen realisiert und Nicht-Können durch Übung zu Kunst ausgebildet wird: in der Auseinandersetzung mit lebendigen Menschen und nicht mit Texten.

Immerhin mag man sich in der Auseinandersetzung mit Menschen dann vielleicht daran erinnern, daß es darum ginge, eine mögliche Gemeinsamkeit zu finden, und auch daran, daß jedes Urteil über Absichten und Kunst auf den Urteilenden zurückfällt, solange die Gemeinsamkeit als Rechtsgrundlage des Urteils nicht gegeben ist.

Dieses Vorausdenken an den Umgang mit Menschen läßt in der Rückschau die Interpretation, den Umgang mit Texten, im hellsten Licht erscheinen. Man hat sich, ohne sie zu kennen und weiter danach zu fragen, auf die Absicht des Autors eingelassen, man hat sich aktiv und später sogar wissentlich an ihrer Verwirklichung beteiligt und ihr damit die beabsichtigte Wirkung (unbemerkte Beeinflussung) ganz genommen, wie man sich denn überhaupt einer Beeinflussung nur entziehen kann, wenn man sie aus eigener Erfahrung kennt.

Es ist dem Interpreten überdies möglich geworden, bei sich selbst durch den Text Geschichte zu machen: man ist für die Zeit der Interpretation zum selbsttätigen Subjekt der eigenen Geschichte geworden und hat die Veränderung seiner selbst für diese Zeit ganz in eigene Regie übernommen. Man hat Absicht und Form einer fremden Tätigkeit aus ihrem Ergebnis (dem Text) und die Meinung des Textes so objektiv und gewiß verstanden, wie es nur möglich ist. Und am Ende ist man in der Erkenntis der eigenen Wahrheit vorangekommen und in der Selbsterkenntnis. Was will man eigentlich noch mehr?

Die gelungene Interpretation erweist sich im Rückblick als eine wirklich gewesene Utopie der wahren Gesellschaft, in der das vorbehaltlose Eingehen auf die unbekannten Absichten eines Anderen nicht Gefahr, sondern Gewinn bringt. Die gemeinsame und gesprächsweise Interpretation zumal ist in ihrem Gelingen eine Real-Utopie der wahren Gesellschaft, in der das Anderssein des Anderen der Ermöglichungsgrund von Selbstveränderung, Erkenntnis und Selbsterkenntnis ist. Der Eingang zu dieser Real-Utopie ist jenes unscheinbare Zusatzargument (§ 63), als Literatur lesen zu wollen, was als Literatur gemeint und beabsichtigt ist, und in gewußter Form ist es die Ansicht der Literaturwissenschaft von ihrem Gegenstand: einen literarischen Text als ihn selbst ansehen zu wollen (§ 282).

§ 364. Die gelungene Interpretation ist eine Real-Utopie der wahren Gesellschaft.

Wenn auch die Utopie sich wohl nur im Verstehen von Texten verwirklichen läßt, so ist doch nicht einzusehen, daß folgenlos bleiben sollte, was man in der Interpretation erfahren und geübt hat: daß nämlich die wahre Gesellschaft wirklich werden kann, wenn man auf den unseligen Glauben verzichtet, mit dem Verstehen einer Äußerung auch schon den Menschen verstanden zu haben, der sich in ihr äußert. Das wäre, daß man das Anderssein des Anderen respektiert.

Zumindest für die Interpretation von Texten darf man es da dem Anderen wohl bereitwillig mit beiden Händen zugeben, daß er sein möge, wie er wolle, wenn er einem all das allein dadurch ermögliche, daß man ihn sein läßt, wie er ist. Dann kann man am Ende der Interpretation über sie sagen, was man sonst nur uneigentlich (§ 356) über den Text und die Kunst sagt: es ist schön gewesen. Das wäre ein Satz für alle Tage des Jahres.

§ 365. Die Interpretation kann den Interpreten mit dem Anderssein des Anderen versöhnen.

Die rückwärts gewandte Vogelschau auf die ganze Interpretation ist genau die richtige Perspektive zur Behandlung der einen Frage, deren Beantwortung noch aussteht, ob und inwiefern nämlich die Interpretation «wissenschaftlich» genannt werden kann (§ 284).

Überblicke ich aus dieser Perspektive den Gang der Interpretation als ganzen, wie ich ihn vorgestellt und vorgeführt habe, so sehe ich, daß er dem Gang der Erkenntnis in den Naturwissenschaften irgendwie ähnelt. Dies unter dem Vorbehalt gesagt, daß ich richtig begriffen habe, was mir Naturwissenschaftler von ihrer Arbeit erzählt haben.

§ 366. Das Vorgehen der Literaturwissenschaft scheint dem der Naturwissenschaften zu gleichen.

Unterschiede sind natürlich auch nicht zu übersehen, aber wenn man erst einmal die Ähnlichkeiten gesichtet hat, dann sieht man auch, daß die Unterschiede nicht unbedingt in der Tätigkeit selbst liegen müssen, die gegebenenfalls das Prädikat «wissenschaftlich» erhalten soll, sondern daß sie auch mit der Ansicht des Gegenstandes zu tun haben können.

Um diese Andeutungen zu erläutern und zu klären, muß ich hinter das bisher zur Interpretation Gesagte bis an den Anfang der Enzyklopädie zurückgreifen. Bisher hatte ich gesagt, die Literaturwissenschaft sehe ihren jeweiligen Gegenstand, einen literarischen Text, als ihn selbst an (§ 282). Das genügte zur Absetzung gegenüber der Geschichtswissenschaft, aber noch nicht zur Unterscheidung von den Naturwissenschaften.

In der Bestimmung, daß die Literaturwissenschaft einen literarischen Text als ihn selbst ansehe, ist etwas Weiteres schon enthalten: daß sie nämlich ein Bündel bedruckten Papiers als Text ansieht, was sich ja nicht von selbst versteht (§ 20 Abs. 2). In der Zwischenzeit habe ich den Text als geschriebene sprachliche Äußerung definiert (§ 73), was ich für den jetzigen Zweck umformuliere zu «Äußerung eines Subjekts», womit das terminologische Provisorium von § 19 (künstliches und natürliches Ding) seinem Ende entgegensieht.

Dies ist also die grundlegende Ansicht (§ 20) der Literaturwissenschaft von ihrem Gegenstand: sie sieht ein Bündel bedruckten Papiers als Text an und d. h. als *Äußerung eines Subjekts*. Genau das machen die Naturwissenschaften mit keinem Gegenstand (und sei es ein Bündel Papier), seitdem sie sich nicht mehr als «Text»wissenschaft verstehen und seitdem sie nicht mehr, im Buche der Natur lesend, die Meinung, Absicht und Kunst des Großen Autors staunend zu entziffern sich bemühen. Die Naturwissenschaften sehen statt dessen heute ihren jeweiligen Gegenstand als *Exemplar einer Substanz* an: ein Bündel Papier als Exemplar der Substanz Papier oder ein einzelnes Papiermolekül als Exemplar *des* Papiermoleküls. (Ich müßte zu weitläufig werden, wenn ich den Substanzbegriff genau erklären wollte. Ich bin nicht Naturwissenschaftler und benutze ihn nicht im naturwissenschaftlichen Sinn. Nur ein Beispiel zur Erläuterung: ein Physiker kann nicht *das* magnetische Feld untersuchen, sondern immer nur einzelne magnetische Felder; jedes einzelne magnetische Feld aber sieht er bei der Untersuchung als *ein* Exemplar *des* magnetischen Feldes an, d. h. als ein Exemplar der Substanz «magnetisches Feld»).

§ 367. Der grundlegende Unterschied der Ansicht besteht darin, daß die einen Wissenschaften einen Gegenstand als Äußerung eines Subjekts ansehen und die anderen als Exemplar einer Substanz.

Auf dieser Unterscheidung setzt eine zweite an, und das ist die bisher schon öfter erwähnte: man kann z. B. einen Stein auf seine chemische Zusammensetzung hin untersuchen oder ihn als Mittel betrachten, das einem Auskunft über einen vergangenen Zustand der Erdoberfläche gibt. Man kann also jeden Gegenstand, sei er Stein, Vase oder Text (§ 20), als ihn selbst oder als Dokument für etwas anderes ansehen.

Beim Vergleich zwischen Literaturwissenschaft und Naturwissenschaften werde ich mich daher nur auf solche Wissenschaften beziehen, die ihren Gegenstand zwar – im Gegensatz zur Literaturwissenschaft – nicht als Äußerung eines Subjekts ansehen (sondern als Exemplar einer Substanz), die ihn aber doch auch – wie die Literaturwissenschaft – als ihn selbst ansehen (und nicht als Dokument für etwas anderes). Das bedeutet: ich werde mich auf Chemie, Physik und Teile der Biologie beziehen, aber nicht z. B. auf die Paläontologie.

§ 368. Die Literaturwissenschaft ist sinnvollerweise nur mit solchen Naturwissenschaften zu vergleichen, die eine vergleichbare Ansicht ihres jeweiligen Gegenstandes haben, d. h. mit solchen, die ihn zwar nicht als Äußerung eines Subjekts, aber doch als ihn selbst ansehen.

Der Unterschied in der grundlegenden Ansicht hat indessen Folgen, die ich noch schnell vor dem Vergleich nennen muß. Weil die Literaturwissenschaft einen Gegenstand als Äußerung eines Subjekts ansieht und jede Äußerung eines Subjekts nur *eine* sein kann, deshalb gibt es für sie nur *ein Original* dieser Äußerung (in der Regel das Manuskript), und alle anderen «Exemplare» etwa des Eichendorff-Gedichts sind ihr ebenfalls deshalb, obwohl in großer Zahl vorhanden, nur *Kopien*, die untereinander prinzipiell gleichwertig sind (sofern sie im gleichen Verhältnis zum Original stehen). Infolgedessen werden die zweifellos vorhandenen Unterschiede zwischen den einzelnen Kopien (Papierqualität, Erhaltungszustand, Schrifttype) ebenso belanglos wie die Veränderungen der einzelnen Kopien (Papierzerfall, Verblassen der Schrift).

Während also die Literaturwissenschaft alle Kopien eines Textes nur als *einen* Text ansieht und deshalb von den individuellen Unterschieden und Veränderungen der Kopien abstrahiert, gehen die Naturwissenschaften in der Abstraktion nicht so weit. Auch sie finden zwar jeden ihrer Gegenstände (z. B. Wasserstoff) in zahllosen Exemplaren vor, aber alle Exemplare sind für sie gleichwertige *Originale*, weshalb ihre allfälligen individuellen Unterschiede und Veränderungen durchaus von Interesse sein können.

§ 369. Wegen ihrer grundlegenden Ansicht (§ 367) erreicht die Literaturwissenschaft in der Wahrnehmung ihres Gegenstandes einen höheren Abstraktionsgrad als vergleichbare Naturwissenschaften (§ 368).

Nach diesen Klärungen sollte es möglich sein, die Unterschiede in der Tätigkeit der Literaturwissenschaft und der Naturwissenschaften angemessen einzuschätzen daraufhin, ob sie mit der Tätigkeit selbst oder nur mit der Ansicht zusammenhängen. Deshalb also zum Vergleich.

Hier wie dort stehen Beobachtungen am Anfang (die Lektüre ist die Empirie der Literaturwissenschaft), Beobachtungen, die sich zu einer vorwissenschaftlichen Erkenntnis des Gegenstandes formieren: zum ersten Verständnis (§ 304), in das alle Erfahrungen und Kenntnisse auf dem jeweiligen Gebiet unkontrolliert mit einfließen.

Diese vorwissenschaftliche Erkenntis wird im nächsten Schritt *objektiviert*, d. h. sie wird zum Gegenstand der Betrachtung gemacht, wodurch ihre Unzulänglichkeit sichtbar wird (§ 306).

Daraufhin werden Beobachtungen gezielt und bewußt veranstaltet, indem der Wissenschaftler *Fragen* an den Gegenstand stellt (§ 310). Die *Beantwortung* der Fragen muß der Literaturwissenschaftler selbst leisten (§ 311), während der Naturwissenschaftler die Antworten insoweit dem Gegenstand überlassen kann, als er «nur» noch einmal zu beobachten oder gegebenenfalls Meßdaten abzulesen braucht.

Gemeinsam ist dann wieder die Notwendigkeit zum *Vergleich* zwischen Fragen und Antworten (§ 312), d. h. zur Prüfung, ob und inwiefern die alten und die neu erhobenen Daten (§ 314) die gestellten Fragen überhaupt beantworten.

Durch Fragen, Antworten und Vergleich gelangt man auf dem Wege der Verallgemeinerung (§ 317 Ende) zu einer *Hypothese*, aus der sich dann rückwirkend alle Beobachtungen ableiten lassen müssen (§ 320), und zwar im Medium der Intersubjektivität, welches in der Literaturwissenschaft die Argumentation (§ 318) und in den Naturwissenschaften in der Regel die Mathematik ist.

Aus dieser Operation ergibt sich das *zweite Verständnis* (§ 322), das auf Hypothesen beruht und in den Naturwissenschaften normalerweise Modell oder Theorie heißt und im letzteren Fall mehr oder weniger Prognosecharakter hat.

Das zweite Verständnis wird, wie schon das erste, *objektiviert* (§ 324), d. h. zum Gegenstand der Überprüfung gemacht, und zwar diesmal so, daß es bzw. das Modell oder die Theorie als quasi rhetorische *Frage* gestellt wird, deren *Antwort* schon feststeht. Die Literaturwissenschaft muß die Antwort wieder selbst geben, indem sie sich ein Verständnis geeigneter anderer Texte erarbeitet (§§ 327 ff.), während die Naturwissenschaften «nur» geeignete Experimente erarbeiten müssen und die Antwort dem Gegenstand insoweit überlassen können, als sie sich auf Beobachtung und Messung beschränken.

Gemeinsam ist dann ein weiteres Mal die Notwendigkeit zum *Vergleich* (§ 326), d. h. zur Prüfung, ob und inwieweit die Antwort tatsächlich die erwartete und also eine Bestätigung ist.

Das Endergebnis ist ein objektives Verständnis bzw. eine objektive Erkenntnis des Gegenstandes, wenn alles gut gegangen ist.

Die Verlaufsform der Tätigkeit ist, wie man leicht sieht, in beiden Fällen dieselbe: ein zweimaliges Durchlaufen von Objektivierung, Frage, Antwort, Vergleich zwischen Frage und Antwort, Ergebnis. Wobei im ersten Durchgang zwischen Vergleich und Ergebnis noch eine Verallgemeinerung eingeschoben wird.

§ 370. Das Vorgehen der Textinterpretation ist der Form nach das gleiche wie das Vorgehen der Naturwissenschaften.

Die Unterschiede sind natürlich auch nicht zu übersehen. Sie liegen jedesmal in der Beantwortung der Fragen, außerdem in der Ableitung aus der Hypothese und drittens nach allgemeiner Meinung in der Solidität des Endergebnisses.

Die Unterschiede in der *Beantwortung* der Fragen sind direkte Folgen aus den unterschiedlichen Ansichten des jeweiligen Gegenstandes. Wenn durch die Ansicht des Gegenstandes Text die individuellen Unterschiede und Veränderungen anderer Kopien als irrelevant ausgeblendet werden, dann sind naturwissenschaftliche Beantwortungstechniken nicht mehr möglich. Man kann zwar zu Zwecken der Beantwortung eine andere Kopie heranziehen, aber weil ihre individuellen Unterschiede zur ersten Kopie als belanglos ausgeklammert wurden, kann sie weder eine bestätigende, noch eine abweichende Antwort geben, und weil mit den Veränderungen dasselbe geschehen ist, können auch keine Veränderungen als ein Prozeß prognostiziert werden, der Antwort gibt. Den Kopien ist durch die Abstraktion der Ansicht die Möglichkeit beraubt, abweichend zu sein, und deshalb können sie auch keine Bestätigung liefern.

Als eine Art Kompensation kann man es immerhin betrachten, daß die Literaturwissenschaft wiederum aufgrund ihrer Ansicht auch die *Hypothese* (auf der das zweite Verständnis beruht) überprüfen kann (§ 333), und zwar an anderen Äußerungen desselben Subjekts, während *die* Hypothesen wenigstens, auf denen naturwissenschaftliche Theorien beruhen, selbst nicht überprüft werden können, sondern – durch Experimente – nur die Theorien.

Daß in der Literaturwissenschaft ferner das zweite Verständnis nur *argumentativ* und nicht mathematisch aus der Hypothese *abgeleitet* werden kann, ist ebenfalls eine Folge der Ansicht des Gegenstandes als einer Äußerung eines Subjekts. Äußerungen von Subjekten wird Sinn und Bedeutung zugesprochen, und Sinn und Bedeutung lassen sich nicht quantifizieren, was aber doch Voraussetzung sowohl für eine Messung der Beobachtungen, als auch für eine Mathematisierung der Ableitung wäre.

Was schließlich die Solidität des letzten *Ergebnisses* angeht, so ist der Unterschied – allen geläufigen Meinungen entgegen– kein prinzipieller. Weder literaturwissenschaftliche, noch naturwissenschaftliche Erkenntnisse sind im logischen oder mathematischen Sinne beweisfähig, weil nämlich die Überprüfung des zweiten Verständnisses bzw. des Modells oder der Theorie ein unendliches Geschäft ist (§ 331), *auch* in den Naturwissenschaften.

Denn ein theoretisches Modell etwa der Struktur eines bestimmten Moleküls wird experimentell nur immer gerade für diejenigen Exemplare des Moleküls bestätigt, die eben im Experiment verwendet werden und immer nur für diejenigen Merkmale, die der Wissenschaftler beobachtet hat. Nur weil es die naturwissenschaftliche Ansicht erlaubt, alle Exemplare des bestimmten Moleküls als gleichwertige Originale anzusehen (wobei die Unterschiede vielleicht gerade in den nicht beobachteten Merkmalen liegen), – nur deshalb kann man einige wenige exemplarisch für alle nehmen und die hypothetische Aussage über ihre Struktur als «bewiesen» betrachten, solange niemand ein abweichendes Exemplar beibringt.

Auch naturwissenschaftliche Aussagen über die Eigenschaften eines Gegenstandes beziehen also ihre Gewißheit nur aus der Selbstgewißheit des Wissenschaftlers, nichts übersehen zu haben, und sie beziehen ihre

Geltung nur aus dem einstweiligen Fehlen eines begründeten Widerspruchs. Auch naturwissenschaftlichen Erkenntnissen kommt objektive Geltung nur im Sinne der intersubjektiven Geltung zu, sie haben also prinzipiell denselben Status wie literaturwissenschaftliche Aussagen über die Eigenschaften eines Textes.

Beiderlei Erkenntnisse gelten nur so lange als objektiv und gewiß, bis jemand kommt und begründeten Widerspruch erhebt. Zugegeben, in der Literaturwissenschaft pflegt sich Widerspruch häufiger und schneller einzustellen und durchzusetzen, aber das ist nur ein quantitativer Unterschied. Summa:

§ 371. Die Unterschiede zwischen literatur- und naturwissenschaftlichem Vorgehen ergeben sich direkt aus den unterschiedlichen grundlegenden Ansichten (§ 367), und der Geltungsstatus der Erkenntnisse ist prinzipiell gleich.

Wem der Versuch, die Gleichheit in der Verlaufsform der Erkenntnis zu sehen, trotz aller Begründungen schon jetzt zu weit geht, den kann ich mit einem weiteren Beleg noch engerer Verwandtschaft erfreuen.

Die Literaturwissenschaft kann nämlich die andere grundlegende Ansicht (Gegenstand als Exemplar einer Substanz) mit ihrer eigenen kombinieren (Gegenstand als Äußerung eines Subjekts). Das Ergebnis der Kombination hört sich kompliziert an, ist aber etwas ganz Vertrautes. Das Subjekt bekommt durch die Kombination der Ansichten Substanzcharakter zugesprochen, es ist dann *das* literarische Schreiben, und alle literarischen Texte (Kopien weiterhin unberücksichtigt) werden als exemplarische Äußerungen des literarischen Schreibens angesehen. Einfach gesagt: durch die Koppelung mit der anderen grundlegenden Ansicht hat sich die Interpretation zur Literaturtheorie gemausert.

Weil nun jede einzelne der exemplarischen Äußerungen (d. h. jeder einzelne literarische Text) als gleichberechtigtes Original neben allen anderen angesehen werden muß, können die individuellen Unterschiede der Originale jetzt höchstes Interesse erwecken. Und damit kann sich die Literaturtheorie noch weiter dem Vorgehen der Naturwissenschaften annähern: sie kann Experimente anstellen und sie muß es sogar.

Deshalb habe ich im ersten Teil der Enzyklopädie langsam und Schritt für Schritt – nach dem eben ausführlich beschriebenen Verfahren (§ 369) – vorgeführt, wie man den langen und beschwerlichen Weg zu einem quasi Modell des literarischen Schreibens geht, bis ich dann in der fortschreitenden Verallgemeinerung und Abstraktion so weit gediehen war, daß ich mit einem einzigen Experiment auf einen Schlag alle Aussagen bestätigen und das Modell als objektiv und gewiß ansehen konnte. Das war die Sache mit der Inhaltsangabe im Präsens (§ 168): jeder von Ihnen konnte an einer beliebigen exemplarischen Äußerung (d. h. an einem beliebigen literarischen Text) die Richtigkeit der Theorie experimentell überprüfen.

Ich halte dieses Vorgehen der Literaturtheorie keineswegs für spezifisch naturwissenschaftlich, aber ich muß doch sagen, daß auch Naturwissenschaftler (unter den Bedingungen der jeweiligen grundlegenden Ansicht) nicht anders vorgehen können, wenn ich nicht irre. Was sie aber auf keinen Fall können, das ist, zusätzlich noch eine ebenfalls experimentelle Gegenprobe zu veranstalten, wie ich es mit der Poetik gemacht habe (§ 184). Denn auch diese Möglichkeit verdanke ich der Kombination der Ansichten, dem Umstand nämlich, daß ich – einfach gesagt – schreiben kann: wie das Substanz-Subjekt «literarisches Schreiben».

Nur zur Ergänzung und hoffentlich nicht auch zur vollständigen Verwirrung: man kann die ganze Angelegenheit noch weiter treiben und die eben beschriebene Kombination der beiden grundlegenden Ansichten ihrerseits kombinieren mit einer Kombination aus dem zweiten Ansichtenpaar (Gegenstand als Dokument für etwas anderes oder als er selbst) (§§ 367, 20). Daraus ergibt sich begreiflicherweise etwas noch Komplizierteres: ein literarischer Text wird angesehen als eine exemplarische Äußerung, die das Substanz-Subjekt «literarisches Schreiben» macht, und zwar als Dokument für sich selbst (für das literarische Schreiben). Die individuellen Unterschiede der exemplarischen Äußerungen (d. h. der literarischen Texte) werden damit zu Dokumenten für die Veränderung des literarischen Schreibens, und das Verfahren zu ihrem Verständnis muß die argumentative Prognose sein. Diese überaus komplizierte Doppelkombination ist die Wissenschaft der Literaturgeschichte, von deren Kompliziertheit, wie mir scheint, kaum jemand eine Ahnung hat. Einige etwas leichter verständliche Andeutungen werde ich im Anhang zur Enzyklopädie geben.

§ 372. Das Vorgehen der Literaturtheorie und der Poetik ist der Form nach dasselbe wie das Vorgehen der Interpretation und der Naturwissenschaften.

Wenn nun in den Naturwissenschaften die Tätigkeit der Erkenntnis wissenschaftlich genannt wird, sobald und sofern sie – wie unvollkommen auch immer – diese Form aufweist, dann sehe ich keinerlei Anlaß, der literaturwissenschaftlichen Tätigkeit dasselbe Prädikat zu verweigern, sobald und sofern sie – wie unvollkommen auch immer – ebenfalls diese Form annimmt.

§ 373. Das Vorgehen der Literaturwissenschaft und der Naturwissenschaften wird gleichermaßen und gleichberechtigt wissenschaftlich genannt, wenn es eine bestimmte Form aufweist.

Diese bestimmte Form zeigt sich im Nacheinander von Objektivierung – Frage – Antwort – Vergleich zwischen Frage und Antwort – Ergebnis (§ 369 Ende). Es ist die mehrfach erwähnte Figur der Reflexion, umgesetzt in einen Prozeß, wie ich ihn im Bild des Gerichtsverfahrens (§ 340) durchgeführt habe und folgendermaßen zusammenfasse: das objektivierte Verständnis ist Objekt des Streits zwischen den beiden Parteien (Frage und Antwort), die unter Aufsicht der Reflexion nach einer Gemeinsamkeit suchen (Vergleich zwischen Frage und Antwort), welche Gemeinsamkeit dann die Grundlage eines Urteils (das Ergebnis) ist.

§ 374. Eine Tätigkeit wird dann und nur dann wissenschaftlich genannt, wenn ihre Form die Verlaufsform der Reflexion ist.

Und, um die Geschichte freundlich abzurunden, eben dieser Verlaufsform wenigstens im Ansatz sind wir bereits im unreflektierten, reflexartigen Verstehen begegnet. Rekapitulation auf dem jetzigen Stand: die Frage ist der Vorgriff der Sinnproduktion (§ 288), die Antwort die Bedeutungsproduktion des Lesens (§ 296), und der Vergleich zwischen Frage und Antwort leistet genau dasselbe wie der Rückgriff (§ 289), der die Bedeutung (die Antwort) mit dem Sinnentwurf des Vorgriffs (mit der Frage) verknüpft (§ 297) und – beaufsichtigt von der halbwachen Reflexion (§ 300) – die Kontinuität des Sinnes (den Zusammenhang zwischen Frage und Antwort) herstellt.

§ 375. Die Form der wissenschaftlichen Tätigkeit (§ 374) ist bereits im unreflektierten Verstehen angelegt.

Indem nun die Hermeneutik auf das – ansatzweise sich selbst reflektierende – Verstehen reflektiert (§ 285), macht sie es zur Interpretation, welche nach der früheren Definition (§ 303) ein sich selbst reflektierendes *und* hermeneutisch reflektiertes Verstehen ist. D. h. die Hermeneutik bringt die Form wissenschaftlicher Tätigkeit voll zur Entfaltung, die im unreflektierten Verstehen ansatzweise schon angelegt ist.

Und damit begründet die Hermeneutik in doppelter Weise die Wissenschaftlichkeit der Interpretation: sie ist erstens selbst der Grund der Wissenschaftlichkeit, weil erst durch sie das Verstehen zum reflektierten Verstehen wird und erst durch sie die Verlaufsform der Reflexion annimmt und beibehält; und zweitens gibt die Hermeneutik immer wieder und bei jeder Gelegenheit den Grund an, warum Reflexion sein muß, um nämlich das Verstehen aus der Gefangenschaft der Selbsttäuschung, des Mißverständnisses und des Unverständnisses zu befreien.

Diese doppelte Begründung kommt auch der Literaturtheorie und der Poetik und schließlich der Hermeneutik selbst zugute, indem in ihnen – wie unvollkommen auch immer – kein Denkschritt getan wird, der dem «dritten Auge» der Reflexion entzogen wäre.

§ 376. Durch die Hermeneutik wird die Literaturwissenschaft als selbständige Wissenschaft begründet.

Das Wissen des Guten und das Tun des Guten sind bekanntlich zweierlei. Und so ist denn auch die Hermeneutik keine Garantie dafür, daß man mit ihr im Hinterkopf die Interpretation eines jeden literarischen Textes jederzeit zu einem guten Ende führen kann. Das wär' ja auch noch schöner, und das gibt es in keiner Wissenschaft, daß man sich am Anfang auf eine Schiene setzen kann und dann mit geschlossenen Augen unfehlbar zum Ziel gelangt.

Die Hermeneutik kann aber dem Tun des Interpreten im Laufe der Zeit Methode geben, d. h. dafür sorgen, daß er bei der Interpretation noch so unterschiedlicher Texte doch jederzeit weiß, wo er sich jeweils befindet, welche Station als nächste anzupeilen wäre und welches der beste Weg dahin wäre.

Wissenschaftlichkeit der Interpretation ist indessen kein Ziel für sich, sondern das einzige Mittel, um jene Real-Utopie der wahren Gesellschaft (§ 264) zu erreichen: das Ergebnis der Interpretation, eine fremde Meinung, Absicht und Kunst ebenfalls in der Verlaufsform der Reflexion mit der eigenen Geschichte zu verarbeiten (§§ 348, 360) – wenigstens in der Auseinandersetzung mit Texten Wissenschaft als Lebensform zu praktizieren, sozusagen als Vorübung, in der der Interpret sein eigenes Verhalten verwissenschaftlicht für weitere Zwecke.

Wenn das ein Ziel ist, das «des Schweißes der Edlen wert» ist, und ich meine es, dann hat die Hermeneutik, die das Ziel entdeckt und es zu erreichen lehrt, die Literaturwissenschaft gerechtfertigt, auch wo sie das Ziel nicht erreicht.

§ 377. Die Literaturwissenschaft ist als selbständige Wissenschaft begründet und gerechtfertigt.

§ 378. Interpretation ist die Voraussetzung der Literaturgeschichte.

Das hört sich trivial an, ist es aber gegen alle Gewohnheit nicht. Denn ich meine nicht, daß man literarische Texte interpretiert haben müsse, bevor man eine Literaturgeschichte *schreiben* könne (das sicher auch), sondern um einiges entschiedener, daß man nur durch Interpretation Literaturgeschichte *erkennen* könne, und noch entschiedener, daß durch Interpretation die Fülle des literarischen Textes überhaupt erst Literaturgeschichte *werden* könne.

Denn, wie erwähnt, sind Texte immer gegenwärtig (§ 82) und verändern sich nicht (§ 83). Wenn sie auch im Laufe der Zeit nacheinander geschrieben worden sind, wie man sagt, so ist ihr gegenwärtiges Verhältnis zueinander doch nur ein räumliches.

Und aus diesem Nebeneinander gilt es Geschichte zu *machen*, die so beschaffen sein muß, daß man gewiß sein darf, in ihr das ehemalige Nacheinander wiederholt und objektiv *erkannt* zu haben. Und dann kann man sich gegebenenfalls ans *Schreiben* machen. Diese Reihenfolge ist nicht umkehrbar.

Der einzige Weg nur, zunächst einen einzelnen gegenwärtigen Text zu Geschichte zu machen, ist der, daß man ihn an einem selbst Geschichte machen läßt, damit er historisch und vergangen wird (§§ 337, 347). Dieser Weg ist die Interpretation. Und deshalb: siehe oben.

§ 379. Literaturgeschichte hat wie alle Geschichte ein Subjekt.

Ich meine das zunächst so, wie man in der Grammatik von einem *genitivus subiectivus* spricht. Denn dieser Genitiv taucht mit Regelmäßigkeit und mit Recht in Buchtiteln von Historikern auf. Eine zufällige Auswahl: Geschichte der Stadt Zürich, – der schweizerischen Neutralität, – der Porzellanmanufaktur im 18. Jahrhundert, – der Tischsitten, – der abendländischen Kirche, – der Philosophie, – der deutschen Sprache, – der Literatur usw.

Subjekt einer Geschichte in diesem Sinne kann alles und jedes sein, eine Stadt genau so gut wie eine Person, ein politisches Prinzip nicht weniger als eine Institution oder eben die Literatur usw.

§ 380. Das Subjekt einer Geschichte ist die sich verändernde Konstante in dieser Geschichte.

Denken Sie an Ihre eigene Geschichte: Sie haben immer wieder Neues erlebt, auch sich Wiederholendes, immer aber Abwechslung und Veränderung, denn keine Wiederholung ist die genaue Kopie ihres ersten Vorkommens gewesen, schon nur deshalb nicht, weil Sie sich selbst inzwischen verändert hatten.

Ich bin nicht mehr derselbe wie vor zwanzig Jahren, aber ich bin immer noch ich. Auch haben alle Geschehnisse, obwohl keines dem anderen auch nur so geglichen hat wie ein Ei dem anderen, doch immer eines gemeinsam, daß sie nämlich zu meiner Geschichte gehören. Das ist wohl allgemeine Erfahrung, auf die man sich berufen darf.

Ebenso: wenn man länger an einem Ort lebt, dann erlebt man Veränderungen des Ortes, es werden alte Häuser abgerissen und neue gebaut, Straßen und Geschäfte verändern ihr Gesicht, Bäume wachsen und Kinder auch, und jedermann wird älter. Nichts in dem Ort bleibt beim alten, er ändert sich laufend und bleibt doch derselbe.

Geschichte ist nach einer jedermann zumutbaren Erfahrung ein eigenartiges Ineinander von Veränderung und Konstanz, wobei gerade das Konstante (ich, der Ort usw.) darin seine Konstanz erweist, daß es sich dauernd ändert. Diese sich konstant verändernde Konstante nenne ich das Subjekt einer Geschichte.

§ 381. Weder ein literarischer Text, noch die Gesamtheit der literarischen Texte, noch irgendwelche Personen können das Subjekt der Literaturgeschichte sein.

Ein literarischer Text bleibt zwar konstant er selbst, aber er ändert sich nicht. Die Gesamtheit der Texte wächst zwar mit jedem Tag, aber das ist nur eine quantitative Veränderung. Und jede Person ist zwar Subjekt ihrer eigenen Geschichte, kann aber eben darum nicht auch Subjekt einer anderen Geschichte sein.

§ 382. Subjekt der Literaturgeschichte ist das literarische Schreiben.

Das Schreiben als man selbst und als ein anderer im Schein der Alteration unterscheidet Literatur von Nicht-Literatur, ist also der Grund jedes einzelnen literarischen Textes. Und weil kein literarischer Text genau gleich ist wie ein anderer (es sei denn, er wäre eine Kopie), muß auch das literarische Schreiben immer wieder etwas anders aussehen und bleibt doch stets dasselbe: literarisches Schreiben. Allerdings unterlaufen auch dem Subjekt der Literaturgeschichte partielle Wiederholungen wie einem lieben alten Bekannten, der immer wieder dieselben Anekdoten erzählt. In der Literaturgeschichte führt das zu literarischen Clichés, auf die man deshalb häufig auch ähnlich reagiert wie auf derartige Daueranekdoten.

§ 383. Die Schreibart eines literarischen Textes, ermittelt durch Interpretation, ist ein individueller Moment in der Geschichte des literarischen Schreibens.

Unter Schreibart verstehe ich die aktuelle Verbindung, wie sie im Schreiben geleistet wird, von einem Grund des Schreibens über Sinn und Bedeutung zum Zweck des Schreibens, unter Aufwand von mehr oder weniger Kunst. Die Schreibart ist nur durch Interpretation des Schreibergebnisses, des Textes, zu ermitteln, in den sie eingegangen und in dem sie aufbewahrt ist.

§ 384. Eine Reihung von Schreibarten ist noch keine Literaturgeschichte.

Eine solche Reihung wäre zwar immerhin etwas und wäre mehr, als man sonst von Literaturgeschichten geboten bekommt, aber sie genügt noch nicht. Denn ein Subjekt hat Kontinuität mit sich selbst, und eine Geschichte ist ein Kontinuum. Daher kann die Geschichte eines Subjekts nicht nur aus Momenten bestehen, nicht nur sozusagen aus Momentaufnahmen, sondern muß – im gleichen Bild – ein Film sein. Das Problem ist also, zwischen den Schreibarten oder individuellen Momenten Zusammenhang *herzustellen.*

§ 385. Der Zusammenhang der Literaturgeschichte wird hergestellt durch die Interpretation verschiedener Schreibarten.

Und zwar derart, daß von einer – durch Interpretation ermittelten – Schreibart aus ein argumentativer Vorgriff oder Entwurf stattfindet, der durchaus den Charakter einer Prognose hat, deren Richtigkeit wiederum überprüft wird durch einen Vergleich mit einer Schreibart B. Stimmen Prognose und Schreibart B nicht überein, so muß entweder die Prognose revidiert oder eine Schreibart C gesucht werden, die zu ihr paßt. Stimmen indessen Prognose und Schreibart B überein, so ist die Schreibart B der nächste individuelle Moment in der Geschichte des literarischen Schreibens, sofern es gelingt, den Entwurf dokumentarisch als möglich abzusichern. Unter dieser Bedingung kann der Entwurf mit Gewißheit als Wiederholung des vergangenen Zusammenhangs zwischen den Texten A und B gelten und der Zusammenhang selbst als objektiv erkannt.

§ 386. Das wissenschaftliche Begreifen der Literaturgeschichte ist Interpretation zweiten Grades.

Interpretation nämlich verschiedener Schreibarten, die ihrerseits Ergebnisse von Textinterpretationen sind. Daß jedes Bemühen um Literaturgeschichte Verstehen zweiten Grades ist, ließe sich unschwer an zahllosen Monographien zu einzelnen Autoren und an Literaturgeschichtsbüchern nachweisen. Es kommt nur darauf an, die Reflexion ins Spiel zu bringen, um aus der alten Gewohnheit ein neues wissenschaftliches Begreifen der Literaturgeschichte zu machen. Der Beispiele sind wenige. Die Arbeit kann beginnen.